—— 乡村振兴特色优势产业培育工程丛书

中国牦牛产业发展蓝皮书

（2023）

中国乡村发展志愿服务促进会 组织编写

中国出版集团

研究出版社

图书在版编目 (CIP) 数据

中国牦牛产业发展蓝皮书. 2023 / 中国乡村发展志愿服务促进会组织编写. –– 北京：研究出版社，2024.7

ISBN 978-7-5199-1686-2

Ⅰ.①中… Ⅱ.①中… Ⅲ.①牦牛 – 养牛业 – 产业发展 – 研究报告 – 中国 – 2023 Ⅳ.①F326.33

中国国家版本馆CIP数据核字 (2024) 第110921号

出 品 人：陈建军
出版统筹：丁　波
责任编辑：朱唯唯

中国牦牛产业发展蓝皮书（2023）

ZHONGGUO MAONIU CHANYE FAZHAN LANPI SHU (2023)

中国乡村发展志愿服务促进会　组织编写

研究出版社 出版发行

（100006　北京市东城区灯市口大街100号华腾商务楼）

北京建宏印刷有限公司印刷　新华书店经销

2024年7月第1版　2024年7月第1次印刷

开本：710毫米×1000毫米　1/16　印张：16

字数：253千字

ISBN 978-7-5199-1686-2　定价：58.00元

电话（010）64217619　64217652（发行部）

本书编写人员

主　　编：罗晓林

副 主 编：曹建民　赵洪文　谢　鹏　马志杰　张翔飞
　　　　　邹华围　官久强

编写人员：（按姓氏笔画排序）

　　　　　王　军　巴桑旺堆　邓启红　邓盈盈

　　　　　包鹏甲　朱彦斌　刘晓畅　阳　武　李瑞哲

　　　　　杨博璇　沈　敏　张一敏　张新军　尚恺圆

　　　　　庞雨涵　胡　瑞　柴志欣　梁春年　谢　跃

　　　　　鲍宇红

本书评审专家

（按姓氏笔画排序）

　　　　　王祖明　王瑞元　孙宝忠　张忠涛　金　旻

　　　　　赵世华　相　海　饶国栋　裴　东

编写说明

习近平总书记十分关心乡村特色优势产业的发展，作出一系列重要指示。2022年7月，习近平总书记在新疆考察时指出，要加快经济高质量发展，培育壮大特色优势产业，增强吸纳就业能力。2022年10月，习近平总书记在陕西考察时强调，产业振兴是乡村振兴的重中之重，要坚持精准发力，立足特色资源，关注市场需求，发展优势产业，促进一二三产业融合发展，更多更好惠及农村农民。2023年4月，习近平总书记在广东考察时要求，发展特色产业是实现乡村振兴的重要途径，要着力做好"土特产"文章，以产业振兴促进乡村全面振兴。党的二十大报告指出，发展乡村特色产业，拓宽农民增收致富渠道。巩固拓展脱贫攻坚成果，增强脱贫地区和脱贫群众内生发展动力。

为贯彻落实习近平总书记的重要指示和党的二十大精神，围绕"国之大者"，按照确保重要农产品供给和树立大食物观的要求，中国乡村发展志愿服务促进会认真总结脱贫攻坚期间产业扶贫经验，启动实施"乡村特色优势产业培育工程"，选择油茶、核桃、油橄榄、杂交构树、酿酒葡萄、青藏高原青稞、牦牛、新疆南疆核桃、红枣9个特色优势产业进行重点培育。这9个产业，都事关国计民生，经过多年的努力特别是脱贫攻坚期间的工作，具备了加快发展的基础和条件，不失时机地促进实现高质量发展，不仅是必要的，而且是可行的。中国乡村发展志愿服务促进会动员和聚合社会力量，促进发展木本油料，向山地要油料，加快补齐粮棉油中"油"的短板，是国之大者。促进发展核桃、杂交构树等，向植物要蛋白，加快补齐肉蛋奶中"奶"的短板，是国之大者。发展青藏高原青稞、牦牛和新疆南疆核桃、红枣，加快发展西北地区葡萄酒产业，是脱贫地区巩固拓展脱贫攻坚成果和实现乡村产业振兴的需要，也是实现农民特别是脱贫群众增收的重要措施。通过培育重点企业、强化科技支撑、扩大市场销售、对接金融资源、发布蓝皮书等工作，服务和促进9个特色优势产业加快发展，努力实现农民增收、企业盈利、消费者受益的目标。

发布蓝皮书是培育工程的一项重要内容，也是一项新的工作。旨在普及产业知识，记录产业发展轨迹，反映产业状况，推广良种良法，介绍全产业链开发的经验做法，对产业发展进行预测和展望。营造产业发展的良好社会氛围，加快实现高质量发展。2023年蓝皮书的出版发行，得到了社会各界的广泛认可，并被有关部门列入"乡村振兴好书荐读"书目。

2024年，为进一步提高蓝皮书的编撰质量，使其更具知识性、史料性、权威性，促进会提早着手、统筹谋划，统一编写思想和体例，提出数据采集要求，召开了编写提纲讨论会、编写调度会、专家评审研讨会等。经过半年多努力，现付梓面世。丛书的出版发行，得到了各方面的大力支持。我们诚挚感谢所有参加蓝皮书编写的人员及支持单位，感谢在百忙之中参加评审的专家，感谢为丛书出版提供支持的出版社和编辑。虽然是第二年编写蓝皮书，但因为对有些产业发展的最新数据掌握不全，加之水平有限，谬误在所难免，欢迎广大读者批评指正。

2024年4月23日，习近平总书记在重庆主持召开的新时代推动西部大开发座谈会上强调，要坚持把发展特色优势产业作为主攻方向，因地制宜发展新兴产业，加快西部地区产业转型升级。习近平总书记的重要指示，进一步坚定了我们继续编写特色产业蓝皮书的决心和信心。下一步，我们将认真学习贯彻习近平总书记重要指示精神，密切跟踪九大特色产业发展轨迹，关注分析国内外相关情况，加强编写队伍，争取把本丛书做精做好，做成品牌。

丛书编委会

2024年5月

代 序

乡村振兴特色优势产业培育工程实施方案

中国乡村发展志愿服务促进会

2022年7月11日

民族要复兴，乡村必振兴。脱贫攻坚任务胜利完成以后，"三农"工作重心历史性转到全面推进乡村振兴。为贯彻落实习近平总书记关于粮食安全的重要指示精神，落实《国家乡村振兴局 民政部关于印发〈社会组织助力乡村振兴专项行动方案〉的通知》（国乡振发〔2022〕5号）要求，中国乡村发展志愿服务促进会（以下简称促进会）认真总结脱贫攻坚期间产业扶贫经验，选择油茶、油橄榄、核桃、酿酒葡萄、杂交构树，青藏高原青稞、牦牛，新疆南疆核桃、红枣9个特色优势产业进行重点培育，编制《乡村振兴特色优势产业培育工程实施方案》（以下简称《实施方案》）。

一、总体要求

（一）指导思想

以习近平新时代中国特色社会主义思想为指导，全面贯彻习近平总书记关于"三农"工作的重要论述，立足新发展阶段，贯彻新发展理念，构建新发展格局，落实高质量发展要求。按照乡村要振兴、产业必先行的理念，坚持"大食物观"，立足不与粮争地，坚守18亿亩耕地红线，本着向山地要油料、向构树要蛋白的思路，加快补齐粮棉油中"油"的短板、肉蛋奶中"奶"的短板，持续推进乡村振兴特色优势产业培育工程。立足帮助优质农产品出村进城，不断丰富市民的"米袋子""菜篮子""果盘子""油瓶子"，鼓起脱贫地区人民群众的"钱袋子"。立足推动农业高质高效、乡村宜居宜业、农民富裕富足，为全面推进乡村振兴、加快农业农村现代化提供有力支撑。

（二）基本原则

——坚持政策引导，龙头带动。以政策支持为前提，积极为产业发展和参与企业争取政策支持。尊重市场规律，发挥市场主体作用，择优扶持龙头企业做大做强，充分发挥龙头企业的示范带动作用。

——坚持突出重点，分类实施。突出深度脱贫地区，遴选基础条件好、带动能力强的企业，进行重点培育。按照"分产业、分区域、分重点"原则，积极推进全产业链发展。

——坚持科技支撑，金融助力。加强对特色优势产业发展的科研攻关、科技赋能作用，促进科研成果及时转化。对接金融政策，促进企业不断增强研发能力、生产能力、销售能力。

——坚持行业指导，社会参与。充分发挥行业协会指导、沟通、协调、监督作用，帮助企业加快发展，实施行业规范自律。充分调动社会各方广泛参与，"各炒一盘菜，共办一桌席"，共同助力产业发展。

——坚持高质量发展，增收富民。坚持"绿水青山就是金山银山"理念，帮助企业转变生产方式，按照高质量发展要求，促进产业发展、企业增效、农民增收、生态增值。

（三）主要目标

对标对表国家"十四五"规划和2035年远景目标纲要，设定到2025年、2035年两个阶段目标。

——到2025年，布局特色优势产业培育工程，先行试点，以点带面，实现突破性进展，取得明显成效。完成9个特色优势产业种养适生区的划定，推广"良种良法"，建设一批生产基地。培育一批龙头企业、专业合作社和家庭农场等市场主体，建立重点帮扶企业库，发挥引领带动作用。聘请一批知名专家，建立专家库，做好科技支撑服务工作。培养一批生产、销售和管理人才，增强市场主体内生动力，促进形成联农带农富农的帮扶机制。

——到2035年，特色优势产业培育工程形成产业规模，实现高质量发展。品种和产品研发取得重大突破，拥有多个高产优质品种和市场占有率高的产品。种养规模与市场需求相适应，加工技术不断创新，产品质量明显提升，销售盈利能力不断拓展，品牌影响力明显增强。拥有一批品种和产品研发专家，一批产业发展领军人才和产业致富带头人，一批社会化服务专业人才。市场主体发展壮大，实现一批企业上市。联农带农富农帮扶机制更加稳固，为共同富裕添砖加瓦，作出积极贡献。

二、重点工作

围绕特色优势产业培育工程目标，以"培育重点企业、建立专家库、实施消费帮、搭建资金池、发布蓝皮书"为抓手，根据帮扶地区自然禀赋和产业基础条件，做好五项重点工作。

（一）培育重点企业

围绕中西部地区，特别是三区三州和乡村振兴重点帮扶县，按照全产业链发展的思路遴选一批产业基础好、发展潜力大、创新能力强的企业，建立重点帮扶企业库，作为重点进行培育。对有条件的龙头企业，按照上市公司要求和现代企业制度，从政策对接、金融支持、消费帮扶等方面进行重点培育，条件成熟的推荐上市。

（二）强化科技支撑

遴选一批品种研发、产品开发、技术推广、工艺研究等方面的专家，建立专家库，有针对性地对制约产业发展的"卡脖子"技术难题进行联合攻关。为企业量身研发、培育种子种苗，用"良种良法"助力企业扩大种养规模。加强产品研发攻关，提高产品品质和市场竞争力。充分发挥企业家在技术创新中的重要作用,鼓励企业加大研发投入,承接和转化科研单位研究成果,搞好技术设备更新改造,强化科技赋能作用。

（三）扩大市场销售

帮助企业进行帮扶产品认定认证,给帮扶地区产品提供"身份证",引导销售。利用促进会"帮扶网""三馆一柜"等平台和载体,采取线上线下多种方式销售。通过专题研讨、案例推介等形式,开展活动营销。通过每年发布蓝皮书活动,帮助企业扩大影响,唱响品牌,进行品牌销售。

（四）对接金融资源

帮助企业对接国有金融机构、民营投资机构,引导多类资金对特色优势产业培育工程进行投资、贷款,支持发展。积极与有关产业资本合作,按照国家政策规定,推进设立特色优势产业发展基金,支持相关产业发展。利用国家有关上市绿色通道,帮扶企业上市融资。

（五）发布蓝皮书

组织专家编写分产业的特色优势产业发展蓝皮书。做好产业发展资料收集、整理、分析工作,加强国内外发展情况对比分析,在总结分析和深入研究的基础上,按照蓝皮书的基本要求组织编写,每年6月前对外发布上一年度产业发展蓝皮书。

三、保障措施

（一）组建项目组

促进会成立项目组,制定《实施方案》并组织实施。项目组动员组织专家、企业家和有关单位,分别成立9个项目工作组,制定产业发展实施方案并组织实施。做好产业发展年度总结,编写好分产业特色优势产业发展蓝皮书。

（二）争取政策支持

帮助重点龙头企业对接国家有关产业政策、产业发展项目。协调相关部门,加大帮扶工作力度,争取将脱贫地区重点龙头企业的产业发展规划纳入国家有关部门和有关地区的专项发展规划并给予支持。争取各类金融机构对重点帮扶龙头企业给予贷款、融资优惠,助力重点帮扶企业加快发展。

(三)坚持典型引领

选择一批资源禀赋好、发展潜力大、市场前景广的种养基地作为示范种养典型,选择一批加工能力精深、技术先进、效益良好的龙头企业作为产品加工示范典型,选择一批增收增效、联农带农富农机制好的市场主体作为联农带农富农典型。通过典型示范,引领特色优势产业培育工程加快发展。

(四)搞好社会动员

建立激励机制,让热心参与特色优势产业发展的单位和个人政治上有荣誉、事业上有发展、社会上受尊重、经济上有效益。加强宣传工作,充分运用电视、网络等多种媒体,加大舆论宣传推广力度,营造助力特色优势产业培育工程的良好社会氛围。招募志愿者,创造条件让志愿者积极参与特色优势产业培育工程。

(五)加强协调促进

充分利用促进会在脱贫攻坚阶段取得的产业发展经验和社会影响力,协调脱贫地区龙头企业对接产业政策,动员产业专家参与企业技术升级和产品研发,衔接金融资源帮助企业解决资金难题。发挥行业协会的积极作用,按照公开、透明、规范要求,帮助企业规范运行,自我约束,健康发展。

四、组织实施

(一)规范运行

在促进会的统一领导下,项目组和项目工作组根据职责分工,努力推进9个特色优势产业培育工程实施。项目组要根据产业特点组织制定专家库、重点帮扶企业库的建设与管理办法、产业发展培育项目管理办法,包括金融支持、消费帮扶、评估评价等办法,做好项目具体实施工作。

(二)宣传发动

以全媒体宣传为主,充分发挥新媒体优势,不断为特色优势产业培育工程实施营造良好的政策环境、舆论环境、市场环境,让企业家专心生产经营。宣传动员社会各方力量，为特色优势产业培育工程建言献策。

（三）评估评价

发动市场主体进行自我评价，通过第三方调查等办法进行社会评价。特色优势产业培育工程项目组组织有关专家、行业协会、企业代表，对9个特色优势产业发展情况、市场主体进行专项评价。在此基础上，进行评估评价，形成特色优势产业发展年度评价报告。

CONTENTS | 目录

第二章

牦牛产业发展外部环境分析 / 041

第四章

牦牛产业发展重点企业 / 107

第五章
牦牛产业发展的代表性产品/品牌 / 125

第六章

牦牛产业发展效益评价 / 147

绪　论

　　我国现有牦牛1500多万头，占全球牦牛总数的90%以上，是世界牦牛养殖的主要国家。牦牛主要分布于青藏高原及周边高寒牧区，是重要的支柱和特色产业，在西藏、青海、四川、甘肃、云南、新疆均有分布。牦牛为农牧民提供肉、乳、毛绒等畜产品，是我国高寒民族地区的主要畜种和重要的生产资料。牦牛养殖业是一种高度适应高寒生态条件的特定生态养殖模式。在广阔的青藏高原高寒牧区，充分发挥草地资源的生产效能和牦牛业的特点，充分利用牦牛最少与人类争地、争粮、争夺生存空间与自然资源的优势来发展牦牛生产；加速牦牛产业的发展和产品资源的开发对实现向节粮型畜牧业和生态畜牧业的转变具有特别的意义，同时对防止高原生态环境的恶化具有积极的作用。

　　随着膳食结构的变化与调整，全世界消费者对肉类的需求也发生了改变。牛肉因含有丰富的蛋白质和较低的脂肪，且相对其他肉类氨基酸含量更为合理，更适合人体需要并能增加机体抗病能力，因而越来越多的消费者更加倾向于购买牛肉，这使得牛肉需求量不断增加，在肉类中的比重也呈上升趋势。在提倡科学健康饮食的环境下，绿色食品的重要性日益凸显，牦牛因生长于高海拔、无污染的高寒地区，具有"绿色肉食品"的独特优势，从而引起国内外的广泛关注。在"名、优、新、特"产品展览会上，牦牛肉和牦牛奶很受消费者的青睐。

　　牦牛产业要发展，要重点支持以下几个重要方面。

　　建立牦牛主产区高效、绿色养殖技术体系。针对高寒牧区饲草料季节性缺乏和草原超载、农区牛源紧缺的问题，建议进一步通过营养调控、饲养模式等综合技术集成创新，建立牦牛主产区特色养殖技术体系。

构建牦牛全产业链标准化生产体系。加快构建牧繁农育技术体系和模式，从产前向产终挖掘优势和特点，全力打造以企业为龙头、以合作社为纽带、以牧户为基础的从能繁母牛饲养到良种选育、从育肥到屠宰深加工、从产品流通到食品餐饮的牦牛发展全产业链，构建现代化、规模化、产业化、生态化、差异化的牦牛全产业链标准化生产体系。

建立牦牛遗传改良和品种培育体系。牦牛的遗传改良和品种培育是一项长期而艰巨的任务，需要长期稳定的资金和政策支持。相关部门在制定惠农惠牧政策的同时，应充分考虑牦牛种业的长期性和持续性，在资金和政策上予以扶持。

2023年10月，在中国乡村发展志愿服务促进会领导的关心和指导下，中国乡村发展志愿服务促进会委托罗晓林研究员牵头，成立了由相关专家组成的课题组，负责编写中国牦牛产业发展蓝皮书。课题组成员通力合作，经过蓝皮书大纲设计、文献调研、问卷调查、实地考察、个别访谈、资料收集、数据分析等环节，并召开多次专题研讨会，最终形成了《中国牦牛产业发展蓝皮书（2023年）》撰写大纲及撰写任务分工。

在本书的撰写过程中，为了获取各产区发展动态数据，我们得到了国家肉牛牦牛产业技术体系、行业管理部门、各产区同行的密切配合和无私的帮助，收集了各产区产业政策、产业数据及案例等有价值的资料。2024年2月，中国乡村发展志愿服务促进会组织相关专家对本书提出了许多宝贵的意见和建议。

通过系统凝练最新生产、科研和理论成果，综合运用定量分析和定性分析等多种方法，吸收多方意见和建议，力图从牦牛产业在我国畜牧业中的地位、牦牛产业发展现状、主产区和分布区的发展现状、牦牛产品产销渠道发展特点及我国牦牛产业发展趋势与对策等方面，全面系统、客观公正地反映中国牦牛产业发展的真实情况，为推动中国牦牛产业可持续、高质量发展作出贡献。本书在2022年版的基础上，充分吸纳牦牛产业分布地区从事牦牛研究和生产的行业精英，共同编写完成了2023年中国牦牛产业发展蓝皮书。本书总体架

构如下:

绪论,主要介绍本书编写的背景、调研情况、基本架构等。

第一章为牦牛产业发展基本情况。从养殖、加工、从业人员、产品营销及品牌建设等方面进行介绍,反映了我国牦牛产业的发展现状。

第二章为牦牛产业发展外部环境分析。该部分分析了影响我国牦牛产业发展的外部因素,主要从政策环境、技术环境、市场需求和牦牛产业与肉牛产业优劣势进行分析,明确了现阶段我国牦牛产业发展在同行业的优势与不足。

第三章为牦牛产业发展重点区域。主要对青海、西藏、四川、甘肃四个牦牛主产区域,从牦牛产业生产、饲养管理、种业、市场经营及基础设施建设等方面进行了分析。

第四章为牦牛产业发展重点企业。主要从青海、西藏及四川各区域中选择从事牦牛产品加工且具有代表性的生产企业,从过去3至5年的企业发展及企业背景、产品类型、销售产值等方面内容进行了阐述。

第五章为牦牛产业发展的代表性产品及品牌。主要对牦牛肉类产品、乳类产品、绒类产品及文创类产品进行详细介绍。

第六章为牦牛产业发展效益评价。主要从牦牛产业对促进农民增收、带动企业发展和推动区域发展的经济效益,对青藏高原地区改善生态条件,带动产业链发展、促进社会稳定、增强组织凝聚力等方面进行了阐述。

第七章为科技对牦牛产业的支撑。主要从牦牛产业发展的技术需求、取得的技术成就、科技进步促进产业发展等方面内容进行详细介绍。

第八章为牦牛产业发展趋势与对策。从牦牛养殖、加工和市场销售三个重要方面对牦牛产业发展的趋势进行阐述,对各环节存在的问题及原因进行分析,提出对策性建议。

附录为近五年牦牛产业发展大事记,引录了近五年内牦牛产业发展的相关政策、领导关怀、重要成果、重要活动和社会影响等重要事项。

第一章

牦牛产业发展基本情况

第一节　引　言

　　牦牛是牛属动物中能适应高寒恶劣气候的特殊牛种，主要分布于青藏高原及其毗邻的高山及亚高山地区，西起昆仑山脉、天山山脉、帕米尔高原，东至岷山，南达喜马拉雅山脉，北抵阿尔泰山脉。2022年，全球牦牛数量约为1753.5万头，其中中国拥有牦牛1544.83万头。牦牛国内主要分布在青海、西藏、四川、新疆、甘肃等省区。牦牛具有重要的经济、生态和文化价值，不仅能为人类提供肉、乳、毛皮等多种生存资料，同时在高寒地区少数民族文化中有着重要的地位，被视为"高原之舟"和藏族文化中的重要图腾。当前，牦牛产业已成为推动中国西部高原地区畜牧业发展、农牧民生活水平提高和家庭增收的重要驱动力。

　　近年来，牦牛养殖方式已逐步由纯天然放牧向规模化、集约化、标准化方式转变，牦牛舍饲、半舍饲养殖比例正在逐年升高。随着牦牛产业科技水平的不断提升，牦牛繁育技术、营养需求标准、疫病防控体系亦不断获得完善，饲养管理模式也取得持续创新和发展，诸多因素进一步推动了牦牛产业的良性和可持续发展。牦牛肉质鲜美，香味浓郁，回味悠长，蛋白含量高，脂肪含量低，素有"高原绿色有机食品"之美誉。随着有机、绿色产品消费观念的普及，全球市场对高档肉类产品的需求越来越大，生长于青藏高原无污染高寒地带的牦牛成为天然绿色食品的主要来源和象征，被誉为"牛肉之冠"的牦牛肉及其制品多次在国内外展销会上亮相，收获诸多奖项，获得不凡赞赏。同时，牦牛奶、皮、毛绒等产品也受到消费者的欢迎，以牦牛绒毛、毛皮所制衣物频频亮相于各大时装周，以其保暖性和装饰性强等优势，在国际上备受推崇。随着消费者对天然、健康、有机农畜产品的需求增加，川藏、青藏、新藏、滇藏铁路等交通基础设施的建设和完善，牦牛养殖业获得更广阔的发展市场。当前，受国家肉牛良种补贴政策、国家农产品质量安全追溯管理信息平台及全国农产品质量安全追溯管理信息系统等支持,牦牛产业发展迎来了更好的发展投资机遇。牦牛养殖龙头企业及从业人员规模和结构发生明显变化,畜产品销售数量和质量获得明显提升,畜产品销售规模、品牌建设均呈现出良好的发展态势。

第二节 养殖情况

一、牦牛遗传资源地理分布及其数量变化

(一)世界牦牛地理分布及其数量

世界牦牛整体分布是以青藏高原为中心,向四周蔓延,遍布喜马拉雅山脉、帕米尔高原、天山山脉、祁连山、阿尔泰山脉等广大中亚高地。除中国是牦牛的主产地外,蒙古、俄罗斯、吉尔吉斯斯坦、塔吉克斯坦、尼泊尔、印度、不丹、阿富汗和巴基斯坦等国家亦有不同数量的牦牛分布,其中以蒙古牦牛数量最多(表1-1)。

表1-1 世界牦牛主要分布

群体	数量(万头)
蒙古牦牛	80
俄罗斯牦牛	5.10
吉尔吉斯斯坦牦牛	2
塔吉克斯坦牦牛	1
尼泊尔牦牛	2
印度牦牛	3.80
不丹牦牛	3
阿富汗牦牛	0.20
巴基斯坦牦牛	1.49
合计	98.59

资料来源:阎萍、梁春年:《中国牦牛》,中国农业科学技术出版社2019年版。

（二）中国牦牛地理分布及其数量变化

中国是牦牛的起源地，拥有丰富的牦牛遗传资源。中国牦牛遗传资源主要分布在青海、西藏、四川西北部高原和高山区、新疆天山、甘肃南部的祁连山和云南西北的高山区，内蒙古贺兰山区、河北北部寒冷山区以及北京西山寒冷山区也有零星分布。近年来，随着人类活动和生态环境变化的不断加剧，中国牦牛遗传资源群体数量也发生了一定的变化。据中国畜牧业年鉴统计，1949年中国牦牛的数量约为500万头，而1978年已达到了1306万头。2000年全国牦牛数量出现下降，约821.15万头。而在2000年之后，中国牦牛数量整体呈现上升趋势。据第三次全国畜禽遗传资源普查，2022年青海拥有牦牛545.57万头，占全国牦牛总数的35.32%，居全国首位，主要分布在玉树、果洛、黄南和海南等自治州；西藏拥有牦牛474.03万头，占全国牦牛总数的30.69%，主要分布在那曲、昌都、山南、阿里和日喀则等地区；四川拥有358.37万头，占全国牦牛总数的23.2%，主要分布于甘孜州和阿坝州；甘肃拥有124.80万头，占全国牦牛总数的8.08%，主要分布于甘南藏族自治州七县一市、武威市天祝藏族自治县、张掖市肃南裕固族自治县；新疆拥有33.42万头，占全国牦牛总数的2.16%，主要分布于昆仑山、帕米尔高原、天山和阿尔泰山一带的36个县及5个生产建设兵团农场；云南拥有8.22万头牦牛，占全国牦牛总数的0.53%，分布于滇西北的迪庆高原地区，其中香格里拉市（原称中甸县）和德钦县占90%以上。上述六省（区）是中国牦牛遗传资源的主要产区，可以看出，分布区域广、地理分布差异明显是中国牦牛遗传资源地理分布的主要特点。不同地区的牦牛品种（群体）之间存在着不同程度的遗传差异，这些差异与地理环境、人类活动及各品种遗传特性等因素密切相关。

中国不仅是世界上拥有牦牛数量最多的国家，也是拥有牦牛品种最多的国家。截至目前，我国共计拥有22个牦牛地方品种和2个培育品种，与2011年第二版《中国畜禽遗传资源志·牛志》相比，第三次全国畜禽遗传资源普查发掘了更多的牦牛遗传资源，增加了11个地方品种和1个培育品种，增幅达到100%。目前，青海省拥有6个、西藏自治区拥有6个、四川省拥有6个、甘肃省拥有3个、新疆维吾尔自治区拥有2个、云南省拥有1个牦牛品种（遗传资源）（表1-2），这表明中国牦牛品种（遗传资源）的数量有所上升，所有牦牛品种（遗传资源）的群体数量亦表现出较为明显的上升趋势。

表1-2 中国牦牛品种（遗传资源）数量变化情况

省（区）	品种	品种（遗传资源）数量（万头）		
		1986年第一版牛品种志	2011年第二版牛品种志	第三次全国畜禽遗传资源普查
青海	青海高原牦牛	346.00	280.00	377.23
	环湖牦牛	无	无	79.60
	雪多牦牛	无	无	34.53
	玉树牦牛	无	无	57.56
	大通牦牛	无	0.40	3.61
	阿什旦牦牛	无	无	0.43
西藏	西藏高山牦牛	250.00	290.00	429.97
	娘亚牦牛	12.00	10.50	16.05
	斯布牦牛	无	0.35	4.13
	帕里牦牛	无	2.34	2.55
	类乌齐牦牛	无	无	15.66
	查吾拉牦牛	无	无	5.53
四川	九龙牦牛	3.00	3.96	14.79
	麦洼牦牛	60.00	161.39	190.27
	木里牦牛	2.39	4.29	6.88
	金川牦牛	无	无	40.85
	昌台牦牛	无	无	105.67
	业丁牦牛	无	无	6.03
甘肃	甘南牦牛	14.63	15.56	105.21
	天祝白牦牛	3.00	3.94	13.52
	肃南牦牛	无	无	6.82
新疆	巴州牦牛	6.00	9.40	12.43
	帕米尔牦牛	无	无	20.24
云南	中甸牦牛	2.03	4.33	8.13

二、牦牛养殖现状

（一）草地资源及养殖规模

我国是草地资源大国，根据第三次全国国土调查主要数据公报，全国共有草地26453.01万公顷，其中天然牧草地21317.21万公顷，占80.58%；人工草地58.06万公顷，占0.22%；其他草地5077.74万公顷，占19.20%。从行政区域分布来看，西藏天然草地面积最大，为8006.50万公顷，占全国草地面积的30.27%，主要为高寒草原和高寒草甸。其次为内蒙古、新疆和青海，天然草地面积分别为4792.20万公顷、3959.80万公顷和3666.39万公顷。内蒙古草原以温性草原和荒漠草原为主，青海主要以高寒草甸和高寒草原为主，新疆盐生草甸、高寒草原、荒漠草原、温性草原和高寒草甸则均有分布。此外，四川、甘肃、黑龙江和云南天然草地面积分别为943.49万公顷、656.62万公顷、56.88万公顷和12.25万公顷，其中四川的草地资源80%以上为高寒草甸，云南的草地资源86%以上为热带亚热带草原。

牦牛产业主要是以天然草地植物为饲草来源的一种粗放型经营管理、科技应用率较低的传统产业，沿袭着靠天养畜和依赖天然草地的自然再生产能力维持其饲草需要的模式。近年来，我国牦牛存栏量整体呈现增长态势，从2013年的1200.40万头增长到2022年的1544.83万头，主要分布在青海、西藏、四川、甘肃等地。其中，青海、四川和西藏牦牛存栏量总和占全国牦牛存栏总量的85%以上，且青海占比最大，高达35.32%（表1-3）。天然草场作为重要的自然资源，它是牦牛产业可持续发展不可或缺的基础条件。伴随着人口数量、牦牛存栏量不断增加，超载过牧、滥挖乱建现象频发，人、草、畜矛盾日益突出，部分地区出现了不同程度的草地退化现象，生产力持续减弱，草地可利用性有下降趋势。

表1-3 2013—2022年牦牛存栏量

（万头）

时间 \ 省（区）	青海	四川	西藏	甘肃	新疆	云南	全国
2013年	397.08	370.29	293.62	116.86	14.25	7.99	1200.40
2014年	420.00	367.04	311.89	118.36	14.17	7.76	1239.52
2015年	457.26	376.33	256.89	132.63	15.13	8.33	1246.85
2016年	467.76	372.34	313.00	128.86	16.57	9.94	1308.77
2017年	456.35	369.29	372.35	122.63	17.13	8.43	1346.47
2018年	469.02	382.01	337.25	129.77	19.12	4.95	1342.42
2019年	467.54	413.26	410.21	142.47	21.33	5.70	1460.80
2020年	554.66	417.45	410.10	144.80	23.74	6.11	1557.22
2021年	554.95	369.57	446.64	127.86	29.69	6.25	1535.33
2022年	545.57	474.03	358.37	124.80	33.42	8.22	1544.83

资料来源：《中国畜牧兽医年鉴》、第三次全国畜禽遗传资源普查。

（二）牦牛繁育及营养调控

牦牛是一个自然选择大于人工选择的牛种，生产性能低，产品商品率低，且经济效益较差。目前，牦牛繁育主要依靠本品种选育和杂交改良方式进行。其中，本品种选育是提高牦牛生产性能、防止品种退化的有效途径之一。近年来，牦牛育种工作者根据青藏高原不同地理区域特点及牦牛种质资源特性，探索"因地制宜""因种制宜"的牦牛本品种选育方法。根据不同牦牛品种的种质特性及与其他品种（群体）间的遗传关系、群体结构差异等，开展资源调查和分子评估等综合研究，确定选育目标，并根据种质资源特色性状（如奶、肉、毛）确定选育方向，制订选育计划，已取得显著成效。中国大部分地方牦牛品种生产性能较低、特色性状挖掘利用不够，可通过设定明确的选育目标，选与育并重，对其进行有计划、有目的地选择和培育。同时，通过选种选配、提纯复壮、定向培育等方式，在保持本品种遗传特性的同时，进一步选育提高其生产性能。通过本品种选育手段，虽然在一定程度上可提高其生产性能，但是速度较慢，不能达到目前社会经济快速发展的要求。因此，传统上对牦牛品种进行改良或培育多采用杂交的方式，有计划地开展牦牛杂交改良，最终达到大幅提高其乳肉生产性能、提高其产品商品率的目的。牦牛杂交改良历史悠久，中国早在3000年前的殷周时期，就已有利用引入半农半牧区的公黄牛与当地牦牛杂交生产犏牛的记录，其杂交后代比牦牛温顺，易于饲养管理，且乳肉产量相比牦牛显著增加。20世纪70年代中期，青海、四川等地先后在高原牧区引入人工授精技术，提高了牦牛杂交改良速度。进入21世纪以来，牦牛种间杂交技术推广工作得到进一步加强，基础设施更为完善，种间杂交人工授精技术更为成熟，改良力度逐年加大，繁育目标更为明确，覆盖面亦逐年扩大。如利用人工授精技术开展娟姗牛与牦牛杂交以及利用安格斯牛、西门塔尔牛与牦牛开展种间杂交，在提高产奶、产肉性能方面均取得了显著效果。此外，利用牦牛、地方黄牛和安格斯牛进行三元杂交形成的杂种肉牛，具有适应性好、生长速度快、产肉性能好等特征，2岁杂种肉牛与本地7岁牦牛相比，体重提高100千克以上，屠宰率提高10%以上。随着科研投入力度的加大及牦牛繁育技术的发展与推广，牦牛可视化输精、同期发情技术在牦牛杂交改良中获得一定范围的推广和普及，繁殖率和成活率都有所提升。但与其他畜种相比，规模小而分散、管理粗放等问题严重制约着牦牛种间杂交改良的效果。

牦牛育肥是体现养殖经济效益最重要的一个环节，既有利于畜群结构调整，缓解草地生产压力，保护草原生态环境，又有利于提升牦牛产业经济效益，促进农牧民增收。牦牛传统养殖中一般采用放牧育肥，该育肥方式增重缓慢，且育肥时间长，但由于没有饲喂精料，因而饲养成本相对较低。随着现代畜牧业的不断发展，传统养殖现在已经不能适应牦牛产业的发展。目前已推广放牧补饲、半舍饲育肥、全舍饲育肥、短期集中育肥、直线育肥等牦牛养殖新技术，充分利用当地优良的牧草资源，降低育肥成本，缩短育肥周期，提高生产效率。我国牦牛育肥养殖的起步时间较晚，且受到生产方式和生产理念的影响，目前并没有形成完善的育肥养殖产业链。近年来，牦牛育肥养殖产业虽然得到了一定程度的发展，但是距离高水平的牦牛养殖产业还存在一定差距。后续应加强对牦牛育肥养殖期间的管理技术探讨研究，更新传统养殖理念和养殖模式,确保先进的养殖技术能在广大牧区基层得以有效推广和应用,以达到缩短养殖周期,发挥牦牛生产性能,促进牦牛产业高速发展的目的。

牦牛的生长与育肥均需要能量、蛋白质、矿物质、维生素及微量元素等,缺乏其中任何一种或是各营养物质间配比不恰当,均会导致牦牛生长或育肥受阻。通过营养调控改善牦牛生产性能已成为牦牛高效生产过程中的共识。目前,营养调控主要是在冷季或暖季对牦牛进行补饲或舍饲,并根据牦牛生长期能量代谢、氮代谢及其他营养需要,通过向牦牛日粮中增加蛋白质、微量元素、氨基酸和生物活性物等,以达到提高牦牛生产性能、改善乳肉品质的目的。在解决牦牛养殖温饱问题的基础上,准确分析牦牛个体对养分的需要量,通过营养供需平衡实现牦牛精准营养,可达到牦牛高效、生态养殖的目的。牦牛营养调控相关研究起步较晚,目前暂无成熟、可推广的牦牛营养需要标准,牦牛日粮的配制仍大多参考肉牛饲养标准。随着牦牛产业科技水平的提升,牦牛营养需要标准将逐渐完善,形成不同生理阶段、不同生产目的牦牛的营养需要标准。全程营养调控、精准饲养、因地制宜的饲养模式研发与应用,将进一步推动牦牛产业标准化发展。

(三)牦牛疾病防控

牦牛疾病种类繁多,病原复杂,常见疾病有传染性疾病和普通性疾病两大类。传染性疾病常见的有细菌性疾病、病毒性疾病和寄生虫性疾病,牦牛主要传染病有20多种,其中人畜共患病主要有13种,包括口蹄疫、炭疽、轮状病毒病、布鲁氏菌病、巴氏杆菌病、大肠杆菌病、沙门氏菌病、钩端螺旋体病、结核病、弯曲菌病、嗜皮菌病、皮霉菌病和肉毒梭菌中毒病。发生在牦牛中的其他传染性疾病还有传染性胸膜肺炎、传染性鼻气管炎、黏膜病、狂犬病、传染性角膜结膜炎、传染性脓疱口膜炎、牛瘟等。其中,病毒性腹泻是低温环境中常见的病毒性疾病之一,牦牛感染后会出现病毒性腹泻、咳嗽以及溃烂和流产等症状,是威胁牦牛健康,造成犊牛死亡的主要接触性传染病。牦牛常见普通性疾病主要包括内科病、外科病、产科病等,常发性疾病包括犊牛肺炎和消化不良、犊牛脐炎及脐带异常病、有毒牧草中毒症、水疱性口炎、瘤胃积食、子宫脱垂、胎衣不下以及牦牛外创伤等各类疾病。

近年来，随着牦牛业生产规模不断扩大，养殖密度不断增加，一些重要疫病，如布鲁氏菌病、棘球蚴病等呈明显上升趋势，局部地区甚至出现流行暴发现象，严重危害牦牛生产，造成牦牛大批死亡和畜产品的损失，人畜共患病也给人体健康造成了极大危害。因此，牧区的疫病防治也成为畜牧产业发展中重要的一个环节。要做好圈舍管理和合理放牧，树立"养防结合，防重于治"的科学养殖理念。保证圈舍内外的环境，定期对圈舍内外器具、用品等进行消毒，对粪便及时处理，减少和控制牦牛疫病的发生和流行。坚持"自繁自养"的养殖模式，引进外区域的牦牛到本地时必须做好疫病的检查工作，确定无病后方可混群饲养。同时，建立定期消毒制度，切断传播途径，加强饲养管理及完善免疫程序，科学预防接种，提高牦牛群体的抗病能力。牦牛发生疾病时，首先要做好隔离措施，对发病的牦牛通过临床症状观察、病理剖检变化以及结合实验室诊断等方法对牦牛的病因病情进行准确的分析诊断，在查找到病因后要合理选择药物进行治疗。在用药时不可只用某一种药物进行治疗，要轮换使用药物，避免出现病原菌的耐药性。除此之外，还要定期对牦牛进行寄生虫感染情况的调查，确定出优势虫种，选择针对性较强的药物进行驱虫。

（四）牦牛养殖及饲养管理模式

牦牛饲养管理的水平和方法受牦牛分布地区生态环境条件、生产方式、生产者的科学文化水平、宗教信仰等综合因素的制约和影响，不同地区甚至同一地区的不同牦牛群体间都有差异。目前，多数地区牦牛仅依靠天然草地牧草维持生命、生长发育和繁殖等所需的营养。牦牛的传统养殖方式以全放牧为主，草畜矛盾突出，牦牛生长受到牧草营养供给不平衡、兽医防治不便捷、环境条件不可控等诸多因素影响，生产效率较为低下。近年来，牦牛养殖方式已逐步向规模化、集约化、标准化的半舍饲、舍饲方式转变，牦牛舍饲养殖比例正在逐年提高。根据国家肉牛牦牛产业技术体系2021年调研结果，牦牛养殖户主要以传统放牧为主，少量补饲；合作社以"放牧+补饲"、舍饲两种养殖方式为主；企业以舍饲为主。随着高效养殖技术的研发应用与示范推广，目前已形成了如"4218""三结合顺势养殖""牧繁农育""1+N"等多种因地制宜的牦牛高效养殖模式,为牦牛产业转型升级提供了思路和示范。目前,牦牛养殖区域更加重视经济与生态效益协调发展,高原牧区牦牛繁育和架子牛基地功能将进一步凸显,牦牛育肥生产将向饲草料更丰富的农牧交错带和低海拔农区转移,半农半牧区牦牛舍饲错峰出栏和低海拔农区牦牛高效育肥模式将继续扩大。

(五)牦牛主要畜产品及其产值情况

目前,中国牦牛品种(遗传资源)主要以肉乳兼用型为主。牦牛肉作为重要的畜产品,在营养成分方面,具有高蛋白、低脂肪、氨基酸种类多等特点。在食用品质方面,牦牛肉色泽更深,嫩度略逊于黄牛肉,但牦牛肉pH均衡,系水力强,熟肉率高。在食用安全方面,牦牛肉为绿色有机食品。"绿色、美味、健康"是当今人们对食物的要求,故发展牦牛肉食品是牦牛肉产业的风向标。想要进一步提升牦牛肉产业发展,应注重改良牦牛肉屠宰后的处理和加工技术,改善牦牛肉食用品质,提高其市场竞争力。牦牛乳浓稠醇香、微甜,营养价值高,被称为"天然浓缩乳"。牦牛乳中的干物质、蛋白质、脂肪酸、糖类、矿物质等营养成分均高于奶牛乳,是加工奶油系列产品最优的原料乳之一。牦牛是唯一能生产毛和绒的牛种,不同长度、细度和毛纤维类型的绒毛组成了牦牛特有的混合被毛。绒毛平均直径18~20微米,弹性强,光泽柔和,手感光滑,是和山羊绒品质相似的高级纺织原料。粗毛直径大于55微米,外形平直少弯曲,表面光滑,可作衬垫织物及帐篷、毛毡、沙发垫料等,尾毛可作装饰品和假发等。随着人们生活水平的提高和市场多元化需求增加,牦牛产品也向着多元化方向发展,除传统的牦牛肉与乳产品外,牦牛肉精细分割、排酸嫩化后的西式牛排、牦牛排等产品供不应求,以牦牛乳为原料加工的酸奶、奶粉、奶贝、干酪、奶油等产品以及以牦牛新鲜肉生产的风干肉、牛肉干产品琳琅满目,骨髓、皮、角、血液和内脏等也都出现了新的加工利用方式,在医药、保健、化妆品、文化旅游、科创等多个行业均出现了与牦牛息息相关的商品和消费形式。

随着养殖规模和畜产品需求的不断扩大,牦牛屠宰量和产值逐年上升,2016年国内牦牛屠宰量302万头,产值230.2亿元;2022年国内牦牛屠宰量380

万头，产值达467亿元。近年来，中国牦牛产品不论产量和质量都取得较大突破，牦牛肉产量总体上逐年递增，牦牛胴体产量由2016年的41万吨增加到2022年的48.6万吨，净肉产量也由2016年的31万吨增加到2022年的39.9万吨（表1-4）。随着人民生活水平的不断提高，人们更加注重绿色消费，牦牛肉绿色无污染，满足消费者的要求，市场认可度越来越高。2023年中国的牦牛肉市场正处于快速发展阶段，市场规模不断扩大，竞争格局日趋激烈，消费者对牦牛肉的需求越来越多样化，对品质、安全等方面的要求也越来越高。展望未来，中国牦牛肉市场将继续保持增长态势，但同时也面临着诸多挑战，如可持续发展、生态保护等问题。因此，各品牌需要不断创新和优化产品，以满足市场需求，抓住市场机遇。

表1-4　2016—2022年中国牦牛生产情况

时间	屠宰量（万头）	产值（亿元）	胴体产量（万吨）	净肉产量（万吨）
2016年	302	230.2	41	31
2017年	307	231	43	35
2018年	346	262	45	36
2019年	360	270	47	37
2020年	370	339	48	39
2021年	378	445	48.4	40
2022年	380	467	48.6	39.9

资料来源：国家肉牛牦牛产业技术体系年度发展报告。

（六）牦牛养殖存在的问题及发展对策

1. 草地放牧利用存在的问题及应对措施

草畜矛盾突出，草地退化严重。长期以来，我国牧区畜牧业一直严重依赖天然草地，导致草地长期处于超载过牧状态，各牧区草地实际载畜量和理论载畜量间差异较大，超载放牧情况频发，严重影响牧草的正常生长、发育、繁殖及更新，从而造成草地退化，草地生产力下降。针对以上情况，各级政府推行了草场禁牧、轮牧、休牧制度，围栏封育、建植人工草地等措施，以期实现"草畜平衡"的目标。坚持以草定畜，加强草品种的改良、草原沙化治理，缓解人、畜、草三者之间矛盾。根据草场类型、面积、质量等合理安排生产，严格控制载畜量，并根据牧草生长特点、草地类型及退化程度等情况，制定划区轮牧、季节休牧等措施。

此外，退化草地恢复缺乏突破性和颠覆性的技术。目前，我国天然草原的恢复仍以围封禁牧、轮牧、休牧等减轻放牧强度的技术为主。但是，依靠上述草原恢复技术，需要较长的年限才能完全恢复草原植被的结构和功能。部分草场实施了浅耕翻、切根、补播等技术，但是多数措施的效果并不理想。补齐草原恢复的技术短板，关键在科技。科研人员需要根据不同的草原类型、不同的退化阶段和不同的限制因子，研发一系列共性和专性的草地恢复技术。

2. 牦牛遗传育种与繁殖技术存在的问题及解决措施

牦牛选育程度不高，品种退化较为严重。由于受宗教意识和中国民间"忌杀生"观念的影响，部分牧民群众无法对牦牛群体内中年偏老、综合性能不好的牦牛个体进行剔除。加之牧民群众缺乏牦牛品种繁殖选育的科技知识，造成牦牛品种的选育技术水平普遍不高，人畜种群结构极度失调。牦牛选育技术水平不高，是我国目前牦牛培育工作中所遇到的最大问题之一。长期以来，牦牛产地普遍对牦牛牛种选择与研究的重视程度不够，重生产、轻选择，使牦牛生产能力和遗传品质提高都处于停滞或下降状态。后续应建设有良好标杆作用的原种场和选育基地，对种牛进行筛选，确立完善的选择规范，增强对种牛的优良特征的选用能力，大幅提高牦牛品质。实现对牦牛良种的有效引进和推广，以点带面，使真正具备良好"标志"功能的牦牛原种成功"走出去"，从而带动整个牦牛产业的发展。

此外，牦牛良种繁育体系不健全，种牛生产不平衡。良种是牦牛产业发展的基础，也是高原畜牧业发展的核心，提高良种覆盖率和生产性能是种业健康发展的关键。我国目前牦牛优良种公牛的供给能力明显不足，种牛生产不平衡。以青海省为例，每年可稳定提供合格种公牛2000头以上的仅有大通种牛场，其余牦牛种畜场年供种能力平均只有500头。牦牛的繁育周期长，繁殖能力较低，加之对优良种质、特色种质资源的收集保存力度不足，保种技术落后，使得全国整体自给供种能力不足。牦牛产业的长足发展需要充分利用高效良种，要加快推进高原区域现代化的牦牛良种繁育步伐，同时着力推广和高效利用。首先，应依托相关良种研发机构发展壮大牦牛良种繁育中心，吸纳高水平研发人才，同时加快推动西部高原地区牦牛良种遗传资源的各项重点工作，围绕制种瓶颈，瞄准市场需求和产业化发展需要推进牦牛良种培育；其次，需科学高效利用高原区域良种，以提高区域牦牛整体性生产水平为目标，通过对本区域地方品种和培育品种严格鉴定、筛选，选取优质品种以用于牦牛生产，同时对于生产性能低下的地方品种，要通过品种改良的方式获取更大的经济效益，实现牦牛产业可持续发展。加快做好种质资源的开发、保护和利用等工作，建立和完善牦牛种质资源库。

3. 牦牛饲养管理存在的问题及解决措施

目前，大部分地区牦牛养殖仍然以粗放型养殖、自然放牧为主。由于产业发展基础薄弱，以及受牧民传统养殖经营观念的影响，牦牛生产科技含量仍然低下，多靠天然放牧，无补饲、无投资。生产方式落后，且养殖效益低下。现代的养殖发展方向是集约化、健康化和科学化。因此，为了能够提高牦牛养殖的综合效益，首先应当积极创新与优化传统养殖技术，重视并做好养殖者的技术培训，逐步转变传统落后的思想观念，由重畜轻草向草畜并重转变；由粗放经营向集约化经营转变；由单一数量型增长向质量效益型增长转变。同时，牦牛营养需求标准化体系有待建立。需加强牦牛营养与饲草料的基础和应用基础研究，根据牦牛不同生长阶段，结合各地饲草料的特色资源，调配不同的饲料，制定相关饲养标准，为牦牛饲养提供技术支撑和标准体系。

4. 牦牛疾病防控存在的问题及解决措施

牦牛疾病种类多，部分疾病传染性大，致死率高，严重影响了当地畜牧业经济的发展。究其原因主要为，基层防疫体系基础薄弱，疫病预防不到位，应加强防控力度。疫病防疫体系构建不完善、不科学会严重影响疫病防疫工作质量。目前部分养殖场的重心始终集中于提高养殖质量和效率，未能从根本上提高对各项防疫体制规章制度制定的重视，导致现有的规章制度形式化较为严重, 在后期履行过程中也难以落实到位, 非常不利于畜牧业的发展。同时, 部分养殖场和养殖户防疫意识水平低下, 缺乏正确的防疫意识, 加之防疫基础设施不健全, 使疫病防控工作的开展也受到了一定影响。防疫人员需根据区域畜牧健康状况以及常见的疫病种类, 制订科学有效的防疫计划, 确保各项防疫工作有效落实和规避疫病的大范围传播; 在进行规模化养殖过程中, 不断提高饲养管理水平, 改善当前疫病防疫工作现状。为此, 养殖户不仅要采取放牧与舍饲相结合的方式来为牦牛提供丰富的营养, 还要对饲养环境进行不断优化, 在确保光照、通风条件满足牦牛生长需求基础上, 还要做好定期消毒工作, 由此降低病原菌数量, 推动牦牛产业的可持续发展。此外, 加强区域疫病防疫基础设施建设, 区域政府机构需定期组织养殖户进行疫病防疫工作意义的再教育, 以此来强化养殖户的防疫意识, 并通过加大对疫病防疫工作的资金扶持, 对养殖户进行基础设备采购的资金补助来激发养殖户的购买热情。

5. 牦牛养殖设施设备与环境控制存在的问题及解决措施

牦牛养殖设施设备研发品种及数量较多, 但在牦牛养殖及主产区进行有效推广应用的有限。目前, 牧区急需的基础设施主要是牲畜暖棚、防疫巷道圈、牧道/奶源道等, 暖棚建设项目户覆盖率不到25%, 暖棚建设缺口较大, 牧区群众对牧道、奶源道建设的愿望也十分迫切。不断提高牦牛养殖基础设施, 建设合理的饲草料生产体系是牦牛产业发展的方向。牦牛与黄牛、奶牛等相比, 生存条件极其恶劣。改善培育条件, 提高饲养管理水平, 创造适宜牦牛遗传特性和生产性能充分发挥的环境条件, 才能使牦牛优良的遗传特性得到充分发挥。除此之外, 基础设施建设还包括加工、销售等环节的设施和设备建设, 这对于提高牦牛产业附加值和拓展市场空间也具有重要意义。加强产业基础设施建设是实现我国牦牛种业发展的重要举措, 可以提高牦牛生产效率和品质, 降低生产成本, 扩大牦牛市场空间, 促进牦牛产业的现代化和可持续发展。

6. 牦牛产品加工产业链存在的问题及应对措施

当前, 牦牛养殖牧户组织化程度较低、合作社建设不够完善, 企业与合作社、牧户利益连接不紧密，不能有效形成"企业+合作社+基地+牧户"的牦牛产业带动模式。多数牧户出栏牦牛主要通过中间商"牛贩子"收购，这种交易方式对牧户利益不利，影响了牦牛养殖效益和经营的积极性。后续应深入分析发展牦牛产业的优势与劣势，从产前向产终挖掘优势和特点，全力打造以企业为龙头、以合作社为纽带、以牧户为基础的从能繁母牛饲养到良种选育、从育肥到屠宰深加工、从产品流通到食品餐饮的牦牛发展全产业链，构建现代化、规模化、产业化、生态化、差异化的牦牛全产业链标准化生产体系。

第三节　加工情况

一、行业概述

牦牛为青藏高原人民提供了主要动物性蛋白，但受困于牦牛养殖分散度大、屠宰季节性强等客观因素影响，牦牛肉的屠宰和加工行业发展水平相对滞后于国内其他畜禽屠宰加工产业发展水平。

（一）牦牛屠宰企业现状

根据中国农业科学院北京畜牧兽医研究所优质功能畜产品创新团队进行的年度《牦牛屠宰企业技术现况及产业需求》抽样问卷调查表明：

1. 牦牛屠宰企业的设计屠宰规模从年屠宰量10万~15万头到6000~7000头不等，但实际年屠宰量只有个别一两家能超过1万头，大部分屠宰量集中在5000~6000头，极个别的处于停工状态。普遍存在开工不足的现象。

2. 牦牛来源多以外购为主，自养的比例目前占比较低。这与当前牦牛以放牧养殖为主有关。屠宰加工方面，目前屠宰年龄主体还是5岁以上的放牧牦牛。育肥牦牛的屠宰年龄一般在3岁左右。

3. 平均胴体重在85~150千克。胴体分割方法以四分体、二分体偏多，但规模化屠宰企业为迎合内地市场消费习惯，也开始借鉴肉牛分割方法对牦牛肉进行部位精细分割。产品销售形态也呈现热鲜肉、冷鲜肉、冷冻肉等多种形态并存。生鲜牦牛肉的主要销售渠道以批发商、农贸市场、中小餐馆为主,部分企业有自营直销和连锁超市等渠道。

4. 企业普遍有技术提升需求。主要技术需求包括牦牛肉缓化解冻技术,减菌、冷链运输保鲜技术,精细化分割技术、包装技术,牛副系列产品加工技术等。

(二)牦牛加工企业现状

精深加工牦牛肉是有效延长牦牛产业链的重要途径,是实现牦牛产业提质增效的重要抓手。随着牦牛产业的持续发展,牦牛肉乳等产品的高值开发日益引起政府、行业协会和各相关屠宰加工企业的重视。

根据中国农业科学院北京畜牧兽医研究所优质功能畜产品创新团队进行的《牦牛肉加工企业技术现况及产业需求》抽样问卷调查,发现牦牛肉加工行业存在以下几个特点。

第一,各企业实力差距较大。这一点从设计加工规模就有明显体现。调查显示,企业年加工规模设计产能从1万吨到几百吨不等,实际销售数量也是从5000吨至一二百吨不等。而且随着乡村振兴工作推进,一些合作社也加入了牦牛肉乳的加工行业,产能可能更低。由此,行业中相关企业的产值也呈现比较明显的两极分化趋势。企业用工人数规模大的在100人左右,规模较小的企业职工人数在50~60人,合作社等用工则更少。企业聘用人员组成方面,工人一般以本地为主,规模比较大的企业会选择外聘一部分管理人员。

第二,企业研发技术能力普遍薄弱。经过调查发现,各企业普遍缺乏从事技术创新、产品开发人员,绝大多数企业甚至没有具备中级及以上职称的技术人员。这显著影响了企业针对市场变化的创新开发能力。这也造成企业现行加工工艺普遍以传统工艺为主,产品存在严重的同质化倾向。

第三,企业生产线关键设备先进性有待提升。由于现行加工以传统工艺为主,企业在选择生产设备时相对保守,大多采用国内同类常规生产线设备,对国内同类先进生产线设备采购比例较低,更缺乏采购国际同类先进生产线设备的需求。

二、技术创新

青藏高原洁净的环境和优质的原材料是发展生态畜牧业、生产有机畜产品和功能性畜产品的理想之地。优良的品质决定其内在极高的价值。虽然牧民生产的产品别具风味特色，符合藏族人民的生活文化需求，但加工生产主要采用传统加工工艺，普遍存在用手工操作劳动强度大、劳动效率低、加工设备简陋、产品品质不稳定和安全隐患等问题。而且由于中国地域辽阔，各地域间饮食习惯差异较大，内地消费者的口味影响了牦牛产品的有效输出，制约了牦牛产品在内地市场的销售和品牌的溢价能力。

调研发现，现阶段的牦牛肉加工行业照搬肉牛产品加工模式，对牦牛肉品质特色挖掘不足，牦牛产品市场定位不清，市场消费需求对应性不足等问题突出。当前，很多牦牛肉加工企业也意识到了这个问题，积极开展产品工艺、形态全方位创新，满足目标消费市场需求。

（一）在牦牛屠宰工艺创新领域

针对牦牛屠宰年龄大、肉质老韧等瓶颈问题，经过产学研联合攻关，利用低压电刺激结合冷却成熟工艺，形成了牦牛肉绿色嫩化技术。改变宰后牦牛肉成熟过程，加快糖酵解、产酸、肌肉僵直、解僵和成熟等变化过程，具有安全绿色，提高嫩度，改善肉色、风味及多汁性等作用，有利于企业降低能耗、改善牦牛肉质的生产工艺水平提升，提高了消费者对牦牛肉的可接受性。

针对牦牛屠宰工艺粗放，初始污染严重影响货架期的问题，研发了臭氧水胴体喷淋减菌技术，有效降低牦牛胴体初始菌落总数3个数量级，货架期延长2~3倍。

（二）在牦牛肉精深加工领域

针对牛肉干等传统牦牛肉产品，部分企业在保持传统特色的基础上改善品质，突出绿色制造，可以在保持牦牛肉产品品质的同时降低传统腌腊、烟熏、烧烤、酱卤、油炸等工艺产生的大量有害物质，生产出绿色酱卤牦牛肉制品等新产品。

围绕文化与品味，重点瞄准旅游与区域外中高端市场消费需求，创研精分割冷鲜牦牛部位肉、原切牦牛排、带骨牦牛肉、调（料）理牦牛排以及青稞藜麦牦牛肉肠、蒜香蕨麻牦牛肉肠、渥堆风干牦牛肉、渥堆手撕牦牛肉干、发酵山楂牦牛肉肠等香肠类系列新品。

积极引入发酵肉加工技术，采用长时间低温腌制（0~5℃，6~30天）与风干发酵（16~22℃，30~150天）工艺，开发发酵牦牛肉。产品具有营养丰富、风味浓郁、调节肠道菌群、促进消化吸收等特点。关键技术包括风味控制、安全控制和专用发酵菌种生产等技术。在牦牛肉加工上引进肉制品发酵技术可以解决牦牛肉产品同质化、低值化加工严重的问题，创新开发出针对高端市场甚至国外的高端、高值、高效的产品。

三、龙头企业

（一）青海夏华清真肉食品有限公司

作为"农业产业化国家重点龙头企业"，国家肉牛牦牛产业技术体系综合试验站依托单位，青海夏华清真肉食品有限公司是国内率先开展牦牛规范性屠宰和冷鲜牦牛肉生产的企业之一。自2009年成立以来，建成牦牛屠宰车间、藏羊屠宰车间、分割加工车间、牛羊副产品加工车间以及容量5000吨冷藏库、排酸库，购置配套制冷设备。在牦牛屠宰加工领域，公司具备从牛羊屠宰、精深加工、冷链销售、餐饮连锁的生态产业链。

通过与中国农业科学院北京畜牧兽医研究所、甘肃农业大学、山东农业大学等单位常年开展技术合作，公司根据市场需求，逐步完善了牦牛产品生产销售体系，使公司产品、技术又上了一个新台阶。公司生产的牦牛肉经冷却、成熟、嫩化后，根据嫩度分级开展分类型对应加工。开发出原切牦牛排、调理牦牛肉以及牦牛烤肉、火锅涮食系列产品。品种主要包括牦牛上脑、眼肉、外脊、里脊、辣椒肉，牦牛一号、牦牛精品肉等30多个品种。

（二）红原牦牛乳业有限责任公司

2014年，红原牦牛乳业有限责任公司被评为"农业产业化国家重点龙头企业"。完成了适合原生态牦牛奶收集特点的奶源体系标准化建设，形成辐射红原县周边300千米的鲜奶收购网络，围绕"龙头企业+红原当地藏族牧户"打造的八方联动模式，覆盖红原牦牛产业的多个环节，每年可以覆盖红原6000多名当地牧户。与美国农业巨头Land O'Lakes公司、瑞典利乐公司合作，全线引进国外乳制品生产体系，在高海拔的青藏高原建成了现代化牦牛乳制品加工厂，生产产能扩大到年10万吨鲜奶处理能力。

红原的牦牛鲜奶除了高含量的优质乳蛋白、乳钙和多种维生素、矿物质外，还含有共轭亚油酸、α-亚麻酸、寡糖等多种稀有营养成分。无环境污染、无药物污染，100%原汁原味。红原牦牛乳业以"不添加"为价值追求和企业使命，坚持原生态、高营养、拥有纯真品质的理念，不断开发新产品和进行技术改造，研制出了儿童营养奶粉、孕妇营养奶粉、老年营养奶粉等系列新产品。为满足不同消费者的需求，公司推出了适宜送礼的礼盒装、便于携带的小袋装等多样化产品。此外，红原牦牛乳业有限责任公司还积极拓展产品线，成功推出了常温液态奶、低温巴氏奶等新品类，为消费者提供了更多选择，满足了市场对牦牛奶的不同需求和使用场景。红原牦牛奶成为首个获得FA食品真实品质认证的"纯牦牛奶"。红原牦牛奶还被四川省农业农村厅评为"天府粮仓"精品培育品牌，品牌影响力不断扩大，品牌知名度显著提高。

第四节　从业人员

一、养殖环节人员概述

当前，牦牛还是以传统放牧为主，牧民是牦牛养殖的主要从业者。牧民虽然文化水平相对不高，但草地利用与放牧管理经验丰富。他们根据气候，充分利用不同的地形地势，因时、因地、因牲畜的状况选择不同的放牧方式。例如夏季通常选择有零星石山和山沟、地势偏高、气候凉爽的地方饲养牦牛。冬春季降雪频繁时，则利用沼泽地放牧比较安全。寒冬季节利用在阳坡放牧，牲畜吃干草和花草枯落物越冬对各种疾病的预防会有益处。

为了打破传统产业结构及传统放牧方式，当地大力推进股份制改革，规范合作社经营管理，扎实推进农村牧区集体产权制度改革。开展产业化基地建设，发挥集聚效应，发展适度规模经营，打造农畜产品生产加工全产业链条。通过不断优化产业结构，积极探索实践"草—畜—肥—草"循环生产模式，培育发展生态家庭牧场，推广科学养殖技术，改良牛羊品种和采取划区轮牧等方式，大力推广典型成功案例，实现农牧民从单一的出栏经济向合作社加工销售为一体的合作经济转变、从传统单一的放牧养殖向以生态畜牧业合作社为新模式的养殖方式转变、从传统放牧观念向以生态保护优先的新思想转变，生产、生活、生态，"三生共赢"的局面逐步形成。

牦牛产业健康高效发展的重要保障是基层技术人员对牧民的现场指导与技术培训。由于客观因素的影响，过去基层技术人员自身专业技能不够高，没有比较规范的操作指导，使得很多先进技术无法准确地落实到位，无法与各方进行紧密配合，科技支撑作用相对较弱。当前，随着科技扶贫和乡村振兴工作的持续深入展开，在科技人员的技术支撑下，本地技术人员水平提升明显，对产业的科技支撑能力正逐步提高，为牦牛产业发展提供了基础性保障。

二、加工环节人员概述

目前，牦牛加工产业主要以中小企业为主。随着乡村振兴战略的推进实施，各地涌现出不少合作社形式的小微企业。但这些企业的加工人员基本以周边农村劳动力为主（有相当比例还是季节性雇佣），文化层次基本以初高中为主。生产技能培训相对缺乏，只能从事相对单一重复性操作。规模稍大的企业，其技术岗位及管理岗位大多是外聘经专业培训或具有相对专业技能的技术人员，但占企业员工总数的比例极低。抽样问卷调查显示，稍大规模的企业也只有1至2名具有中级以上职称的技术人员。

第五节　营销情况

一、牦牛产品销售情况

（一）牦牛产品总体销售情况

牦牛产品种类非常丰富，涵盖牦牛肉、牦牛奶、牦牛毛、牦牛绒、牦牛骨等各种商品。牦牛肉是牦牛产品中最常见的一种，肉质鲜美，营养丰富，含有丰富的蛋白质和氨基酸。牦牛奶也是一种非常受欢迎的产品，它含有丰富的蛋白质、脂肪、乳糖和维生素等营养物质。牦牛毛和牦牛绒则是牦牛产品中的高档产品，它们具有很好的保暖性能和柔软的手感，常用于制作毛衣、围巾、帽子等。牦牛骨则常用于制作佛珠、饰品等。除以上产品，还有一些其他的牦牛产品，如牦牛皮、牦牛血等，它们也都具有一定的经济价值和药用价值。

青藏高原地区人民生产以畜牧业为主，牦牛是他们重要的家畜之一，牦牛肉是主要的肉食来源之一，具有重要的地位。依托国家肉牛牦牛产业技术体系（CARS-37）、西藏自治区牦牛产业技术体系（XZARS-MN-2024）产业经济与政策岗和国家科技特派团色达牦牛产业科技服务团收集牦牛产业发展数据，揭示近年来中国各主产省牦牛生产和销售的趋势状况，如图1-1和图1-2所示。其中，青海省2015年的牦牛鲜肉销售量只有8万吨，销售额244507万元，到2022年销售量已经达到15万吨，销售额已达840848万元，销售量增加了接近一倍，销售额增长了2.5倍。西藏自治区的牦牛鲜肉销售量由2015年的14万吨增长到2022年的18万吨，销售额也极速增长。而四川省和甘肃省的牦牛销售量也出现增长趋势，但幅度较小，四川省2022年19万吨的牦牛鲜肉销售量使得四川位列牦牛四大主产区牦牛鲜肉销售量第一位。牦牛鲜肉在青海等牦牛主产地的销量稳步提升。由于牦牛肉蛋白质含量高、所含氨基酸种类多等特性，也逐步被其他地区的消费者所认可，牦牛鲜肉销量稳步增加，销售额也进一步提升，并存在继续增加的趋势。

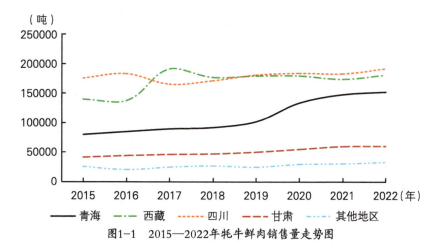

图1-1　2015—2022年牦牛鲜肉销售量走势图

数据来源：西藏自治区牦牛产业经济与政策研究数据库（XZARS-MN-2024）；国家肉牛牦牛产业技术体系产业经济研究数据库（CARS-37）。

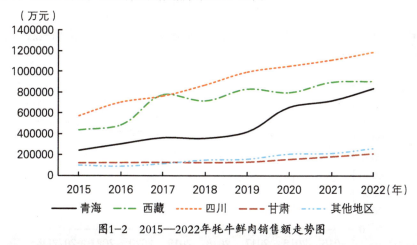

图1-2　2015—2022年牦牛鲜肉销售额走势图

数据来源：西藏自治区牦牛产业经济与政策研究数据库；国家肉牛牦牛产业技术体系产业经济研究数据库。

　　牦牛奶是青藏高原地区人民日常生活中的主要饮品之一。牦牛奶被广泛饮用，还可以制作成传统的奶制品，如酥油茶、奶酪等。牦牛奶富含蛋白质、脂肪、维生素和矿物质等营养物质，较高的蛋白质和脂肪含量对于人体的健康和营养需求至关重要，能够提供身体所需的能量和营养，如图1-3和图1-4所示。青海省2022年牦牛奶销售量1.1万吨，较2015年有所减少，西藏自治区2022年的销售量较2015年也减少了0.1万吨，四川省和甘肃省的牦牛奶销售量也呈现逐年微弱下降的态势。但由于牦牛奶价格上涨等原因，销售量的减少并没有对销售额产生巨大影响，西藏自治区的牦牛销售额由2015年的9727万元增长到2022年的14273万元，是四个牦牛主产区中涨幅最高的。

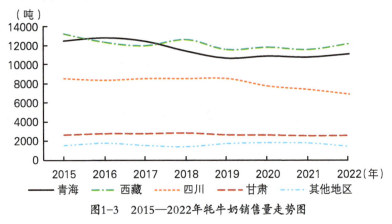

图1-3 2015—2022年牦牛奶销售量走势图

数据来源：西藏自治区牦牛产业经济与政策研究数据库；国家肉牛牦牛产业技术体系产业经济研究数据库。

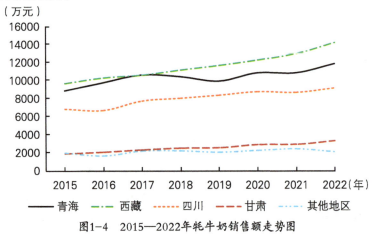

图1-4 2015—2022年牦牛奶销售额走势图

数据来源：西藏自治区牦牛产业经济与政策研究数据库；国家肉牛牦牛产业技术体系产业经济研究数据库。

牦牛工艺品是以牦牛为主题或原材料制作的手工艺品，牦牛角、牦牛骨可以制成各种雕刻工艺品，如牦牛角雕、牦牛角梳、牦牛骨项链、牦牛骨手链等。牦牛毛可以制成各种编织工艺品，如牦牛毛地毯、牦牛毛披肩、牦牛毛围巾等。牦牛皮可用于制作各种皮革工艺品，如牦牛皮钱包、牦牛皮手袋、牦牛皮鞋等。这些牦牛工艺品多销售于旅游景区景点等地,作为纪念品被游客购买。四川省作为旅游大省,早在2015年牦牛工艺品的销售量就已达到370万件,销售额达到8000万元,2022年销售量更是接近450万件,销售额高达1.2亿元。西藏的牦牛工艺品销售情况稍逊色于四川,但牦牛工艺品销售量也非常可观,销售额也已达4000万元,青海和甘肃地区的旅游发展还有待提高。从图1-5和图1-6看,牦牛工艺品在2020年受新冠疫情影响,销售量和销售额大幅下降,近几年又逐步上升,相信随着旅游人数的不断增多,牦牛工艺品的销售量和销售额会逐步迈上新台阶。

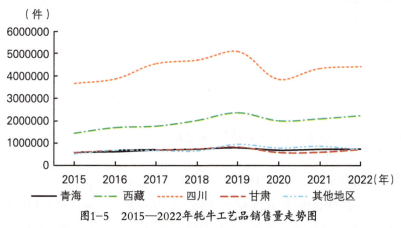

图1-5　2015—2022年牦牛工艺品销售量走势图

数据来源:西藏自治区牦牛产业经济与政策研究数据库;国家肉牛牦牛产业技术体系产业经济岗数据库。

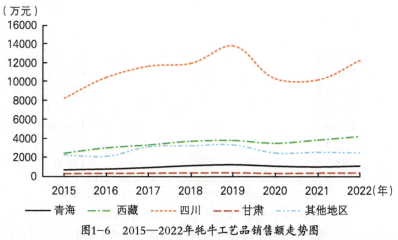

图1-6　2015—2022年牦牛工艺品销售额走势图

数据来源:西藏自治区牦牛产业经济与政策研究数据库;国家肉牛牦牛产业技术体系产业经济岗数据库。

从全国数据（图1-7）来看，牦牛鲜肉销售量由2015年47万吨左右，到2022年已经达到62万吨以上，整体销售情况均呈现上升趋势。牦牛鲜肉销售额也由148.6亿元提高到341.8亿元，销售额大幅度提高。

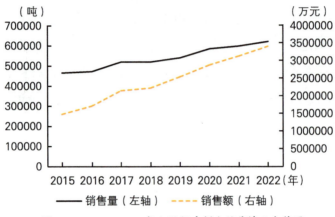

图1-7　2015—2022年全国牦牛鲜肉销售情况走势图

数据来源：西藏自治区牦牛产业经济与政策研究数据库；国家肉牛牦牛产业技术体系产业经济研究数据库。

如图1-8所示，牦牛奶全国销售量由2015年的3.8万吨下降到2022年的3.4万吨，但销售额却从接近3亿元增长到4亿元，牦牛奶生产加工企业应综合考虑全国销售情况，把握市场动态，及时调整战略以保持竞争优势，扩大市场，促进牦牛奶消费。

图1-8　2015—2022年全国牦牛奶销售情况走势图

数据来源：西藏自治区牦牛产业经济与政策研究数据库；国家肉牛牦牛产业技术体系产业经济研究数据库。

牦牛工艺品的销售受旅游业影响较大,如图1-9所示,从2015年开始,全国牦牛工艺品销售量不断增加,于2019年销售量突破1亿件大关,达到过去几年销售量的巅峰,在2020年受疫情影响,销售处于低迷状态,但近几年销售量逐年回升,已趋近正常水平。

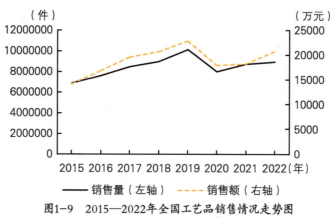

图1-9 2015—2022年全国工艺品销售情况走势图

数据来源:西藏自治区牦牛产业经济与政策研究数据库;国家肉牛牦牛产业技术体系产业经济研究数据库。

(二)牦牛产品销售渠道及分布

1.当地市场销售

牦牛产品在牦牛养殖地区通常有一定的市场,这些地区的人们对牦牛产品比较熟悉,对其品质和特点有一定的认知和需求。在当地的农贸市场或农产品销售点,可以找到新鲜的牦牛肉、牦牛奶以及其他牦牛制品,这些产品受到当地消费者的欢迎,尤其是在一些传统的牦牛养殖社区。牦牛产品在当地市场售卖可以确保产品的新鲜度和品质,当地生产的牦牛产品通常可以在短时间内送达市场,减少了运输和储存时间,保持了产品的新鲜度和营养价值。牦牛产品是某些地区的特色农产品,具有地方文化和传统的重要性。在当地市场售卖牦牛产品可以展示和传承地方特色,增加地方的认同感和自豪感。牦牛产品是当地居民日常饮食的重要组成部分,在当地市场售卖可以满足当地居民对牦牛产品的需求,同时减少中间环节和流通成本,使得产品价格更加合理,消费者可以获得更加实惠的价格。购买当地市场的牦牛产品既可以支持当地的农业生产者和农村经济，有助于维持当地农业社区的活力，促进地方经济的发展，也会支持当地市场的牦牛产品销售，有助于促进可持续农业的发展，包括对环境和生态系统的保护。

2. 网络销售

随着电子商务的发展，越来越多的牦牛产品开始通过网络进行销售。网络销售为牦牛产品提供了更广泛的市场覆盖，使消费者可以方便地购买到各种牦牛制品。一些牦牛产品生产企业和农户建立了自己的官方网站或在线商店，通过电商平台进行产品销售。这些平台通常提供详细的产品信息、图片和购买选项，消费者可以在网上下单并进行支付，产品将通过快递等方式送达。此外，一些电商平台也专门开设了农产品或地方特色产品的分类，牦牛产品可以在这些平台上与其他农产品一起销售。知名品牌或具有特色的牦牛产品在网络销售中更受欢迎，但物流配送、产品保鲜等问题成为牦牛产品网络销售面临的挑战，需要妥善解决。随着人们对健康、绿色食品的需求增加，网络销售为牦牛产品提供了一个满足消费者对高品质、特色产品需求的机会，实现24小时不间断的销售，提供便捷的购买方式，提高了销售效率，拓展了市场份额。网络销售也同样为牦牛产品提供了一个展示品牌形象和产品特点的平台，可以通过网络营销和宣传手段，提升品牌知名度和美誉度。网络销售为牦牛养殖者提供了直接面向消费者的销售渠道，减少中间环节，增加了农民的收入，同时带动了相关产业的发展，如物流、包装、电商平台等，促进当地经济的增长。牦牛产品具有丰富的文化内涵，网络销售可以帮助传播和推广牦牛文化，增强人们对牦牛产品的认知和认同感。

3. 旅游景点销售

旅游景点通常是游客购买纪念品和特色产品的热门地点，通过牦牛产区的旅游景点设立摊位和商店，向游客销售牦牛产品。景点人流量大，这为牦牛产品提供了一个更大的销售市场，增加了产品的曝光度和销售机会。牦牛产品作为地方特色产品，在景点进行展示和销售，可以向游客宣传和展示当地的特色和文化，增加游客对该地区的认知和兴趣，同时通过不同地区游客的购买和口碑传播,可以提高牦牛产品的知名度和美誉度,有助于产品的推广和销售。然而通过旅游景点进行牦牛产品的销售,也要注意产品的质量和安全问题,确保销售的牦牛产品符合相关的质量标准和食品安全要求,以保障游客的健康和安全。同时要注意根据市场情况合理定价,避免过高或过低的价格,以保证产品的竞争力和游客的购买意愿。

4. 合作销售

牦牛产品生产商可以与零售商建立合作关系,将产品供应给他们进行销售,零售商可以是超市、杂货店、专卖店等,借助零售商的销售网络和客户群体,将产品推向更广泛的市场。生产商与批发商合作,将产品批量销售给他们,批发商通常会将产品分发到各个零售商或经销商手中,从而扩大销售范围。与旅行社或酒店合作,将其作为旅游纪念品或礼品进行售卖,旅行社可以在旅游行程中推荐牦牛产品,或者在其销售渠道中提供牦牛产品的销售。与餐饮企业合作,将其作为食材供应给他们,餐饮企业可以将牦牛产品用于菜肴制作,提供给消费者品尝。

合作销售可以帮助牦牛产品覆盖更广泛的市场,为牦牛产品提供了更多的销售渠道和机会,能够触达更广泛的消费者群体,增加销售量和知名度。可以整合各方的资源,包括销售渠道、客户群体、宣传推广等,实现资源共享和优势互补。与有影响力的合作伙伴合作,可以提升牦牛产品的品牌形象和信誉度,增加消费者的信任和认可,同时降低单一企业或个人承担的风险,通过合作伙伴的支持和分担,减轻市场推广、销售和运营的压力。通过合作销售,有利于实现规模化生产和销售,降低成本,提高经济效益,也有助于牦牛产业的发展,推动牦牛养殖、加工和销售等环节的协同发展,促进产业升级和创新。

5. 参加展会和活动

通过展会和活动进行销售是一种常见的市场推广和销售渠道,参加与农业、食品、手工艺品等相关的展会是展示和销售牦牛产品的好机会。在展会上设立展位,展示牦牛产品的特点、品质和优势,并与潜在客户进行面对面的交流和销售。同样可以进行产品展示和演示,让参观者亲身体验牦牛产品的质量和特色。例如，可以提供免费品尝、产品试用、现场制作等活动，吸引人们的兴趣和购买欲望。利用展会和活动的机会，通过宣传资料、海报、名片等方式，向参观者宣传牦牛产品的特点、品牌故事和购买渠道。可以提供优惠券、折扣码等促销活动，以刺激购买行为。利用社交媒体、电子邮件等渠道，将展会和活动的信息分享给潜在客户和关注者，引导他们到现场购买或在后续进行线上购买。与展会或活动的主办方、合作伙伴或赞助商进行合作，共同推广牦牛产品。可以提供赞助奖品、合作推广等方式，增加产品的曝光度和销售机会。相关展会和活动吸引不同地区和行业的参与者，为牦牛产品提供了一个更大的市场拓展机会，直接向消费者展示和推广牦牛产品，让消费者亲身体验产品的质量和特点，增加购买的兴趣和欲望。通过展示产品、宣传品牌故事和特色，可以提升品牌形象，吸引更多消费者的关注和认可。相关展会同样汇聚了行业内的相关企业、供应商、经销商和专业人士，有效地交流和互动，可以了解市场趋势、行业动态和竞争情况，获取宝贵的市场信息和经验。也可以与其他企业、供应商、经销商建立合作关系，寻找合作伙伴、代理商、分销商等，拓展销售网络，共同推动牦牛产品的发展。通过与观众的互动、问卷调查等方式收集市场反馈和消费者意见，了解市场需求和趋势，为产品的改进和市场营销策略提供依据。

二、牦牛产品品牌建设情况

（一）区域品牌

1.青海牦牛产品区域公共品牌

青海省玉树藏族自治州人民政府与中国农业电影电视中心、北京洞见奇点公司联合推动了"玉树牦牛"区域品牌的高质量发展。该品牌的小牦牛形象活力四射、活泼可爱，体现出产品的纯真、有机、绿色和稀有。作为青海省的牦牛核心生产区域，截至2023年8月，玉树的牦牛数量已经达到了148.95万头，这大约占据了全球牦牛总数的十分之一，享有"中国牦牛看青海，青海牦牛看玉树"的美誉。近年来，玉树州始终坚持"生态立州，绿色发展"理念，走生态畜牧业高质量发展路子,打造玉树牦牛品牌。目前,玉树州探索牦牛产业发展路径,铺设产业链,牦牛产业正在逐步推进。青海省把牦牛作为"青字号"名牌,高起点、全方位地推进牦牛产业发展三年行动计划,大力推进牦牛产业集群建设,加快牦牛产业集群建设,加快牦牛全产业链建设。"玉树牦牛"特色农产品的声望逐步提高,2017年"玉树牦牛"进入中国特色农产品优势区名单;2019年被列入"青海农产品区域公用品牌",入选"中国农产品百强标志性品牌";青海省玉树藏族自治州于2022年被授予"中国牦牛之都"称号。2023年4月,玉树牦牛产业被评为全国产业振兴典型案例。

青海省大通种牛场培育出的大通牦牛是一种人工改良的牦牛品种,它生长在海拔超过2800米的青藏高原上的天然牧场,是青藏高原及周边地区首选的牛种。这种牦牛肉肉质鲜美,略显深色,富有弹性,纹理清晰,脂肪分布在肌肉表面,呈淡黄色,肉汤清澈,风味独特,营养均衡,含有多种氨基酸。由于不断增长的绿色食品需求,持续提升的市场认可度,越来越多的消费者选择购入牦牛肉。早在2002年,"大通牦牛肉"就已取得无公害农产品证书,2005年,获得中国绿色食品发展中心"AA"级绿色食品认证和中绿华夏有机产品认证;2013年,被评为"中华人民共和国地理标志保护产品";2017年,"大通牦牛肉"凭借优质的产品品质和品牌价值,成功进入中国百强农产品区域公用品牌榜;2018年,荣登中国区域农业品牌影响力十强榜;2020年,获中国国际有机食品博览会金奖;2022年,青海省大通县与腾讯成为战略合作伙伴,腾讯也在积极帮助大通牦牛进入大湾区市场。

2. 西藏牦牛产品区域公共品牌

"那曲牦牛"是西藏自治区那曲市色尼区历史、地理和人文共同催生的无形资产和战略资源,是覆盖全区域、多品类的色尼区区域公用品牌,更是国家地理商标"那曲牦牛"的进一步升华和延续。2023年12月16日,"那曲牦牛"区域公用品牌正式发布,那曲牦牛作为珍贵的畜牧资源,由于其传统的放牧方式和良好的生长条件,使得牦牛肉具有安全、绿色、自然的特点。合理开发、利用牦牛资源具有重要的战略意义和巨大的经济价值。"那曲牦牛"的品牌计划依托于现有的两个知名品牌"羌塘"和"嘎尔德"来开展大规模建设，同时利用其品牌资产实现优化组合，遵循着"统一品牌、统一质量、统一标准、统一包装、统一宣传、统一分享"的原则强化公司、商品与集体商标、公共品牌的连接协调。在乡村振兴、农业供给侧改革等重大战略推动下，色尼区紧抓机遇，创新布局，发布"那曲牦牛"区域公用品牌，以创建农畜产品区域公用品牌为抓手，以打造藏北高原特色农畜产品输出地为目标，推动色尼区畜牧产业转型升级和高质量发展，探索产品品牌化、品牌生态化和产业生态化相融合的发展新模式。立足藏北高原环境条件优势，全力打造"绿色牌""有机牌""高原牌"，提升农畜产品质量水平。推动品牌驱动的强农策略，积极执行牦牛产品的多样化、质量提升和品牌建设的行动计划，以肉类、奶制品等主要产业为重点，努力提升畜牧产品的质量和附加价值。

3. 四川牦牛产品区域公共品牌

"亚克甘孜"是四川省甘孜州打造的农产品区域公用品牌，也是甘孜州建设国家级牦牛产业集群的有力抓手。亚克甘孜品牌的标志是一个充满活力、友善，却又顽皮的小牦牛——"扎西"，其外观呈现出一种可爱的笨拙感与无辜感。它头上蓬松的头发仿佛是草原上的白云；简洁传统的蓝色的西藏服饰则成为一个显著标识物，展示出地区的深厚文化和历史底蕴。为了响应这一理念，甘孜州委、州政府于2021年10月开始实施创建国家级牦牛产业集群，打造"亚克甘孜"区域公共品牌，同年12月底，四川省委、省政府决定把此项任务当作一项重要的项目来执行，并在党的代表大会上进行详细说明，希望通过发展现代化农业畜牧事业提高当地经济水平，同时也能保护生态环境实现可持续发展的目标。该品牌由四川省甘孜州统筹打造，建立了青稞、牦牛肉综合加工企业研究中心和牦牛乳企业技术研究中心，开发了青稞酥油干酪能量棒等新产品12个、牦牛乳系列产品10余个。2022年4月，甘孜牦牛产业集群入选"全国优势特色产业集群名单"。

4. 甘肃牦牛产品区域公共品牌

甘肃省"天祝白牦牛"区域品牌以"雪域高原、绿色有机、高原特色"为形象,强调了地理位置和物产特色,是甘肃省天祝藏族自治县的特产,是中国国家地理标志产品。该品牌下的产品有白牦牛肉、白牦牛奶、白牦牛酸奶等。作为中国独特的优质本地良种,天祝白牦牛以其对严寒气候和低氧环境的高适应能力而闻名,同时还具备强大的抗疲劳性和抵抗紫外线的特性,被称为"雪域高原的白珍珠"。天祝白牦牛肉蛋白质含量高达20%以上,脂肪含量低,富含多种氨基酸和微量元素,具有极高的营养价值。其铁含量比普通牛肉高50%,蛋白质含量也高于其他牛肉,多不饱和脂肪酸高于黄牛肉5%,是优质蛋白质和多不饱和脂肪酸来源,经检测,含有103种挥发性风味物质,其中9种特征香气物质,赋予了白牦牛肉特有的鲜香。天祝地区出产的白牦牛肉,颜色鲜红,香味扑鼻,口感嫩滑,富含营养,具有祛风除湿、增加钙质,提高人体抗病能力、增强细胞活力和器官功能等多种显著功效,适合用来制作冷鲜肉和各类中西式肉制品。天祝白牦牛区域品牌在发展过程中注重品质提升和品牌建设,通过建立健全的质量控制体系,加强品牌宣传和推广,不断提高品牌知名度和市场竞争力。同时,天祝藏族自治县政府也加大了对白牦牛产业的扶持力度,通过制定相关政策,加大资金投入,加强技术创新和人才培养,为白牦牛产业的发展提供了有力的支持。2011年,"天祝白牦牛"和"天祝白牦牛肉"成功注册地理标志证明商标,次年获得农产品地理标志登记证书。2017年,"天祝白牦牛肉"获欧盟认证,2019年,入选"甘味"知名农产品区域公用品牌目录,同年,"天祝白牦牛"入选中国农业品牌目录、"2019农产品区域公用品牌"。2021年,"天祝白牦牛肉"入选第三批全国名特优新农产品名录。

(二)企业品牌

1.青海雪峰牦牛乳业有限责任公司

2003年,青海雪峰牦牛乳品有限公司成立,主要经营牦牛养殖、产品研发、乳制品加工销售,酪蛋白食品添加剂等,是青海省级重点农牧业产业化龙头企业,省级重点扶贫产业化龙头企业。总部坐落于青藏高原腹地,拥有天然牧场、得天独厚的自然环境和深厚历史文化底蕴。产品以牦牛奶和曲拉为原料,以"青海湖"牌灭菌乳、酸奶、牦牛乳酪蛋白等系列食品为主导产品,采用现代科学工艺精心研制而成，产品从原料收购、加工到出厂销售，均按HACCP食品危害分析管理体系和ISO22000:2005国际食品安全管理体系对生产全过程进行安全监管，质量安全得到保障，实现了产品的可追溯性。"青海湖牌"乳制品是以天然纯净无污染的奶源、较高的营养价值、优良的品质，赢得了广大消费者的喜爱，先后被评为青海省消费者协会推荐产品、西宁市消费者推荐品牌、青海湖环湖赛指定产品、青海省旅游商品奖等荣誉称号。"青海湖"商标先后被评为"海南州知名商标"和"青海省著名商标"。公司产品在青海省以及周边省市已经占有40%以上的市场份额，是名副其实的青海省第一乳产品品牌。企业先后获得全省"诚信服务先进单位""青海省3.15荣誉企业""青海省促进就业先进单位""青海省第六届先进企业"等称号，被评为"青海省省级农牧业产业化重点龙头企业""青海省产业化扶贫龙头企业"和"青海省科技型企业"。

2. 西藏高原之宝牦牛乳业股份有限公司

2000年5月10日，西藏高原之宝牦牛乳业股份有限公司在西藏拉萨国家级经济技术开发区正式成立，是一家合资企业，央企和国企参与其中，致力于牦牛乳制品加工。依托青藏高原独特的牦牛奶资源，积极支持乡村振兴战略，是国内较早注册的牦牛乳制品企业之一，也是国内较早通过中国婴幼儿配方奶粉注册的牦牛乳制品企业。同时，高原之宝也是国家级高新技术企业、农业产业化龙头企业，西藏自治区科技型中小企业。

目前，高原之宝已通过了ISO9001质量管理体系认证、危害分析与关键控制点（HACCP）体系认证、ISO14001环境管理体系认证、诚信管理体系认证、中国有机产品认证、美国有机食品认证及欧盟有机产品认证等认证。通过一系列现代化管理手段与检测方式，高原之宝谨遵制度化、标准化、规范化、程序化、简单化的管理原则，将工匠精神刻画在企业运行的每一步。2012年，高原之宝牵头起草牦牛乳行业规范，引导牦牛乳品企业规范管理，初步确立了牦牛乳收购验收标准。还与多家科研院所建立了密切良好的合作关系，先后成立了西藏牦牛乳工程研究中心、拉萨市高原奶业工程技术研究中心、四川省牦牛乳工程技术研究中心、四川省博士后创新实践基地、若尔盖高原之宝专家工作站等科研基地,并启动专项研究项目,以确保产品特性与高端乳品市场需求完美契合。

3.甘南藏族自治州燎原乳业有限责任公司

甘肃燎原乳品有限公司创建于1953年,"一五"时期被国家轻工业部确定为全国八大乳品企业之一,是我国西北地区首家乳品"中华老字号"企业,是一家集牧草种植、奶牛饲养和繁育、产品研发、生产和销售为一体的综合乳品企业,是中国唯一有牦牛奶源和婴儿配方奶粉生产资质的企业。公司位于甘南州首府合作市,位于青藏高原东北缘,以畜牧业为主,同时也是我国重要的牦牛生产基地。甘南州草地面积广大,其独特的地理位置使牦牛乳具有高蛋白、高脂肪、高热量等特点;含有丰富的矿物质和维生素,氨基酸类型丰富,自然无污染,也使以牦牛乳为原料的乳制品高营养、高品质、更安全。公司以"以质量求生存,以信誉求发展"为宗旨,以专业、专注、专一的态度,提供高品质的婴幼儿营养食品,获得包括省名牌产品、省著名商标、中华老字号和省卫生A级单位等在内的多项荣誉称号。多年来公司以市场需求为导向,注重提升科技含量,立足于本地的畜牧资源,辐射和带动了甘南及周边地区的农牧户的养殖,极大地推动了全省乳品加工发展,力求最大范围发挥区域优势资源、延伸畜牧业产业化链条,在推动促进民族地区经济发展和畜牧业产业化方面发挥了重要作用。甘肃燎原乳业集团获得"2019年度中国乳业社会责任典范企业"的荣誉称号,旗下"诺滋"系列婴幼儿配方乳粉也荣获2019年度"质量金奖"。甘肃燎原乳业集团甘南生产基地被农业农村部办公厅公布为第六批农业产业化国家重点龙头企业之一,荣获"农业产业化国家重点龙头企业"称号。2020年,荣获第四届中国品牌大会暨2020中国诚信企业家年度表彰盛典的"中国企业高质量发展成就奖",肯定了其在品牌建设方面所取得的成就。

第二章

牦牛产业发展
外部环境分析

第一节　引　言

　　近些年来，青海、西藏、四川、甘肃等省（区）通过不断进行产业转型和深化改革，开发利用先进的现代化生产工艺和装备，各种类型的牦牛乳品企业逐渐崭露头角。现已建成国家牦牛乳系列产品技术研究中心，并设立了牦牛乳产业园区，研发生产了牦牛乳酸奶、蛋白粉、干酪素等牦牛乳制品。然而，当前有关牦牛乳的规范标准尚不成熟，导致缺乏统一的质量标准，产品品质参差不齐，影响牦牛乳产品的高质量发展。当前，牦牛标准体系、食品质量安全管理体系以及市场总体发展环境仍总体处于比较粗放的初步发展阶段。需要政策以及行业进一步强化支撑，打造有利于产业高质量发展的环境条件。依托西藏自治区牦牛体系产业经济与政策专项、国家肉牛牦牛产业技术体系产业经济项目研究，同时结合国家科技特派团色达牦牛产业团服务技术服务，基于文献资料整理，本章将从政策环境、技术环境、市场需求以及同类产品（肉牛）优劣势比较四个方面对牦牛产业发展外部环境进行分析。

　　作为中国独特的畜牧业种类之一，我国牦牛养殖规模逐渐扩大，牦牛存栏量逐年上升，四大主产区牦牛存栏量总和占全国牦牛存栏总量超95%，其中，青海占比最大，高达37.57%。牦牛产业若想实现产业化，就必须逐渐构建和优化牦牛产业的标准体系。2005年，商务部颁布了我国首个牦牛行业标准：SB/T10399-2005《牦牛肉》，目的是规范牦牛生产，提高牦牛产品质量，保障牦牛肉进出口的可追溯性。截至2021年底，相关牦牛产业标准共发布159项，除1项标准体系总则外，其余标准覆盖了牦牛品种、牦牛产品、质量检测、生产技术、卫生防疫管理等方面。其中，按照标准类别分类，可分为国家标准5项、行业标准26项、企业标准32项、团体标准17项，其余79项均为地方标准。我国畜牛产业标准的研究与制定起步较晚，国内对畜牧行业标准的研究和制定工作也比较晚，据统计，现行或即将执行的畜牛标准有640多项，涵盖了基础、等级规格、检测、加工和产品标准等方面，还涉及了从规模养殖场到产品的各个阶段。但牦牛标准中国家标准及行业标准占比较少，制约了牦牛产业的统一发展；在标准内容方面，主要缺少标签、限量、检验、进出口和溯源等质量标准，因此，在牦牛体系构建中，需要重点关注。

第二节　牦牛产业发展政策环境分析

作为高寒牧区的典型代表，牦牛具备耐寒、适应力强、采食能力强等特点，生长速度缓慢、成熟周期较长。牦牛的肉奶制品天然绿色、营养丰富，同时具有较高的保健和药用价值，是高寒牧区的主要产业和特色产物，也是推动藏族牧民增收致富和实现乡村振兴的重要支柱。中国是牦牛产业大国，在全球牦牛存栏数量超过90%。牦牛作为西藏地区的特色和优势农产品，对农业效益增加、牧民收入提高和产业扶贫具有重要意义。

一、国家牦牛产业发展政策环境分析

进入21世纪后，从2004年开始，党中央已连续20年发布以"三农"为主题的中央1号文件，主线任务是统筹城乡发展，构建强农富农惠农政策体系，从而加快实现农业现代化、农村全面小康和农民增收致富。特别是近五年的中央1号文件，致力于以改革激活农业农村发展的内在活力，推进农业农村的现代化转型。2018年9月26日，中共中央、国务院印发《乡村振兴战略规划（2018—2022年）》。规划从多个方面细化工作重点和政策措施，从乡村振兴战略顶层设计到规划具体实施，从全面推进乡村振兴到加快农业农村现代化，从培育壮大特色优势产业到建设生态宜居的美丽乡村，从繁荣发展乡村文化到健全现代乡村治理体系，从保障和改善农村民生到完善城乡融合发展政策体系，规划提出，优化农业生产力布局：在西北、西南、北部农牧交错地区，要加速产品结构调整优化，对高能耗产业进行控制，发展地方特色产业。在青海和西藏等

一些生态脆弱地区，坚持保护优先，限制开发，大力发展高原特色农牧业，大力发展经济适用的农业和畜牧业，以促进经济社会可持续发展。

推进畜牧业区域布局调整：合理布局规模化养殖场，大力发展种养结合循环农业，促进养殖废弃物就近资源化利用。优化畜牧业生产结构，大力发展草食畜牧业，做大做强民族奶业。

壮大特色优势产业：以各地资源禀赋和独特的历史文化为基础，有序开发优势特色资源，做大做强优势特色产业。创建特色鲜明、优势集聚、市场竞争力强的特色农产品优势区，支持特色农产品优势区建设标准化生产基地、加工基地、仓储物流基地，完善科技支撑体系、品牌与市场营销体系、质量控制体系，建立利益联结紧密的建设运行机制，形成特色农业产业集群。以与国际标准相一致为目标，为创建高质量的生产管理和质量监控系统提供技术支撑，采用国际通行的良好农业规范，打造现代一流的农产品品牌。实施产业兴村强县行动，大力发展农业产业强镇，形成一乡一业、一村一品的发展格局。

保障农产品质量安全：实施食品安全战略，促进农产品质量和食品安全标准、监督体系的健全，积极推进农产品质量等级划分及其源头认证和市场认可相关政策。

培育提升农业品牌：实施农业品牌提升行动，立足各省各市农业品牌发展现状，进一步优化产业布局，加快形成以区域公用品牌、企业品牌、大宗农产品品牌、特色农产品品牌为核心的农业品牌格局。加强农业品牌宣传推介，围绕"中国农交会""农博会"等重点平台，整合媒体资源，采取多种方式，开展农产品品牌宣传推介。充分利用电商、"互联网+"等新兴手段，强化品牌化营销。

壮大新型农业经营主体：实施新型农业经营主体培育工程，坚持扶持与规范相结合，加强对家庭农场、农民专业合作社的指导，提升规范化水平，鼓励发展农民专业合作社联合社。推动龙头企业建立现代企业制度，不断壮大农林产业化龙头企业。鼓励工商资本到农村投资适合产业化、规模化经营的农业项目，积极提供区域性、系统性解决方案。支持工商资本与农户开展合作与联合，完善利益联结机制，与当地农户形成互惠共赢的产业共同体。加快建立新型经营主体支持政策体系和信用评价体系。落实财政投入、税收优惠、土地出让收益等政策支持,落实金融、保险等扶持政策,扩大新型经营主体承担涉农项目规模。

牦牛生产在我国畜牧业中具有举足轻重的地位,牦牛养殖对肉类供应至关重要,牛羊肉是百姓"菜篮子"的重要品种,更是部分少数民族群众的生活必需品。实现牦牛产业高质量发展、保障牛肉有效供给,对保障居民菜篮子和提高人民生活水平具有重要的意义。近两年,国家大力推进牦牛产业发展,一系列含金量高的支持政策密集出台。例如《全国草食畜牧业发展规划》《推进肉牛肉羊生产发展五年行动方案》等,提出要大力支持牦牛产业发展,并提出坚持数量质量并重,在巩固确保传统主产区稳定发展的基础上,挖掘潜力发展区,扩大产能范围,多渠道增加牛肉供给。争取到2025年,牛肉自给率保持在85%左右,产量不低于680万吨,规模养殖比重达到30%。

发展牦牛产业,对于提高我国牛肉供应保障能力,保障民族地区牛肉及相关产品的供应,巩固脱贫攻坚成果,促进乡村振兴,都有着重大的战略意义。习近平总书记指出,产业扶贫是稳定脱贫的根本之策,也是增强贫困地区造血功能、帮助群众就地就业的长远之计。乡村振兴的关键在于产业振兴,产业兴旺是乡村振兴的基础,牦牛产业在脱贫攻坚和乡村振兴中发挥了重要作用。我国牦牛产业技术体系在这一过程中也作出了突出贡献。新时代赋予牦牛产业发展更高要求。促进牦牛产业高质量发展,实现牦牛产业提档增值具有重要战略意义,中央到地方都积极推进牦牛产业发展,提升牦牛产业供给保障能力。

2022年以来,国家重点支持政策主要聚焦以牦牛为主导产业的现代农业产业园创建,支持以龙头企业、农民合作社、家庭农场等新型经营主体为主体,建设一批现代农业产业园和一批优势特色产业集群,培育壮大牦牛产业集群。国家级牦牛产业继续实施了"菜篮子工程""良种补贴""疫苗补贴""基础母牛扩群补贴"等政策。农业农村部印发的《推进肉牛肉羊生产发展五年行动方案》提出,要围绕提高产量和保障供给,加快牦牛养殖方式的转型,加强对母畜产能提升、品种改良、适度规模养殖等重点领域的政策扶持与技术支持。结合"十四五"现代种业提升工程规划的编制，对相关政策措施进行研究与完善，并建立专门的牦牛种业专项基金，持续加强对现代牦牛事业的支持，持续提高牦牛育种的创新水平，健全牦牛品种改良的政策举措，促进我国牦牛产业的高质高效发展。在此基础上，根据我国农业保险工作实际情况、地方试点经验以及各级财力状况，对地方特色优势农产品保险实行中央财政以奖代补的办法，使农业保险保费补贴体系更加健全，更好地发挥其强农惠农的功能。

国家政策主要侧重推进农业转型升级，开创农业科技发展新局面，实施乡村振兴战略；促进农业供给侧结构性改革；加快构建现代农业产业体系、生产体系、经营体系；发展绿色循环优质高效特色农业，延伸特色农产品产业链；提炼现代生产要素，建设"生产+加工+科技"的现代农业产业园；推进三产融合发展，创建农业产业园兴村强县。

二、主产省发展政策环境分析

根据牦牛产业的发展状况，当地政府将继续制定并执行针对性的扶持措施，来提升牧民及企业的生产热情，确保牦牛产业的持续发展进步。特别是在畜牧险种、产业扶贫与可持续发展等领域，依据各地区牦牛产业的具体情况，陆续推出了各类补贴补助政策，对于增加牧民和企业收益，推动牦牛业的发展产生了显著的影响。地方政策主要侧重立足资源优势，壮大生态畜牧产业发展，强调生态保护、资源利用效率，实施质量兴农、绿色兴农，实现乡村振兴，加快青藏高原地区全面建成小康社会步伐，发展特色农牧业，助力农牧民脱贫致富。以牦牛产业和资源优势为依托，倡导牦牛产业与相关产业的协同发展，助力高寒牧区产业振兴、区域发展和治藏富民。

（一）青海牦牛产业发展政策环境分析

青海地处青藏高原腹地，牦牛是青藏高原特有的畜种资源，既是牧民群众赖以生存的物质资源，更是牧业稳定增收的主要来源。青海省委、省政府高度重视牦牛产业发展，2018年，青海出台《关于加快牦牛产业发展的实施意见》，提出,到2025年将青海打造成为全国牦牛特色产业优势区、全国重要的牦牛肉生产基地、精深加工基地,全面确立青海牦牛在全国乃至世界牦牛产业中的中心地位。截至2020年,持续加强战略规划,推出了《关于加快推进牦牛产业发展的实施意见》,按照"调结构、创品牌、接产业、连环节、强开发、促脱贫"的总体策略和"3331"实施战略,通过广泛宣传生态畜牧业发展模式、建设有机畜产品生产基地、推广牦牛高效养殖技术等措施,实施"牦牛产业发展三年行动计划",加快建立符合时代要求的牦牛产业发展机制,使牦牛产业发展步伐明显加快。青海省准确把握建设优势特色产业集群的重点任务,突出"聚集建群、创新活群、绿色兴群、融合强群",开展了牦牛、藏羊优势特色产业集群建设。全面落实草原生态保护补助奖励政策,通过探索建立生态畜牧业合作社发展路子,推行四季游牧有效措施,实现草畜平衡,转变牦牛产业发展方式,延伸产业链、完善良种繁育体系,推动牦牛产业由数量型向质量效益型转变。积极引导支持种养大户、生态(家庭)农牧场、生态畜牧业合作社、产业化龙头企业、社会化服务组织等新型经营主体规范运营发展。按照青海省委、省政府打造"世界牦牛之都、中国藏羊之府"的战略定位,认真落实乡村振兴战略"产业兴旺"总要求,着力在牦牛产业规模化、标准化、品牌化上下功夫。青海省准确把握优势特色产业集群建设的重点任务,突出"聚集建群、创新活群、绿色兴群、融合强群",开展了牦牛、藏羊优势特色产业集群建设。全力执行草原生态保育补贴和奖赏制度,并尝试创建以生态环境为导向的畜牧业合作社来促进其发展,实施季节性的放牧策略以达到草原与牲畜之间的平衡,同时改革牦牛产业的发展模式,延伸产品链条,优化优良品种培育系统,从而使牦牛行业从单纯追求数量转向注重品质及效率。鼓励种养大户、生态(家庭)农牧场、生态畜牧业合作社、产业化龙头企业、社会化服务组织等新型经营主体规范运营发展。根据青海省委、省政府提出的建设"牦牛之都、藏羊之府"的目标,严格贯彻乡村振兴战略中"产业兴旺"的要求,重点关注与提升牦牛行业的规模化、标准化、品牌化。

（二）西藏牦牛产业发展政策环境分析

牦牛产业在聚焦"四件大事"、聚力"四个创建"上具有重要的经济地位、生态地位和文化地位。西藏自治区高度重视牦牛产业，依据"稳粮、兴牧、强特色"的要求，陆续颁布了一系列政策文件，包括《西藏自治区牛产业发展的实施意见》《西藏自治区牧业兴旺实施方案》《关于加快推进牦牛产业发展的指导意见》《关于贯彻落实〈西藏自治区人民政府办公厅关于推进肉牛和奶业高质量发展的意见〉的实施方案》《西藏自治区"十四五"牲畜良种育繁推体系建设项目实施方案》《西藏自治区饲草料产业发展的实施意见》《西藏自治区第三轮草原生态保护补助奖励政策实施方案（2021—2025年）》《西藏自治区牲畜出售补贴资金兑现实施方案》等，促进牦牛产业发展。西藏自治区农业农村厅加快出台能繁母牛扩群增量扶持政策，挖掘良种资源，加大良种选育，提升科技服务能力，制定补贴政策，引导养殖场户优化畜群结构，提高能繁母牛比例。加快改善牦牛主产区养殖基础设施条件，夯实产业基础，调整草补政策，起草《关于调整〈西藏自治区第三轮草原生态保护补助奖励政策实施方案（2021—2025年）〉相关政策和标准的通知》，从草畜平衡和禁牧区面积和禁牧补助、草畜平衡奖励、限高保底标准及资金用途等方面进行优化调整。落实粮改饲项目。起草《西藏自治区2023年粮改饲项目实施方案》，按照180元/亩标准对收储使用饲草的经营主体进行补贴；推动建立牧繁农育一体化的发展策略，逐步延伸牦牛产业链条，调动社会力量参与支持牦牛产业发展；积极培育牦牛优势品牌集群，全力打造牦牛高原特色产品品牌和企业品牌；结合农区、牧区和半农半牧区的特点，精准识别潜力优势，科学确定主导品种、空间布局和养殖规模，实现转型升级；提高牦牛舍饲率和冬春补饲水平，适当调整畜群结构，大力推进绿色养殖，创建资源高效、环保友好型的现代化牦牛养殖行业；以"同一区域、同一产业、同一品牌、同一商标"为导向，打造牦牛高原特色畜产品区域公用品牌。

（三）四川牦牛产业发展政策环境分析

近些年，四川省委、省政府对牧区的畜牧业发展给予了高度关注和支持。

作为全中国主要的牦牛生产区域之一,甘孜地区拥有超过1.42亿亩的自然草场,牦牛数量占全国总数的13.2%,省内的48%。为了充分利用当地的自然资源并提高质量,甘孜州积极改革制度与管理模式,以实现高效、优质的高原特色农业和畜牧业综合体构建;同时,致力于推动现代化高原特色农牧业基础建设,强化牧业牧区发展的核心竞争力,拓展牧民收入来源,寻找出一条符合甘孜特点的新经济发展道路。编制完成《四川省甘孜牦牛产业集群建设方案(2022—2024)》,围绕牦牛产业的优势特色,紧密对接省、州"十四五"农业农村现代化规划、现代农业园区建设总体规划和"三江六带"现代农业产业布局,结合牦牛产业集群区域的"山水林田湖草沙"空间特点和生态现状,综合考虑产业资源的分布、规模和位置特征,实施"10+3"建设区域布局(即10个国定集群县,3个州列实施县),确立甘孜牦牛产业集群"一心、两带、三区"的建设格局,形成以甘孜县牦牛现代农业园区为核心的牦牛全产业链发展中心,坚持走"好种育好牛,好牛生产优质肉奶产品"的路子,以转变生产方式、提高效益为主线,集体牧场以保障商品畜源为重点,推广"放牧+补饲"的养殖模式,强化"院校州"合作,注重科技投入支撑,为产业集群顺利实施搭建了强有力的科技支撑。结合中央财政相继在牧区开展了草原生态奖补、川西北现代草原畜牧业全产业链发展模式、农牧结合模式及牦牛标准化育肥技术推广、良种补贴、牦牛杂交改良、遗传资源保护、藏区遗传资源调查等项目,牦牛产业发展取得了显著成效。

(四)甘肃牦牛产业发展政策环境分析

甘肃省牦牛产业在脱贫攻坚行动的助推下,逐步发展壮大,牦牛存出栏数量稳步增加,牧民增收显著。甘肃省制定了牦牛产业发展规划,明确了发展目标和重点任务,为牦牛产业的发展提供了指导。通过财政资金支持牦牛产业的发展,包括补贴养殖场建设、品种改良、疫病防控等方面。加大了对牦牛养殖技术的研发和推广力度,提高养殖效率和产品质量。积极开拓牦牛产品市场,加强品牌建设和营销推广,提高牦牛产业的附加值。鼓励发展牦牛屠宰加工、乳制品加工等产业链延伸项目,提高牦牛产业的综合效益。自2018年脱贫攻坚战实施以来，甘南、天祝等地依靠天然资源优势，把牦牛养殖作为牧区的富民产业来发展。在各项精准扶贫政策的扶持下，牧民养殖积极性增高，投入不断加大，科学饲养技术深入推广，养殖水平不断提高。

第三节　牦牛产业发展技术环境分析

一、牦牛生产技术环境分析

（一）地理环境

牦牛是一种适应高海拔环境的动物，最适宜生长在海拔3000~5000米的高寒地区，氧气稀薄，适应了这种环境，具有较强的缺氧耐受能力。牦牛喜欢寒冷的气候，适应温度较低的环境，能够在-40~-30℃的低温环境中生存。牦牛是草食动物，需要大量的草料供应，丰富的天然草场资源，以满足牦牛的饮食需求。牦牛对环境的适应能力较强，但也需要相对较少的人为干扰，最适宜的环境是较为原始和自然的地区。

（二）牦牛养殖

放牧是牦牛养殖的主要方式，要求养殖户必须树立生态意识，应根据当地的环境，选择适当的地点合理地进行放牧，避免对生态环境造成破坏。在建造牛棚时，要注意场地的选取。一般来说，要选择一个干燥的、地势开阔的环境，最好能够背风朝阳，以满足牦牛抗寒的要求，并为牦牛生长提供更好的条件。在牦牛饲养中一般采取放牧和育肥的方法，其优势是成本低，精料费用低，但不足之处是育肥期较长，增重较慢。一般来说，全年放牧和育肥周期为100~180天，需要保证每天的放牧时间充足，放牧过程中，要对牧群的活动范围进行合理的限制，最大不超过4千米。同时也要注意选择合适的放牧点，通常以水草连接处为好，这样可以保证牦牛有充足的饮水与食物。

在寒冷季节，应注意牦牛的补饲问题，此时的草场已经难以满足牛群的食物需求，因此，必须及早制订冷季补饲计划，避免牦牛落膘。尤其是遇到风雪天气、严寒天气或牦牛膘情不佳等情况，要适时补充饲料，保证牦牛生长所需的营养；也要根据实际情况，随时作出调整。

对于牛犊来说，采用自然的哺育方式更有益于其健康成长和发展，因此提升母牦牛的泌乳量是最有效的手段。首要任务就是保障母牦牛的健康状态，然后通过改善放牧区域的草量来实现这一目标。通常，新生的牛犊经过两周的照顾后就能开始少量地进食草料。3个月以后，逐步增大对牧草的摄取量并持续增长，直到6个月时，小牛必须断奶，以便母亲能保持健康的体态。一旦断奶，就应该加强补充饲料，以确保满足小牛生长的需求，从而维持正常的生长过程。在此期间，管理者应当严密监控饲料摄入量，避免因过多摄入导致营养过剩的问题发生。如果母牛体重超过标准，将会影响健康及生育能力，进而降低怀孕的概率。所以为了保证牦牛的健康，还应适时引导牦牛进行运动，以确保牦牛健康。

（三）日常管理

加强疫病监测和预防，建立健全的防疫体系，及时发现和处置疫情，减少疫病传播对环境的影响。注意温度湿度对牛群生长带来的影响，分群管理，保证干燥、通风、干净与饲（草）料饮水安全。对牛舍及周边环境定期进行消杀，以减少病菌滋生及传播，避免蚊虫等影响牦牛生长。防止饲（草）料变质发霉，圈舍、活动场地和工具等都要定期清洁和干燥，及时处理粪便和污物，根据当地疫病的种类、发生季节和流行情况，定期接种相关疫苗。严格按照《中华人民共和国动物防疫法》的要求执行牛群的防疫工作。建立养殖档案，详细准确记录配种、产犊、饲草量、出栏等各类信息。

二、牦牛加工技术环境分析

（一）屠宰和分割

牦牛的屠宰过程需要专业的技术和设备，以确保卫生和安全。分割技术可以将牦牛肉按照不同部位进行分割，以满足市场需求。牦牛的屠宰和分割需要遵循中华人民共和国农业行业标准《NY/T 3964—2021 畜禽屠宰操作规程 牦牛》《NY/T 3963-2021 畜禽肉分割技术规程 牦牛肉》，以确保牦牛肉的质量和安全，减少食品污染和疾病传播的风险，最大限度地利用牦牛资源，减少浪费和损失，减少对生态环境的影响，保护草原生态系统的平衡。

（二）肉类加工

牦牛肉可以进行冷冻、腌制、熏制、烤制、炖煮等加工方式，将牦牛肉制成各种肉制品，如牦牛肉干、牦牛肉脯、牦牛肉罐头等，这些加工技术可以改善牦牛肉的口感和风味，并延长其保质期，使其能够在更长时间内保持新鲜和营养。提高了牦牛肉的附加值，增加了农牧民的收入，同时满足不同消费者的需求，丰富了市场供应，促进了牦牛肉的消费。

（三）奶制品加工

通过巴氏杀菌或超高温灭菌，短时间的高温处理来杀灭牛奶中的细菌和微生物，以延长其保质期。将牦牛奶进行干燥处理，如喷雾干燥或冷冻干燥，制成牦牛奶粉或牦牛奶粉块。将牦牛奶进行发酵处理，制成酸奶或奶酪等产品。利用离心机等设备将牦牛奶中的脂肪和蛋白质等成分分离开来，制成脱脂奶或高蛋白奶等产品。牦牛奶制品富含多种营养成分，如蛋白质、脂肪、维生素和矿物质，经过加工处理后，可以增加其营养价值，促使人体更好地吸收。牦牛奶制品的加工可以为消费者提供更多种类的奶制品选择，满足不同消费者的需求，增加牦牛养殖的经济效益。

（四）皮毛加工

牦牛的皮毛可以用于制作皮革制品和纺织品。皮毛加工技术包括剥皮、清洗、脱脂、鞣制、染色、干燥和加工等步骤。牦牛皮具有耐磨、耐寒、防水等特点，可以制成舒适耐用的牦牛皮鞋，质感独特的牦牛皮包，以及牦牛皮沙发，外观高档，坐感舒适，具有较长的使用寿命。牦牛角可以制成各种工艺品，如牦牛角梳子、牦牛角手串等。牦牛毛可以制成毛衣、围巾、帽子等纺织品，具有保暖性能好、柔软舒适等特点。牦牛皮毛是牦牛身上的重要资源，如果不进行加工利用，就会浪费掉。牦牛皮毛制品具有很高的经济价值，可以为当地居民带来收入，促进牦牛相关产业发展，带动当地经济的繁荣。牦牛皮毛制品不仅具有实用价值,还具有一定的文化和艺术价值,牦牛皮毛在藏族文化中具有重要的地位,是藏族人民传统的手工艺品材料之一,牦牛皮毛的加工利用有利于传承和弘扬藏族文化。

三、牦牛销售技术环境分析

(一)产品质量和品牌建设

牦牛产品的原材料应来自健康、无污染的牦牛,为确保其卫生质量和安全性,产品的加工过程应符合相关的卫生和质量标准。对于牦牛肉、奶等食品,其化学和微生物标准需要满足,例如蛋白质含量、脂肪含量以及菌落总数等。产品的包装应符合相关规定,标签清晰明了,涵盖产品名称、出处、制造日期、保质期等重要信息。提供高质量的牦牛产品,确保产品符合相关质量标准和食品安全要求,同时建立和推广牦牛产品的品牌形象,对于提高产品竞争力和拓展市场份额至关重要。

(二)营销和推广

牦牛产品的生产地区通常位于偏远的高原地区,交通不便,市场信息流通不畅,导致产品的销售渠道有限。此外,牦牛产品的知名度相对较低,消费者对其认知度不高,也限制了其市场份额的扩大。但随着人们对健康、天然和特色产品的需求增加,牦牛产品的市场潜力逐渐被发掘。一些企业和地方政府开始重视牦牛产品的营销与推广,通过加强品牌建设、开拓销售渠道、举办促销活动等方式,提高牦牛产品的知名度和市场竞争力。牦牛产品的营销与推广仍有很大的提升空间,通过加强市场调研、创新营销策略、提高产品质量和附加值等措施,可以进一步推动牦牛产品的市场发展。

(三)物流和运输

在牦牛销售技术环境中,物流和运输是关键因素。这包括确保产品的及时交付、运输安全和质量保证。牦牛产品通常需要采取特殊的运输和保鲜措施,以确保产品在销售过程中保持新鲜和高品质。由于牦牛产区主要分布在高寒地区,牦牛产品的物流和运输条件相对较为艰苦。产品主产区的基础设施状况，如道路、铁路、机场等，会对物流和运输产生影响，偏远的地理位置导致运输成本增加，运输时间延长。牦牛产品大多是生鲜或易腐产品，对保鲜要求较高，需要采用适当的冷藏和冷冻技术，确保产品在运输过程中的质量和安全。物流配送系统的完善程度会影响产品的及时供应和销售，建立高效的物流配送网络对于确保产品的市场流通至关重要。总体而言，牦牛产品的物流和运输现状存在挑战，如运输成本高、保鲜要求严格等。然而，随着交通基础设施的不断改善和物流技术的发展，政府和企业也在加大对牦牛产业的支持和投入，牦牛产品的物流和运输也在逐步提升和优化。

第四节　牦牛产业发展市场需求分析

一、牦牛肉市场需求分析

牦牛与当地的文化、宗教及社会生活密切相关，是当地牧民赖以生存的重要经济来源。作为一种关键的畜牧产品，牦牛肉拥有高蛋白、低脂肪以及丰富的氨基酸等营养特质。相较于黄牛肉，其营养价值更加突出。从食用品质上看，牦牛肉的颜色较深，嫩度较黄牛肉稍差。从食品安全性来看，牦牛肉的各项指标都达到了国家规定的标准，是一种安全肉品。强化健康中国建设是当前中国的一个重要国策，旨在全面提升国民健康水平，并实现与经济社会发展的协调。根据《"健康中国2030"规划纲要》，健康中国建设的主要内容包括普及健康生活、优化健康服务、完善健康保障、建设健康环境、发展健康产业等多个方面。牦牛肉作为一种低脂肪、高蛋白的健康食品，满足人民对食物绿色、健康、美味的健康饮食的需求，其需求量可能会增加，所以发展推广绿色牦牛肉食品势在必行，也有利于发展乡村振兴战略中的养生文化，关注健康养生的具体实践，满足不同年龄段人群的健康需求。当前市面上常见的牦牛肉种类包括鲜牦牛肉、风干牦牛肉、酱牦牛肉、牦牛肉灌肠等。为了满足市场的需要并扩大销售量，可通过积极研发创新产品、加大营销力度、扩大宣传范围，让更多消费者了解、购买牦牛肉类产品。"小群体大规模"是我国牦牛生产经营主体的主要存在形式和产业形态,也是保障现阶段我国牛肉供给和从业牧民民生而自然选择的基本产业形式,想要进一步提升牦牛肉产业发展,要注重改良牦牛肉屠宰后的处理和加工技术,改善牦牛肉食用品质,提高其市场竞争力。从市场价格情况看,2012年以来,活体牦牛平均价格每头4000元,牦牛价格在2012—2015年下跌,2015年之后有所上涨。尤其是在西藏自治区,绝大部分地区的海拔都较高,这使得牦牛生长周期更为漫长且运输费用相应增加,再加上缺乏可以替代的产品,导致牦牛肉的价格显著超过了青藏高原其他地区的平均水平。作为一种基础的生活必需品,牦牛肉在其主产地有着稳定的消费群体,由于该地的居民数量相对较低,因此对于牦牛肉的需求保持着恒定状态。随着国内牦牛产品的供应不足,牦牛肉的价格也在逐步上升。

作为青藏高原地区居民的重要经济支柱,牦牛不仅提供了肉类、奶类和皮毛制品等多种畜产物,也是他们的主要生活收入来源。其中,超过八成的牦牛肉和奶制品被当地消费者购买,而剩余的部分则通过向邻近省份流通,牦牛肉干、奶粉等产品则面向全国各地市场供应。牦牛屠宰季节较为集中,大部分冷鲜肉在9—11月销售,其余时间以冻肉销售为主(鲜肉消费和冻肉消费之比为1:4)。以"共享牛(胴体)资源"、产品即为终端商品、"无库存热、冷、冻预制包鲜到厨房、直接烹饪、开包入口"为标志的新模式,这一新颖的经营理念使得各种不同类型且具有独特风格的牛肉直销体验工厂(商店、展览馆)出现。它们能够有效地连接养殖户和各类消费者,从而填补了传统屠宰加工行业功能上的不足。

二、牦牛乳及其制品市场需求分析

"天然浓缩乳"指的是牦牛乳,其口感浓郁且带有淡雅的甘甜味,富含丰富的营养成分,被认为是最适合制作奶油类产品的优质乳源之一。牦牛乳中的蛋白质含量较高,为3.5%~4.5%。蛋白质是人体必需的营养成分,有助于增强身体免疫力、促进肌肉生长和修复受损组织等。牦牛乳中的脂肪含量为

4.5%～6.5%，其中大部分是不饱和脂肪酸，如亚油酸和亚麻酸等。这些脂肪酸有助于降低胆固醇水平、改善心血管健康和增强免疫力等。牦牛乳不仅能抗疲劳，还因含有丰富的维生素A和维生素C使牦牛乳具有较强的抗氧化能力。强化健康中国建设战略强调以人民为中心，把人民健康放在优先发展战略位置，牦牛乳及其制品因其丰富的营养成分，符合大众健康饮食的需求，受到广大消费者的喜爱，需求市场有望进一步扩大。当前，牦牛乳占据了国内牛乳消耗量的大约15%，相比较于一般性的牛乳或羊乳产品，它的深加工程度及商品化率较低，公众对其了解不足，因此对于牦牛乳的研究及应用还需进一步深化。现有的牦牛乳相关研究大多聚焦在资源评估和营养特质上，然而针对储存过程中的乳质量变化的研究相对较少，储藏保鲜技术的先进性比不上普通的牛奶。随着中国的乳制品产业不断扩大以及消费者的需求转变，一些小众的乳制品如山羊奶、驴奶、骆驼奶和牦牛乳等逐渐被市场所欢迎接纳，已有超过10家公司在全国范围内成功地进行了山羊奶的市场推广。羊乳市场现在处于高速发展阶段，因此在未来资本市场上会有更多羊乳企业的身影。牦牛乳将是继羊乳之后又一个会快速崛起的小众乳品。牦牛半野生的生存方式以及各类现代科研成果都能证明，牦牛乳制品具有极高的营养价值和功能性，这为牦牛乳市场带来了广阔的发展空间。牦牛乳行业前景广阔、竞争对手较少。

三、牦牛其他产品市场需求分析

（一）牦牛绒市场需求分析

牦牛每年只能采毛一次，成年牦牛年产毛量为1.17～2.62千克；其中粗毛和绒毛各占一半。牦牛绒具有保暖性好、柔软舒适、耐用等特点，比普通羊毛更加保暖柔软，常用于制作高档纺织品和服装。在某些层面上，牦牛绒的价值超过了羊绒，也决定了牦牛绒一定会走向高端市场。随着天然纤维市场需求不断增长，与合成纤维相比，牦牛绒作为一种天然纤维，不仅保暖性能优越，而且环境污染较低，市场需求有望进一步增加。然而，目前牦牛绒的市场开发还不够完善，产品的价值也相对较低。通过技术创新，可以提高牦牛绒的生产效率和质量, 降低生产成本, 满足市场需求。例如, 改进分离技术和纤维质量检测设备, 可以提高原料的纯净度和纤维的质量, 保证制品的品质。牦牛绒具有柔软、蓬松和温暖的触感, 是一种高级的特殊动物纤维纺织材料。随着我国群众的生活水平日益提高, 消费意识不断改变, 牦牛绒作为一种天然、可持续的纤维, 可能会吸引更多关注和需求。然而, 随着牦牛绒制品市场的进一步扩大, 我国的牦牛绒行业却并没有随之得到比较明显的提高。牦牛绒相对其他纤维来说价格较高, 牦牛绒产品原材料的供应紧张, 其他纤维, 例如羊毛、羊绒等替代品的价格和供应情况也会影响牦牛绒的市场需求。

(二) 牦牛副产物市场需求分析

开发牦牛资源和对牦牛肉及其副产品进行深加工, 不仅能够改善农牧民的生活水平和增加收入, 还能够增加地方政府的财政收入, 促进就业, 对于地方经济发展、餐饮市场繁荣和维护区域稳定都具有积极意义。牦牛副产品的合理开发利用, 既能延长产业链带来经济效益, 又能实现无渣无害化处理, 避免环境污染, 因此牦牛副产品的开发利用具有较好的市场前景。近年来, 牦牛养殖产业和牦牛肉、牦牛乳、皮毛等副产品开发下游产业发展迅速, 牦牛产品消费需求呈现多样化的态势。然而, 尽管我国在牦牛副产品的利用方面拥有深厚的历史和丰富的经验, 但大部分仍然是以小规模的传统手工制作为主。技术水平较低、设备落后、产品种类单一、产量偏低且数量稀少, 这些都无法满足市场发展的需求。

(三) 旅游及其他市场需求分析

遵循习近平总书记"绿水青山就是金山银山"的生态文明理念, 开发依托牦牛和草原文化为基础的融入民族特色的牧旅融合发展, 市场前景广阔。通过维护已经改变的生态环境和区域自然资源, 找到了一条适应本地生态环境的草原旅游发展途径。通过草原生态旅游服务、草原生态产业链的延伸打造, 现代牦牛旅游文创产业及其相关产品愈加丰富。人们对于独特、真实的旅游体验的需求不断增加。牧旅融合将农业、畜牧业与旅游相结合, 提供了亲近自然、体验农村生活的机会, 满足了游客不同于传统城市旅游的需求。牧旅融合可以让游客了解农业、畜牧业的生产过程和文化，增加对农村地区的认识和尊重。对于学生和教育团体来说，这也是一个学习和实践的机会。

从消费行为的角度思考，本地人对于牦牛肉的选择主要取决于它的口感特殊、肉质鲜美且烹饪方便；而政府机构则更偏向于采购来自本土企业生产的牦牛肉，以此来推动地区特色的发展。在旅游领域中，政府积极推进如打卡点、特色草原等地标景点的建设，从而吸引众多旅客前去游览，而牦牛肉作为一种地域特产，自然也成为他们购物清单上的热门选择之一，同时满足旅行纪念品的需求或是馈赠亲友之用。此外，这些带有区域特征、独具一格的创意商品也能引发游客们的兴趣，激发购买欲，进而形成旅游市场对牦牛产品的市场需求。而在礼品市场中，牦牛肉的高营养价值与独特性使其成为消费者购买礼品的首选。

第五节　牦牛产业与肉牛产业优劣势分析

牦牛产业和肉牛产业都属于畜牧业的范畴，但它们的生产方式、产品特点和发展方向有很大不同。牦牛产业主要指在高寒地区养殖牦牛，以生产牦牛肉、牛奶、皮毛等产品为主的产业。牦牛是世界上生活在高寒地带的特有牛种，主要分布在中国、俄罗斯、蒙古等国家。牦牛肉味道鲜美、营养丰富，是高寒地区居民的主要肉食来源之一。此外，牦牛奶也具有较高的营养价值，是高寒地区居民的重要饮品。牦牛皮毛是制作皮衣、皮鞋等皮革制品的重要原料。肉牛产业主要指在温带和热带地区养殖肉牛，以生产牛肉、牛奶等产品为主的产业。肉牛是世界上最重要的牛肉生产来源之一，主要分布在中国、美国、巴西等国家。牛肉是世界上消费量最大的肉类之一，具有高蛋白、低脂肪、口感鲜美的特点。牛奶也是世界上消费量最大的饮品之一，具有营养丰富、口感细腻的特点。中国肉牛产业具有养殖规模大、养殖方式多样、消费需求旺盛等特点。

一、牦牛产业与肉牛产业比较劣势分析

（一）生长速度较慢

牦牛的生长速度相对较慢，比肉牛需要更长的时间才能达到出栏体重。这导致牦牛产业的生产效率较低，成本相对较高。牦牛是以青藏高原为中心，及其毗邻高山、亚高山高寒地区的特有珍稀牛种之一，草食性反刍家畜。牦牛通常需要大约四年的时间才能完全发育并达到其最佳状态，野生牦牛交配季节在7—9月，孕期约260天，每胎只产1仔，小牛1岁后断奶，3~4岁性成熟。一般来说，牦牛达到成熟和适宜屠宰的时间通常在3~5岁。肉牛的出栏屠宰年龄在1~1.5岁（12~18个月），最晚不超过2岁（24个月），500~800斤的架子牛，育肥4~6个月即可出栏；400斤左右的牛犊8~10个月可以出栏；200斤左右的牛犊10~12个月即可出栏。由于牦牛生长缓慢，需要较长时间才能达到出栏体重，因此养殖牦牛的成本相对较高，包括饲料、劳动力和时间成本等。同时意味着每头牦牛的产肉量和产奶量相对较低，从而影响整个养殖场的生产效率。与生长速度较快的肉牛相比，牦牛在市场上的竞争力较弱，因为其生产成本高且产量较低。牦牛生长缓慢导致养殖者的经济效益受限，因为投入产出比相对较低，难以获得较高的利润。

（二）繁殖性能较低

牦牛的繁殖性能相对较低，繁殖周期较长，产仔数相对较少。这可能限制了牦牛产业的规模扩张和发展速度。牦牛产犊率和繁殖率较低。相比之下，肉牛产犊率和繁殖率相对较高。牦牛的繁殖周期较长，一般为两年一胎。而肉牛的繁殖周期相对较短，一般为1年左右。牦牛繁殖性能低意味着每胎产仔数相对较少，这会导致牦牛种群的增长速度缓慢，这对于牦牛养殖者来说可能意味着需要更长的时间才能达到预期的养殖规模。同时，牦牛的繁殖成本相对较高，每头母牛的繁殖效率低，会导致养殖者的经济效益受限，增加了养殖成本和风险，也会限制遗传改良的进展，优秀的遗传基因难以快速传播和扩散，这可能会影响牦牛品种的改良和选育进程。对于一些濒危或受保护的牦牛品种来说，繁殖性能低可能会对种群的保护和恢复构成挑战。这需要采取特殊的保护措施来促进繁殖和保护物种的生存。

（三）养殖区域限制

牦牛适应高寒地区的特殊环境，只能在特定的地理区域进行养殖。这限制了牦牛产业的发展范围，无法在其他地区大规模养殖。世界上的牦牛大多生活在中国青藏高原、蒙古国和尼泊尔等这类高山草原地区，属于海拔高、气压低、严寒低氧，饲料匮乏等极端生态环境，因为牦牛适应寒冷的气候条件，能够在高寒的高原地区采食草料，耐受低温和缺氧的环境。肉牛的养殖区域相对更广泛，可以分布在不同的地理区域。肉牛养殖适合在温暖的地区进行，包括河南、山东、河北、安徽等省在内的中原地区，是我国传统的农业区，具有丰富的饲料资源和适宜的气候条件，是我国重要的肉牛养殖基地之一；还有辽宁、吉林、黑龙江等东北地区省份，东北地区土地肥沃，气候寒冷，适合发展畜牧业，也是我国重要的肉牛养殖区域之一。在我国中部地区的河南、山东等地，因其温和的环境及充足的食物供应而被视为饲养牛肉牲口的理想地，也被称为中国主要的牛肉生产中心之一。位于我国北部边陲，黑龙江、吉林等北方省市，拥有良好的土壤质量、较冷凉却宜人的气温环境，也适合发展畜牧业。西北地区草原资源丰富，适宜养殖草食动物，因此也有一定规模的肉牛养殖。江苏、浙江等南方地区，气候温暖湿润，也有一定的肉牛养殖规模。由于牦牛主要养殖在高寒地区，养殖区域的限制可能导致牦牛的供应量相对较少，因此市场上牦牛产品的供应不足，价格上涨。也会导致运输成本增加、饲料供应困难以及兽医服务不便等问题，增加牦牛养殖成本。不同地区的牦牛品种可能具有独特的适应性和特点，但养殖区域的限制可能会限制这些品种的传播和交流。由于牦牛养殖区域的限制，将牦牛产品推向更广泛的市场可能会面临挑战。运输成本高、市场认知度低等因素可能会限制牦牛产品的市场开拓。养殖区域的限制可能会对牦牛养殖的可持续发展带来挑战。过度依赖特定区域可能会导致生态系统的压力增加，同时也可能面临自然灾害等风险。

（四）产品市场受限

牦牛产品的市场需求相对较小，主要集中在特定的消费群体和地区。与肉牛产品相比，牦牛产品的市场份额较小，销售渠道也相对有限。牦牛产品的市场需求通常受到地理位置和文化背景的影响。在牦牛养殖地区，牦牛肉是当地居民的主要肉类来源，并且在一些特定的市场上有一定的需求。而肉牛产品的市场需求更为广泛，不仅在当地市场销售，还可能出口到其他地区。由于牦牛的养殖环境和生产成本较高，牦牛产品的价格可能相对较高，限制了一部分消费者的购买能力，而肉牛产品的价格则受到市场供求关系、品种和养殖成本等因素的影响，价格更为亲民。牦牛产品的销售渠道相对较窄，主要集中在当地市场或特定的销售网络，而肉牛产品的市场渠道更为广泛，可以通过超市、批发商、餐馆等多种渠道进行销售。相比肉牛，牦牛在一些地区的消费者认知度较低，缺乏对牦牛产品的了解和认知可能导致消费者对其兴趣不高，进而影响市场需求。牦牛产业对市场的开发也缺乏有效的市场营销和品牌建设，导致牦牛产品在市场上的竞争力弱于肉牛。

市场受限易导致牦牛养殖者的收入减少，影响相关产业的发展和就业机会。对于依赖牦牛产品的地区，市场受限可能限制了当地经济的发展和特色产业的壮大。牦牛在某些地区具有重要的文化意义，市场受限很可能会威胁到与牦牛相关的传统文化和习俗的传承。同时牦牛养殖对于一些地区的生态系统和可持续发展具有重要意义，市场受限可能会影响牦牛养殖的可持续性，导致生态系统的不平衡。

二、牦牛产业与肉牛产业比较优势分析

（一）适应高寒环境

牦牛能够适应高寒、缺氧的特殊环境，能够在恶劣的气候条件下生存和繁殖。这使得牦牛产业在高寒地区具有独特的发展优势。牦牛毛发茂密，可有效抵御冷空气侵袭；皮肤厚实，以防热量散失；鼻腔胸廓大，气管短粗，血红蛋白含量高，适应高原缺氧环境。此外，牦牛抗病力、抗逆性、合群性强，消化系统

也具有适应性，能够消化低蛋白、高脂肪这类在高寒环境相对丰富的食物，且牦牛的体力和耐力都很强，能够在高寒缺氧的环境中行走和觅食，能到达其他有蹄类和家畜无法利用和到达的灌木林地、高山草场。肉牛没有以上特性，不能在高原地区存活。高原地区气候条件恶劣，包括低氧、低气压、寒冷和干旱等。牦牛是高原地区的主要家畜之一，对于当地居民的经济生活至关重要，牦牛提供了肉、奶、毛等产品，是高原地区居民的主要食物来源和经济收入来源，为人类在高原地区的生存和发展提供了重要的支持。

（二）肉质独特

牦牛的肉质具有独特的风味和营养价值，被认为是高蛋白、低脂肪、富含维生素和矿物质的健康食品。牦牛终年以自然放牧为主，牦牛肉含有丰富的优质蛋白，各种人体必需的氨基酸，钙、磷等微量元素，可以为人体补充多种有益的营养成分。牦牛体内的微量元素含量较高，铁可以促进血红细胞的再生。牦牛肉中所含的微量元素锌，可以加快人体的蛋白质合成，促进肌肉生长，是天然的抗氧化物质，对于改善人类的身体状况非常有益。牦牛肉作为高原主要食物之一，其营养成分对于高原地区居民的健康和体力维持至关重要。牦牛肉是高原地区的特色农产品，独特品质和口感使其在市场上受到青睐，为高原地区的农牧业发展和经济增长作出贡献。牦牛能够在高寒、缺氧的环境中生存和繁衍，其肉质特点也是适应高原环境的结果，牦牛肉质的独特性质反映了牦牛对高原生态系统的适应性，对于研究高原生物适应性和生态系统具有科学价值。

（三）营养价值丰富

牦牛肉不仅具有丰富的营养价值，还能够增强身体免疫力。牦牛肉所含高蛋白、低脂肪，能够为人体提供丰富的能量，帮助增强体力和耐力，蛋白质和牦牛肉富含的氨基酸对于儿童和青少年的生长发育具有促进作用，也因牦牛肉中含有丰富的铁质，食用牦牛肉有助于补充铁质，促进血红蛋白的合成。同时，牦牛肉中含有较高的抗氧化物质，如硒和维生素E；富含的锌、硒等微量元素有助于增强免疫系统。在营养价值这一方面而言，牦牛肉因独特的生长环境和肉质特性,在滋补效果上优于普通牛肉。

(四)文化和旅游资源

牦牛对文化和旅游资源的影响更为显著,因为它与特定的民族文化和地区特色紧密相关。而肉牛对文化和旅游资源的影响则相对较小,更多地与农业经济和食品产业相关。牦牛在藏族文化中具有重要地位,被视为神圣的动物,代表着坚韧、勇敢和顽强的生命力。牦牛与藏族的生活方式、传统习俗和宗教信仰密切相关。牦牛是高原地区的特色动物之一,与当地的自然环境和人文背景相结合。通过推广牦牛文化和旅游资源,可以打造地方特色,吸引游客前来探索和体验。通过展示牦牛文化,可以让游客深入了解藏族的文化传统和价值观。游客可以参与牦牛相关的活动,如观赏牦牛、骑牦牛、品尝牦牛肉等,这些活动为游客提供了独特的体验和互动机会,增加了旅游的吸引力和趣味性。牦牛文化和旅游资源的开发可以为当地带来经济收入。游客的消费和参与相关活动可以促进当地旅游业的发展。肉牛则主要用于肉类生产和农业经济。它们在一些地区的农业和畜牧业中扮演重要角色,对文化和旅游资源的影响可能相对较小。

牦牛的文化旅游价值可以促进高原地区的文化传承和保护。通过展示牦牛的文化意义和传统用途,增加人们对高原地区文化的认知和尊重,有助于保护和传承当地的文化遗产,促进当地旅游业的发展,带动相关产业繁荣,为高原地区的经济增长作出贡献。打造地方特色,增强高原地区吸引力和竞争力,促进地方的可持续发展。

(五)生态环保

牦牛产业与自然环境的关系密切,可以与可持续发展理念相结合,推动生态养殖和草原保护,实现经济、社会和环境的协调发展。牦牛适应高原地区的低氧、寒冷和干旱条件,是高原生态系统中的重要组成部分。牦牛的存在和繁衍对维持高原生态平衡和生态系统的稳定性起到了一定的作用。牦牛是草原生态系统的重要消费者,它们可以影响草原植被的生长和分布。合理的牦牛放牧可以促进草原的健康和可持续利用。它们的采食方式有助于控制草原上的杂草和灌木丛生长，维持草原的多样性和稳定性。牦牛的践踏和粪便排放有助于改善土壤结构和保持土壤肥力。它们的活动可以促进土壤的通气和水分渗透，有利于植被的生长和土壤的可持续利用。牦牛的存在和养殖活动对高原地区的碳循环也有一定影响。它们通过消化植物和排放粪便，将碳元素返还到土壤中，参与了碳循环过程。牦牛在高原生态系统中扮演着特定的角色，与其他生物相互依存。它们的存在对于维持生物多样性和生态链的完整具有一定的意义。相比之下，肉牛对生态保护的作用主要与农业和畜牧业相关。肉牛的养殖和肉类生产可能会对环境产生一定的影响，例如土地利用、水资源管理和废物处理等方面。牦牛是高原地区的重要物种之一，它们在高原生态系统中扮演着关键角色。牦牛的食性和生活方式适应了高原地区的植被和环境条件，对于维持高原生态平衡起到了重要作用。保护牦牛的生存环境和合理利用牦牛资源，对于维护高原地区的生态完整性和可持续发展至关重要。

第三章

牦牛产业发展重点区域

第一节　引　言

　　牦牛依然是藏区农牧民赖以生存的重要生产资料，在我国的青海、西藏、四川、甘肃等主产区，存栏规模都维持较高的水平。这些区域也是我国生态脆弱区，是长江、黄河的上游水塔，如何解决生产、生活、生态三者间的关系变得越来越重要。目前，牦牛产业养殖端，品种原始，饲草料均衡供给保障不足，标准化、适度规模化养殖水平偏低，养殖效益低，价格波动起伏较大，全球消费下行的趋势下如何提升养殖端收益变得越来越迫切。产品加工端，精深加工薄弱，无冷鲜精细分级分割体系；产品传统单一，文化创意附加值低，无拳头品牌产品；物流销售端，冷链体系不健全，销售渠道单一。产业化水平低，产业链条不健全，资源、要素聚集度弱，科技创新驱动支撑不足，制约了牦牛产业化发展进程。本章从牦牛各主产区产业发展情况入手，阐述了各省牦牛产业发展特点和共性问题，提出产业发展方向，为推动传统牦牛业向适度规模化、标准化、绿色化转型发展和高质量发展提供参考。

第二节　重点区域1：青海

一、青海牦牛产业发展现状

（一）生产现状

　　青海牧区是我国五大牧区之一，拥有丰富的草地资源。青海省草地总面积为3947.08万公顷，其中，天然牧草地3666.39万公顷，占92.89%；人工牧草地8.91万公顷，占0.23%；其他草地271.78万公顷，占6.89%。青海省是我国牦牛存栏大省，也是我国最大的优质牦牛肉生产基地。第三次全国畜禽遗传资源普查结果显示（表3-1），2022年青海省牦牛存栏545.57万头，年出栏量约180万头

（根据历年数据估算）。

表3-1　青海省牛存栏、出栏及肉产量

时间	牛存栏量（万头）	牦牛存栏量（万头）	牛出栏量（万头）	牦牛出栏量（万头）	牛肉产量（万吨）	牦牛肉产量（万吨）
2020	652.33	554.66	188.97	169	19.23	17
2021	642.40	554.95	200.29	179.8	21.25	18.33
2022	645.52	545.57	205.70	—	21.88	—
2023	—	—	211.62	—	22.84	—

注："—"表示未检索到正式公布数据。

（二）饲养管理

2008年，青海省开始实施生态立省战略，以打造"世界牦牛之都、中国藏羊之府"为主线，大力发展生态畜牧业。为改变青海省牦牛品种退化严重、生长速度慢、繁殖率低等状况，青海省深化产学研系统创新机制，全面开展技术引进、攻关、熟化和集成，示范和推广冷季补饲、断乳犊牛集中舍饲培育、牦牛一年一胎或三年两胎、人工授精等技术，大大提升了牦牛产业的生产效率和科技含量。在生产经营模式方面，探索出了以合作社为基础，以股份制为内核，适应不同地区的多种生态畜牧业生产经营模式，加快了青海省畜牧业由数量型向质量效益型的转变，有力推动了牧区经济社会的发展。近年来，青海省牦牛产业综合生产能力和产品供给能力均得到了有效提升，但仍存在选育程度不高、缺乏现代科学饲养理念、现代化和标准化程度不高等问题。

（三）种业现状

青海省高度重视牦牛种业发展，在牦牛遗传资源评估、新品种培育和良种繁育体系建设等方面，均取得了显著成效。目前，已基于传统分子标记和全基因组测序技术，完成了对青海牦牛遗传资源的系统分子评估，明确了各品种（遗传资源）的遗传多样性状况、群体结构组成及遗传背景等问题，并发掘了一批经济性状候选功能基因，为其合理保护和开发利用奠定了坚实基础。在新品种培育方面，于2004年和2019年成功培育了大通牦牛和阿什旦牦牛2个国家级优良品种。地方品种（遗传资源）的发掘方面，青海高原牦牛、环湖牦牛、雪多牦牛、玉树牦牛4个地方优良品种（遗传资源）相继通过了国家畜禽遗传资源委员会的审定，进一步丰富和发展了我国牦牛优良品种类群。此外，一些优良牦牛遗传资源也正在进一步挖掘中。牦牛良种繁育推广体系建设方面，截至2022年底，全省共有牦牛种畜场15个，均建有必备的标准化畜禽圈舍、饲料库房和兽医防疫设施，水、电、暖、道路、围墙等配套设施较为齐全，部分种畜场还配套有粪污处理场和简易的饲料生产设备。以青海省牦牛繁育推广服务中心（青海省大通种牛场）为代表的牦牛种牛场每年可向全省提供2500余头种公牛，供种能力逐年提高。牦牛人工授精方面，全省已初步建立了省、市（州）、县（区）、乡镇四级贯通的服务推广体系，从示范点选择、组群及管理、同期发情处理、发情鉴定、人工授精、改良点建设等多个方面制定完善了技术规范，建设牦牛人工授精工作站点32个，配套了液氮罐、输精器械、精液品质检测仪器、简易保定架等设施设备，完善了冻精储存、人工授精设施基础条件。

（四）市场经营现状

2023年，青海省牛出栏量211.62万头（包括牦牛、黄牛、犏牛等所有牛只），根据往年数据估算，牦牛出栏量约180万头。由于牧民生活习惯等因素的影响，大多数牦牛肉均用于当地牧民传统饮食，商品化率较低。青海牦牛肉产品以原料肉和初级加工产品为主，市场上以鲜肉为主，主要有牛舌、颈部肉、前胸肉、上脑、肩肉、前腱、肋排、胸腹肉、外脊、里脊、牛腩、臀肉、后腱等，其他产品还包括牦牛肉干、酱卤牦牛肉等，牛骨、牛骨髓、牛蹄、牛尾、牛头、牦牛血、内脏等开发较少。此外，部分企业还开发了牦牛肉蛋白粉、牦牛氨基酸口服液、牦牛肉松、牦牛肉泥等产品。总体来看，青海省牦牛畜产品加工生产还较为落后，牦牛肉产品在生产、加工、储存、保鲜等方面缺乏完善合理的设施，大部分产品只能以活畜或者初级产品进入市场，缺乏特色，产品附加值较低。

牦牛产奶量较低，但牦牛奶是牧民日常生活的主要食品之一，其中70%左右用于哺乳犊牛及牧民自用，牦牛乳制品企业收购的牦牛奶占比较低。牦牛奶商品化产出的主要产品有液态奶、酸奶、干酪素、奶粉等。牦牛奶的商品化开发成为近年来农牧民增加收入来源的重要渠道之一，部分牦牛主产区已经初步形成了牦牛奶收集、存储、运输、加工一条龙的产业化经营企业。青海省专门加工销售牦牛奶制品类产品企业相对较少，多数为牦牛肉加工点捎带部分奶制品的销售。总体而言，牦牛乳制品的加工规模不大，加工水平不高，设备和加工工艺较为落后，产品品种相对单一，牦牛乳产品的开发力度还不强。

（五）基础设施建设

目前，青海省建立了"互联网+高原特色"智慧农牧业大数据平台，利用大数据、云计算、物联网等现代信息技术，实现产销可对接、信息可查询、源头可追溯、生产消费互信互认的牦牛产品追溯体系，同时依托青海省畜牧兽医科学院（青海大学畜牧兽医科学院）、青海省畜牧总站、青海省牦牛繁育推广服务中心（青海省大通种牛场）等省级技术研发推广和科研机构建立了牦牛、藏羊产业技术转化的核心平台，拥有省级产业技术转化基地5个、产业技术示范基地27个、产业重点对接县4个、产业技术指导县14个，设立了牦牛遗传育种与繁殖科学观测实验站。同时，国家牦牛技术创新中心建设正在稳步推进。

青海省充分发挥牦牛产业优势，通过资源变资产、资金变股金、农民变股东，形成了以"梅陇模式""拉格日经验""岗龙做法""祁连路子"等为代表的一批股份制生态畜牧业合作社，以龙头企业为主的产加销一体的产业化联合体模式不断形成。牦牛相关产品种类达到200多种，目前，6家国家级龙头企业、7家省级龙头企业、14家市州级龙头企业、129家农牧民专业合作社参与牦牛优势特色产业集群建设。青海省统筹推进牦牛产业科研、生产、加工、流通、休闲、服务协同发展，优化空间布局和功能分区，打造绿色养殖集中区和加工物流集群区，全省牦牛产业布局更加合理，功能更加完善。

二、青海牦牛产业发展策略

（一）建立牦牛产业标准化体系

青海省高度重视牦牛产业标准化建设，2018年，成立了青海省牦牛产业发展标准制定工作领导小组（青政办〔2018〕125号），深入开展牦牛相关标准研究和体系建设工作，逐步建立了涵盖品种、养殖、肉品分级、产品加工、销售、检测等环节的一系列标准体系，实现牦牛产业全产业链各个环节相关标准的配套统一。

根据全国标准信息公共服务平台检索结果，截至2024年2月底，全国现行有效的国家、行业、团体、地方等各类牦牛相关标准162项，其中国家标准5项，行业标准20项，团体标准45项，地方标准92项。青海省制定的地方标准有42项，占地方标准总量的45.65%。

（二）规范牦牛产业发展管理，构建督导服务机制

2020年，青海牦牛产业集群入选农业农村部、财政部首批批准建设的50个优势特色产业集群之一。为了加强和规范集群的建设，青海省人民政府办公厅及农业农村厅相继发布了《青海省人民政府办公厅关于建立青海省乡村优势特色产业协调推进机制的通知》（青政办〔2021〕25号）和《青海省农业农村厅关于规范优势特色产业集群建设的通知》（青农产〔2022〕180号）等文件，明确了集群建设的总体要求、重点任务、建设规范及申报流程。此外，为了更有效地推进牦牛产业集群的建设，青海省还成立了由农业农村厅、财政厅等多个相关部门组成的集群建设工作领导小组，负责研究和推进集群建设的政策措施、重大项目，并协调解决集群建设过程中存在的各类难题。

青海省依托青海省乡村产业发展指导中心，结合全省农业农村系统领导干部和科技人员服务基层行动，组建了牦牛优势特色产业集群专项督导服务组。专项督导服务组采取"一人一县"点对点项目督导服务方式，实行"一县一档案""一月一督导"制度，实地了解项目实施和资金支出情况，对实施进度缓慢的项目及时通报责令整改，确保牦牛优势特色产业集群项目保质保量完成。

（三）开展省级评价验收，纳入政府年度考核

青海省按照农业农村部集群项目绩效评价要求，委托第三方审计机构对实施的集群项目进行省级绩效评价。印发《青海省农业农村厅关于开展牦牛优势特色产业集群建设项目省级验收检查工作的通知》，会同省财政厅开展材料审查和实地验收，确保牦牛优势特色产业集群项目建设质量和成效。此外，青

海省还将牦牛产业集群建设任务纳入青海省绿色有机农畜产品输出地建设考核体系,列为省委、省政府重点督查考核内容,将考核结果作为各地区下年度政策支持、项目安排的重要依据。

三、青海牦牛产业发展存在的问题及前景展望

(一)产业发展存在的问题

1. 草畜矛盾突出

青海省在我国的国土生态安全屏障方面具有非常重要的地位。近年来,受人口增长、养畜量增加以及气候变暖等多重因素影响,加之为追求经济利益而盲目扩大草原放牧率等行为,使得草地因超载过牧而日益退化的现象越发严重。草地资源的退化严重一定程度上影响了牦牛产业的良性发展,对其市场竞争力造成不利影响。

2. 从业者受教育程度整体偏低,技术力量薄弱

从事牦牛产业的基层工作人员普遍年龄较大,受教育程度不高,新型职业农牧民人数很少。有研究表明,在青海从事农牧业生产经营的工作人员中,不识字,或者识字很少的文盲率高达49.5%。合作社经营管理者综合管理能力不强,畜牧兽医等相关专业技术人员缺乏,不能较好地运用本品种选育、人工授精、同期发情等繁育技术手段科学开展牦牛选育扩繁工作,仅依靠核心户牛群自行繁育,无法保障种牛质量;加之从业人员科技素养不高,饲养管理等方面的先进实用技术无法有效配套应用,沿袭着靠天养畜的传统生产方式,饲养规模小而散,畜群结构不合理,饲草饲料储备意识差,抵御雪灾等自然灾害的能力弱。

3. 养殖观念传统,养殖效益较低

青海省牦牛生产的经营主体大部分为牧区农牧民专业合作社,农牧民群众对补饲、品种改良的重视程度不高,大多采用传统的放牧方式,缺乏品种选育的意识和能力,不能及时淘汰更新牦牛群体内的老弱病畜,牛群中适龄青年母牛和能繁母牛比例较低,畜群结构失调。合作社组织管理过于松散、粗放,

导致草场、牲畜、设施等生产要素的资源整合度低，不能进行有效的管理和充分利用。合作社成员不稳定，入社、退社随意性较大。大部分牧民群众对于现代高效养殖、科学养殖理解不到位，认为会增加成本，故而仍以传统养殖为主，不愿意加大投入。部分农牧民群众存在惜牛思想，不愿意出售自己养殖的牦牛，劳动力资源投入较多，但生产效率不高。此外，大部分经营主体生产设施条件简陋，畜棚、饲草料储备、配种、防疫等配套基础设施较为缺乏、老旧，仅能满足基本的生产需求。现代化和标准化程度不高，这在很大程度上影响和限制了先进实用技术在牦牛良种繁育等工作中的配套应用，阻碍了自身的良性、可持续发展。

4. 产品流通和加工能力弱

由于很多牧民群众仍然采取传统游牧的生产方式，居住比较分散，居住地点不固定，交通运输成本相对较高，造成了牦牛畜产品的流通成本较高，流通不顺畅。青海省牦牛大部分畜产品多以活畜或者初级产品进入市场，缺乏特色，产品附加值低。其他牦牛产品例如酥油、牦牛奶等产量相对较低，加工手段比较落后，主要用于牧民自产自销或在当地销售。

5. 产业链不健全

青海省牦牛良种整体供种能力还不足。龙头企业数量较少，规模化程度较低、产品结构单一、缺乏深加工产品，科技创新速度较为缓慢。在畜牧业发展过程中龙头企业还面临资金短缺、融资体系不健全等问题，导致产、供、销一体化较难实现。此外，畜牧业龙头企业与牧民之间利益共享机制还不健全，无法使双方利益得到有效保障。相关产品的知名度不高，难以触达区域外的消费者。

（二）产业发展对策与建议

1. 加强人才队伍建设，提高管理水平

大力培养和引进优秀人才，增强牦牛产业发展的技术力量，加大基层技术人员的技术培训，培养一大批懂技术、会经营的优秀管理人员，因地制宜，寻求适合自身发展的经营管理新模式，建立和完善内部管理制度体系，提高组织

化程度和管理水平。

2. 强化基础设施建设，转变经营理念

积极引导广大牧民群众转变传统的经营模式和生产方式，加强暖棚、饮水管道、配种站以及饲草饲料基地建设，推广牧繁农育、冬季补饲、适时出栏、带犊繁育等新生产方式，降低草场载畜压力，提高牦牛生产效率。推行"一村一品"发展战略和生产经营方式，在适宜牦牛生产发展的地区，充分集中当地的草地资源、人力物力，集中发展单一的牦牛养殖业，将优势产业做大做强，推动牦牛产业信息化、智能化、标准化，走现代高效的牦牛产业发展道路。

3. 完善良种繁育体系建设

围绕制约牦牛种业发展的"卡脖子"问题，推进牦牛种业振兴产学研一体化发展，全面提高全省牦牛整体生产性能和养殖效益。严格按标准有计划、科学地开展本品种选育和良种扩繁工作，同时将饲养管理、冷季补饲、防疫保健等技术应用在繁育工作中，提高种牛质量、提升市场竞争力。

4. 丰富产品种类，提高产品附加值

在现有牦牛产品的基础上，丰富产品种类，大力发展冷鲜肉的生产加工。根据不同目标客户群体，积极研发各类牦牛肉、牦牛奶精深加工产品。提高牦牛副产物的综合利用率，提高牦牛产品的经济附加值。

5. 持续加强牦牛品牌化建设

持续实施牦牛品牌提升行动，扶持壮大龙头企业，通过"引进来、走出去"相结合的方式，研究制定绿色有机牦牛产业标准，推进基础设施建设、繁殖育种、饲养管理、产品加工及商品流动标准化管理，因地制宜建立适合不同区域、养殖模式的标准化示范区。全面推行产品达标合格认证制度，实行"青字号"品牌准入退出机制。开展牦牛品牌高端策划，鼓励地区、企业打造自主品牌，在国内大中城市建设青海牦牛产品体验店，擦亮青海牦牛"金字"招牌。积极培育牦牛文化，提高牦牛产品的文化内涵。

（三）前景展望

资源禀赋方面，青海是全国牦牛主产区，存栏量位居各省（区）之首。牦牛

既是青海牧民群众赖以生存的物质资源，也是推动牧区经济发展的支柱产业和牧民稳定增收的主要经济来源。政策支持方面，青海省委、省政府始终把牦牛产业作为第一大产业统筹推进、第一大品牌竭力培育，在政策支持、资金投入、项目配套、工作推进等方面给予强力支持，使青海成为全国牦牛特色产业优势区和主要有机牦牛肉生产基地、精深加工基地，全国牦牛产业中心地位日益凸显。外部市场方面，随着人民群众生活水平的不断提高，膳食结构发生显著变化，人们对有机绿色健康食品需求越来越大。牦牛肉具有蛋白质含量高、脂肪含量低、低胆固醇等特点，营养丰富，味道鲜美，深得广大消费者的喜爱和认可。综上可见，在资源禀赋、政策支持、市场开拓潜力等方面，青海牦牛产业发展优势明显、潜力巨大、前景广阔。

第三节　重点区域2：西藏

一、西藏牦牛产业发展现状

（一）生产现状

以家庭为单位的牦牛养殖个体户占牦牛主产区养殖主体的绝大部分，主要表现为养殖规模较小，养殖品种以本地品种为主，常采取传统混群放牧自繁自养。养殖个体户牦牛存栏数一般在50～250头，牛群结构中能繁母牛占20.0%～37.8%，育肥牛占18.4%左右，青年牛占7.2%～21.6%，犊牛占13.2%～31.7%；划区轮牧，冬暖季均以传统放牧养殖为主，出栏头数极少，出栏年龄和体重因养殖模式的不同存在差异，最大出栏年龄为10岁及以上，出栏体重为200～360千克，纯利润在2000～3000元。

以合作社为单位的牦牛养殖集体占牦牛主产区养殖主体的15%～30%，养殖规模一般在220～2000头，大部分为育肥场，少数为繁育场，以自繁自育为主，养殖模式各异，有放牧育肥、放牧兼补饲育肥、架子牛普通育肥和传统混群养殖等。牛群结构中育肥场育肥牛占100%，繁育场繁殖母牛占

28.0%~47.8%，青年牛占5.4%~48.6%，犊牛占9.6%~28.6%；头均利润达227~1440元。

以大型育肥场、繁育场为单位的规模化养殖场占牦牛主产区养殖主体的5%~10%，养殖规模一般在2000~6000头，年出栏量2000~5000头（育肥时间3~6个月），头均利润可达1000元左右；规模化繁育场能繁母牛占40.8%~81.1%，以繁育兼育肥的养殖场能繁母牛比例较低；约70%的规模化养殖场饲养方式为"放牧+补饲"，30%的为全舍饲，大多数繁育场辖属国有牧场、自有土地，配套部分放牧草场。

（二）饲养管理

牦牛主产区养殖主要以传统放牧为主，无补饲或在冷季仅补饲少量青稞、小麦或糌粑；养殖合作社、小型养殖场对各牛群开展不同程度的补饲，其补充料主要为青干草和配合饲料，有的购买酒糟、廉价的饲草用以育肥。养殖场应通过母牛补饲确保胎儿期营养需求，出生后全哺乳培育和枯草期补饲，实现牦牛的均衡生长，在2~3岁时舍饲或"放牧+补饲"育肥，以实现提前出栏的目的。牧区母牦牛的养殖方式以放牧为主，产犊后要担任哺育后代和挤奶的双重任务，在草畜平衡和不挤奶的情况下可满足正常的繁育需求。若要提高繁殖率需要枯草期补饲、不挤奶和早期断奶多措并举。牦牛在冷季"放牧+暖棚+补饲"错峰育肥出栏可实现盈利最大化，也可以尽可能地降低育肥成本。影响其盈利的主要制约因素是放牧草场面积不够、饲草种植面积小、饲草料购买成本高、饲草料加工等功能不配套、棚圈设施不配套、劳务投入成本高等。规模化养殖场普遍采用青干草粉碎和精料单独饲喂，少量养殖场采用先进的全混合日粮，确保各牛群营养均衡，饲养管理较为规范。牦牛饲粮大多为内地采购或自行配料，对于饲粮各营养组分和精粗比搭配比例等没有科学依据，导致牦牛养殖成本高，利润较低。

（三）种业现状

西藏自治区是我国牦牛主产区之一，2023年牲畜存栏1747万头，牦牛存栏总数506万头，其中列入国家畜禽遗传资源名录的品种有6个（帕里牦牛、斯布牦牛、娘亚牦牛、高山牦牛、类乌齐牦牛、查乌拉牦牛），牦牛产业在全区乡村振兴、经济发展、生态文明建设等方面具有重要的战略地位。西藏牦牛选育进展缓慢，技术研发推广体系薄弱，种业质量没有提升，种畜供种能力有限，良种普及率、覆盖率低，牦牛特色产业发展受到制约。

（四）市场经营现状

西藏牦牛的交易、加工业不发达。据统计，西藏有一定规模的牦牛肉加工企业5家，皮加工厂3家，其他副产物加工企业2家，总计10家左右。西藏各地没有规模牦牛活牛交易市场，牦牛活体交易数量随机变化，零星的牦牛交易都是在牧民和回族商人之间进行。在牦牛大量出栏的季节，有牦牛肉在交易市场出售。各地几乎无成规模的牦牛屠宰加工厂，不多的牦牛产品加工厂生产工艺较为原始，只能进行产品的初级加工，如拉萨市牦牛加工企业4家，合作社1家，年加工910吨牦牛肉，产值5465万元；现有牛羊屠宰加工厂1个，拥有比利时生产的牛羊屠宰生产线各1条，具备日羊500只、牛200头的屠宰加工能力，冷库体量5000吨。由于全市牛羊屠宰和销售市场整治力度不够，牛羊私屠乱宰（自购、自宰、自销）现象比较突出。那曲作为牦牛主要产区，没有牦牛屠宰加工厂，林芝市只有1家个体屠宰加工厂，昌都市也只有牦牛产品加工企业2家。主要原因是西藏牦牛出栏集中在10—11月，其他季节几乎不出栏，屠宰加工企业每年有10个月的闲置时间，导致企业不愿意投资建设屠宰场。同时，由于受到宗教信仰的影响，也限制了屠宰企业的投资的积极性。

（五）基础设施建设

以家庭为单位的牦牛养殖个体户，专业化繁殖母牛场、牦牛育肥棚圈数量少，大多是简易的防寒棚圈，养殖设施（料槽、水槽等）简陋甚至匮乏，防寒防害效果不佳；可供享受农机具补贴政策的设施设备种类少，机械化率不足10%；少数纯牧区虽建有公益性巷道圈、配种架、输精设备、免疫设备等生产辅助设施，但因牧户分布面广、需求量大等原因起不到较大作用。

以合作社为单位的牦牛养殖集体，依托国家产业项目，以联户或村集体经济模式，建有各种类型养殖棚圈，并配备饲草料库、饲草料加工车间等配套设施以及小型饲草粉碎机、饲料搅拌车、简易饲喂工具等设备，总体养殖机械化率占20%~30%。棚圈总体比较简陋，且最大缺陷是尘土较大，通风不好，保暖效果差；机械设备配套率参差不齐，机械化程度不高，牦牛饲喂、牛舍清扫、粪污处理仍依靠人工作业完成；缺乏牛舍环境控制、恒温饮水设施等普惠性设施设备，整体抵抗养殖风险能力差。

以大型育肥场、繁育场为单位的规模化养殖场，依托产业扶贫项目或企业自筹资金，建设有相对完善、现代化的养殖棚圈，配套设施齐全，包括生产区、生活区、管理区、无害化处理区等；生产设施完备，包括干草粉碎机、青贮草取草机、玉米粉碎机、全混合日粮混合机、通风降温风机、秸秆揉丝机、秸秆打捆机、秸秆揉丝打捆一体机、粪污固液分离机、刮粪板、饮水碗（槽）等，以及现代化的管理系统等设施设备，可进行牦牛分群称重、生产信息统一化管理等，养殖机械化率在60%以上。但相关设施设备使用率低、缺乏专业化运营团队和科技支撑能力、规模场与养殖户利益联结机制不健全、繁殖效率低、市场回报率低等是规模场存在的主要问题。

二、西藏牦牛产业发展策略

（一）强化遗传育种顶层设计

西藏牦牛的基因组测序已经完成，但是牦牛育种以本品种选育为主，生物育种技术相对滞后，难以实现牦牛种业自主创新与产业提质增效的战略目标。因此，需围绕遗传、生理、营养、环境多个维度，强化牦牛遗传育种创新规划，重点攻克野血牦牛、吉拉金丝牦牛生物育种技术，高精度选育优质品种，缩短育种周期，为牦牛种业自主创新、新品种选育、产业提质增效提供种源支撑。

（二）加强关键核心技术攻关

当前，西藏牦牛产业从传统粗放的发展模式进入提质增效的新阶段。要解决产业发展中面临的良种供给率低、群体繁殖率低、资源利用率低、畜牧业产业化率低等实际问题，坚持创新引领，突破"遗传育种、良种扩繁、营养调控、设施装备、健康养殖、产品研发、质量安全"等方面的关键核心技术。在加快培育覆盖高产优质牦牛品种，大幅度提高牦牛群体繁殖率，实现3.5~4岁牦牛达到出栏体重标准，加速周转牦牛群体结构，提升牦牛养殖效益等方面都需要提出科学技术解决方案，下大力气推动牦牛产业科技创新，构建设施先进、适度规模、高产高效、污染可控、绿色健康的新型养殖模式，实现我区牦牛肉类产能倍增，增强畜产品竞争力，促进农牧民增收。

（三）加快搭建牦牛科技创新示范基地

以青稞和牦牛种质资源与遗传改良国家重点实验室为龙头，以各地市牦牛选育场、扩繁场、规模场为基础，加强区域联动，强化协同创新，重点解决西藏牦牛产业发展的重大共性、关键技术问题，进一步提升牦牛产业原始创新、集成创新能力；积极搭建设施完善、技术先进、特色鲜明、功能突出的牦牛种质资源保护与种业创新平台，建成集特色畜牧业新品种、新技术、新模式的研究、集成、示范、展示、开发、实训为一体的现代化科技创新创业基地，成为西藏牦牛产业高质量发展的助推器。

三、产业发展存在的问题及前景展望

（一）产业发展存在的问题

1.畜群结构和养殖模式方面

畜群结构和养殖模式单一，纯牧区牧民养殖地分散，关键养殖技术和政策推广难，思想观念转变难，经济转化率较弱；大中型养殖场经营管理思维固化，对国家投资、补贴依赖性强，缺乏独自面对风险的能力，场户联动现象不突出，带动作用不强，存在单打独斗的现象；后端产业链开发能力弱，产品种类单一，变现能力差。

2.牦牛养殖设施设备与环境控制方面

牧区牦牛养殖个体户和多数小型合作社设施设备配套率低，基本生产设备匮乏，或相关设施设备市场供给率低，牧户自购无门，现有牦牛棚圈简陋，保暖效果差，没有进行各功能区划分，畜群混群饲喂，易导致常见疫病发生；规模较大的养殖场和合作社配备有基本的养殖设施设备，包括饲料加工、饲料投放、饮水、称重设施等，但仅能满足日常生产需要，且存在设备老化、无法运行的问题，棚圈设施配套较完整，但无合理的功能区划分，导致利用率低；大型规模化养殖企业和养殖场设施设备配套齐全，但因缺乏棚圈建设基础参数，已建成圈舍设计不合理，功能分区、圈舍结构、建筑参数与机械化养殖不匹配，诸多生产设备闲置，使用效率低，日常生产工作仍依赖人工完成，同时缺乏完善的智能化、信息化设施设备，未能对畜群进行高精度管理。

3. 牦牛饲养管理方面

个体养殖户和合作社牦牛养殖主要以传统放牧为主，冷季少量补饲，没有完善的饲养管理模式和生产计划，畜群混群饲养，缺乏基本的牦牛养殖技术，包括犊牛早期培育技术、断奶技术以及提高断奶成活率和越冬保活率的技术等，还有母牛繁殖率提升技术、合理补饲技术和育肥出栏技术等，导致牦牛养殖效率低，经济效益差；大型规模化养殖场饲养管理相对合理，畜群分群管理，养殖技术基本配备，日常生产设备齐全，具备完善的运行制度，主要问题是专业技术人才缺乏，母牛繁殖水平不高以及日粮配方设置不合理，大多数育肥场因架子牛品质参差不齐，导致育肥牛出栏效益低，急需专业的牦牛育肥出栏技术规范。

（二）前景展望

1. 完善推广地方性牦牛养殖标准和普惠性政策

建议省级主管部门牵头，指导各地相关部门建立完善符合本地区实际的适用性牦牛养殖标准，由县、乡、村逐级引导监督实施，从规范畜群结构，到配套基础设施设备，再到牦牛产品的销售，建成全链条生产销售渠道。引进专业技术人才，指导和培养本土养殖能手，真正实现养殖有标准、销售有门路、购置有补贴。出台信贷优惠政策，对畜牧养殖企业、养殖场、专业合作社和牧户实行信用评定和创新抵押，鼓励他们扩大养殖规模，提高养殖效益。积极推广适合"农牧结合、草畜联动"的农牧业生产模式，提高本地区饲草利用率，为实现"草畜平衡"作出贡献。

2. 加快推进新型实用设施设备的研发与推广

鼓励科研人员和本地区专业技术人员结合高原地区实际和牦牛生长发育特点，研发新型实用设施设备，如移动式牦牛畜圈、多功能巷道圈、圈舍环境监测设备、控温设备、新型围栏、粪污处理设备、新清洁能源的人畜热水供应系统等。扩大对畜牧业机械补贴范围，将常用设施设备按照1∶1补贴标准进行补贴，确保相关设施设备"买得着、用得起"。着力推进适度规模的养殖设施化、装备集成化，夯实牧区牦牛产业发展基础。

3. 推进现代化养殖装备与科学化饲养有效衔接

在规模化养殖场探索推进现代化养殖装备与科学化饲养有效衔接，即在现有养殖设施设备的基础上，进一步提升养殖设施条件，加快提高常用设施设备自动化率，结合科学规范的牦牛饲养管理模式，如犊牛早期断奶技术、犊牛早期培育技术、能繁母牛精准化养殖技术和舍饲育肥技术等，提高牦牛养殖经济效益，使现代化养殖装备作用最大化。

4. 加大各项政策、技术的宣传

政策落实的前提在于宣传，相关行业部门进一步梳理普惠性政策，主管部门组织抽调行业专家，深入农牧区、场、社等地进行宣传培训，或采取其他积极措施进行宣传，确保各项优惠政策宣传到位，各先进实用技术培训到人。进一步转变牧区群众思想，使他们放下传统观念，学习使用先进技术知识，积极将更多农牧产品变现，改善家庭生活水平。积极推广新设备、新技术、新模式，建立示范基地，培育模范场、社和个人，以榜样的力量带动其他养殖户共同进步，共同实现养殖设施设备现代化，养殖管理方式规范化、科学化，推动畜牧业机械产业的迅速发展，从而支撑高原畜牧业高质量发展。

第四节 重点区域3：四川

一、四川牦牛产业发展现状

（一）生产现状

四川牦牛主要分布于甘孜、阿坝、凉山三个州的高海拔地区。截至2022年底，四川省牦牛存栏386.1万头，其中阿坝州197万头，甘孜州183.32万头，凉山州5.78万头，三州畜牧业产值为421.93亿元，占农林牧渔业总产值（1099.02亿元）的38.39%，在阿坝州和甘孜州牦牛是农牧民饲养的主要畜种，是牧民增收的主要产业。

甘孜州、阿坝州草原天然草原面积2.1亿亩，饲草资源总量十分丰富，但是局部地区仍有超载情况，为实现草地生态可持续发展，持续开展了禁牧和草畜平衡治理。2022年，人工草地保留面积290余万亩，禁牧6500万亩，草畜平衡1.17亿亩。按照山水林田湖草沙冰整体保护、系统修复、综合治理的要求，通过实施人工种草、天然草原改良、乡土草种基地建设等方式，有效遏制草原退化趋势。此外，严格执行基本草原保护、禁牧休牧和草畜平衡制度，落实草原生态保护补助奖励政策，投入补助资金7.9亿元。

（二）饲养管理

1. 牦牛良种繁育新技术

随着规模化企业越来越多，单纯依靠营养改善，提升牦牛养殖的效益有限。红原县在牦牛产业转型升级过程中，将育种与产业结合，建立健全良种繁育体系，开展系谱档案、种牛标准、种公牛使用制度建设。将种公牛选育作为突破口，建立以牦牛良种场为龙头，繁育户为主体，牦牛专业合作社为纽带的良种繁育体系。

2. 合理放牧及饲草料供给多元化

牦牛主要以放牧为主，阿坝州、甘孜州的纯牧业县都存在不同程度的超载过牧现象，以中央环保督察和黄河流域生态环境问题督察等巡视工作的开展为契机，地方政府通过牦牛合理放牧、人工饲草基地建设、外购优质饲草料等供给多元化方式，逐步达到草畜平衡。

3.牦牛高效出栏技术

通过牦牛不同阶段营养调控，加快牦牛出栏。建立养殖专业合作社、标准化养殖场等，签订销售或者代养协议，将3岁以上架子牦牛进行短期集中育肥后出栏，比传统养殖模式提前2~3年出栏，减少草地压力。本技术出栏牦牛每头增效800~1200元，生态效益、经济效益十分明显。

4.疫病防治技术体系

牦牛的主要疾病为传染性的病毒病和寄生虫病。对于口蹄疫、出血性败血症等致死率较高的传染性疾病主要采用春秋两季集中防疫，预防为主，寄生虫病采用对应药物防治。

5.杂交生产模式进一步多元化

牦牛杂交改良主要采用本地黄牛与牦牛杂交，近年利用荷斯坦、娟姗、安格斯等肉牛、奶牛优良品种与牦牛杂交后生产的优质犏牛能较大幅度地提升产肉、产奶性能。配种采用自然交配和人工授精两种方式。

（三）种业现状

1.遗传资源丰富

因四川省川西北地区独特的地理条件和气候特点，形成了九龙牦牛、昌台牦牛、亚丁牦牛、麦洼牦牛、金川牦牛及木里牦牛丰富的牦牛遗传资源。

2.保种利用持续加强

根据国家相关法律法规，构建了以保种场、保护区、基因库为核心的保护体系，建立了从中央到地方的四级保护体系，明确了各级政府在牛遗传资源保护中的责任，珍稀濒危牛遗传资源得到紧急抢救性保护，发布了不同级别的牛遗传资源保护清单，牛遗传资源保护状况得到进一步好转和巩固。目前建有原种场、选育场的有麦洼牦牛选育场（四川省龙日种畜场）、九龙牦牛繁育场。金川牦牛和亚丁牦牛正在组建核心群。

麦洼牦牛和九龙牦牛是四川省建立原种场最早的两个地方类群。麦洼牦牛良种繁育体系相对较完善,现建有四川省牦牛原种场,有选育核心群3个,基础母牦牛600余头;建有热多高产奶牦牛和麦洼牦牛选育基地。九龙牦牛目前建有保种场1个,存栏牦牛1400余头,国家畜禽遗传资源九龙牦牛保护与利用中心1个,制定了"九龙牦牛"(NY/T 3792–2020)行业标准。计划到2025年,建成九龙牦牛保种场2个,扩繁场4个。四川省草原科学研究院、西南民族大学、阿坝州畜牧科学研究所等科研院所作为技术支撑单位,开展了较为系统的牦牛本品种选育,制定了选育方案、技术规程等,但仍存在选育进展缓慢、技术研发推广体系薄弱、供种能力有限、良种普及率低等问题。

(四)市场经营现状

1. 牦牛肉产品开发

四川牦牛屠宰加工技术较为传统,通常以鲜肉和冻肉销售为主,牦牛肉深加工还是以牦牛肉干为主,近年也有进行精细分割加工牛排和预制品的情况。牦牛一般在9—11月集中屠宰,屠宰地点在四川的三州和中心城市进行,屠宰后的冷鲜肉主要在当地销售,冻肉销往全国。

2023年,受大环境整体消费下行的影响,牦牛肉的价格总体呈现下跌的情况,活牛价格在22~30元/千克,牛肉价格在70~80元/千克。饲料价格持续高位的情况下,育肥牦牛的效益持续下行,育肥企业也不得不持续压低架子牛收购价格。

因牦牛主产区的地理分布特点,四川牦牛加工以集中屠宰为主、分散屠宰为辅的形式进行屠宰加工。目前,规模屠宰企业40余家,其中阿坝州20余家,甘孜州10余家。2022年,两州牛肉产量约13.81万吨。其中,阿坝州7.11万吨,甘孜州6.70万吨,商品率在50%左右。

2. 牦牛奶产品开发

牦牛产奶性能低,挤奶时间主要集中在每年的5—10月。牦牛日挤奶量1.0~2千克,收购价格为7~10元/千克。年产奶量(153天)200~300千克。牦牛乳脂率为4.6%~8.9%,乳糖含量为5.1%~5.6%,乳蛋白含量为3.4%~4.3%。近年新挖掘的亚丁牦牛具有高产奶量的特点，初产、经产母牛153天平均挤奶量分别为306.52千克和391.13千克。

2022年四川牦牛产奶量26.58万吨左右，其中阿坝州15.53万吨、甘孜州11.05万吨，20%~30%实现了商品化。主要牦牛奶加工龙头企业有：高原之宝、红原牦牛乳业有限责任公司、康定蓝逸高原食品有限公司等。

（五）基础设施建设

四川省在甘孜州、阿坝州建成标准化养殖场660余个，建成家庭农（牧）场2437户，建成牲畜越冬暖棚3.57万个，巷道圈755个，生产性牧道1.4万余公里。养殖环节基础设施改善，有助于形成适度规模化、标准化的养殖方式，降低农牧民养殖负担，降低养殖业风险。

自2022年起，围绕"10+3"现代农业体系，建成了一批产业特色鲜明、设施装备先进、生产方式绿色、产业链条完善、生产要素集聚、经济效益显著的现代农业园区，有效推动产业绿色高效发展，带动农民持续稳定增收。目前建设省五星级现代农业园区1个（红原县牦牛现代农业园区）、四星级现代农业园区1个（色达县牦牛现代农业园区）、三星级现代农业园区1个（若尔盖县牦牛现代农业园区）。到2025年，理塘、甘孜、色达、石渠、九龙各县规划建设5个牦牛产业园区；阿坝州争创1个国家现代农业产业园、10个省星级现代农业园区，累计创建各级现代农业园区56个。

二、四川牦牛产业发展策略

（一）生态优先、绿色发展

把生态建设摆在更加突出的位置，坚持绿水青山就是金山银山的理念，坚持尊重自然、顺应自然、保护自然，坚持保护生态、修复生态、建设生态，坚定走生态优先、绿色发展的高质量发展之路。严格落实国家建设川西北生态示范区战略定位，落实草原保护政策措施和基本制度，建立生态保护长效机制；优化牦牛产业结构，强化科技支撑，建立牦牛生态养殖示范区，促进牦牛产业转型升级、提质增效、绿色发展。

（二）市场主导、政策扶持

充分发挥市场在资源配置中的决定性作用，更好发挥政府政策引导和市场调控等作用，消除限制牦牛产业发展的不合理壁垒，增强发展活力，保障优质特色畜产品有效供给。从市场需求出发，结合川西特有区位优势和全域旅游优势，优化供给侧，确保质量安全；研发特色、高端、美味消费产品。加强产业规划、公共服务和政策扶持，聚集牦牛产业发展要素，汇聚各方力量，合力推进发展。始终坚持市场特色化、差异化需求导向和政府政策扶持相结合的原则，延伸牦牛产业链条，提高牦牛产业效益。

（三）企业带动、农牧参与

培育壮大带动能力强的屠宰精深加工、产品研发龙头企业，支持发展牦牛日粮配置、生态高效标准化养殖专业合作组织，扶持专业种草、养殖大户，构建合理的利益联结机制，使龙头企业、专合组织、农户成为相互支持、相互促进、风险共担、利益共享的利益共同体。把带动农牧民增收作为产业集群建设基本宗旨，充分发挥农牧民主体作用，保障农牧民就地就近就业和增收致富。

（四）创新驱动、科技支撑

依靠科技创新和技术进步，突破产业发展瓶颈。以原始创新和集成创新提升科技链，以科技链支撑产业链，促进牦牛产业转型发展、绿色发展。以现代管理理念和管理方法经营牦牛产业，以科技示范为手段带动产业发展，不断提高从业人员素质，建立自主创新的激励机制。加快构建以龙头企业为主体的产学研用协同创新联盟，实施创新发展示范工程，加强创新创业人才培养，促进科技成果转化与实用技术推广应用，推动牦牛产业转型升级创新发展。

（五）三产联动、多元融合

按照统筹发展的思路，构建以牦牛标准化养殖为基础、精深加工为龙头、销售流通服务为纽带，一二三产业融合发展的现代产业体系。结合区域内丰富的旅游资源、深厚的藏文化资源，牦牛产业与文旅深度交叉融合，通过优化发展环境、产业联动，促进牦牛产业融合发展、高质量发展，提高综合经济效益。

三、产业发展存在的问题及前景展望

（一）产业发展存在的问题

1.牛肉市场价格大幅下行

2023年，受饲料价格持续升高，牦牛产业在冷季补饲、舍饲育肥环节中受饲料价格波动的影响，同时，受上下游产业联动效应、全球极端天气导致农作物减产、国际贸易环境导致粮食供应紧张、粮食价格上涨，而国内市场过度依赖进口，特别是玉米、豆粕等主要原料的价格大幅提高，使得饲料生产成本逐步攀升，商品饲料价格上涨明显。饲料价格的上涨使得养殖户养殖成本压力增加，选择出栏，减少存栏量，这不仅仅体现在育肥牛上，包括繁殖母牛、淘汰奶牛的抛售屠杀迅速上升；国内牛肉产量逐渐上升的同时，牛肉进口量增加，但经济环境导致市场消费需求降低，供大于求；再者，猪肉价格的持续低迷带动了牛肉价格的下跌。以上原因使国内牛肉及活牛价格在2023年出现异常下降的特点，牦牛活牛价格低至26～30元/千克。饲料原料与牛肉价格的市场波动，对养殖户收益产生负面影响。

2.草原退化，草畜矛盾依然突出

草地资源是草地畜牧业发展的先决条件，天然草地健康状况的好坏，直接关系到牧民生产生活和国家生态安全保障。川西北牧区草地资源丰富，但部分县域仍存在天然草地缺乏合理放牧利用制度，放牧密度过大、时间过长、超载过牧等现象。总体来看，海拔越高、气候也越寒冷，牦牛养殖对天然草地依赖度更大，导致的超载问题越突出；海拔越低，气候越温暖，草畜矛盾的情况则可得到极大缓解。

近年来，川西北牧区各县域通过禁牧与轮牧、封育与自然修复、补播、人工或半人工种草、控制毒杂草与鼠虫危害等措施恢复草地生产力。但总体而言，天然草地退化、生产力下降、生物多样性减少，草地的生态服务功能减弱，季节性饲草料缺乏，草畜矛盾突出仍然是制约当地畜牧业发展的瓶颈，农牧民增收与草原生态保护之间的矛盾日趋尖锐。

3.饲草料供给体系薄弱

在国家加强生态保护和支持民族地区社会经济发展的大政方针下,川西北牧区大力发展牧草产业,加快推进草原生态保护和人工草地建设,积极推动草牧业转型升级。川西北牧区各县人工种草虽有一定基础,但总体规模小,人工草地占天然草地面积比例约为3.8%,主要是以分散型、小规模、低生产力为主的生产方式。人工草地主要以老芒麦、披碱草、多花黑麦草等为主,饲草单产水平不高,受自然条件的制约,紫花苜蓿、红豆草等优质高蛋白牧草难以高效栽培利用。此外,川西北牧区人工草地建设起步较晚,相关技术研究还不够深入,示范推广进度缓慢,基层设施设备缺乏,生产条件差。

4.产业标准化程度低

产业标准化是川西北牧区牦牛产业由传统畜牧业向现代畜牧业转变的关键因素。牦牛种业发展难起步,牦牛基础设施统一化程度低,牦牛饲草料供给体系不完善,疾病防控体系不健全等都是牦牛产业标准化程度低的体现。繁育体系不健全,选育技术水平及供种能力弱,联合育种、种畜登记、性能测定等体系非常薄弱。牧民过分依赖天然草地放牧的养殖习惯,造成种草积极性差,种草面积小,季节性饲草料缺乏。近年,川西北各县域开始重视牦牛标准化养殖,大力推进牦牛标准化养殖场、产业集群建设,但目前标准化养殖企业的数量、规模及辐射带动能力还较低,绝大多数牧民还以"重数量,轻质量,低投入"等观念,小规模、分散经营的生产模式为主,牦牛饲养管理粗放,生产效率低下,牛只掉膘、死亡频发,出栏周期长,肉品质不高。川西北牧区基层防疫体系基本完善,主要疫病总体上在控制中,但基础薄弱,市乡镇从事畜牧兽医专业人员较少,专业人才缺乏,业务技术水平有待提高,牧民防疫意识有待加强,适用于牧区的轻简化疫病防治技术欠缺,牛出血性败血症、炭疽等传染病和寄生虫病时有发生,危害牛群健康和肉产品安全。

5.全产业链利益联结机制不健全

川西北牧区发展"企业+合作社+牧户"的产业带动模式,在牦牛养殖、畜产品加工、销售端培育龙头企业带动产业发展,引进培育了一批省州县级龙头企业。但目前，牧户组织化程度低，企业、合作社实际运营能力、服务能力与带动效应还非常有限，特别是在养殖技术与效益方面，未能有明显的提升效果。企业与合作社、牧户利益连接不紧密。

种业工程、标准化养殖等牦牛产业前端环节缺乏龙头企业带动，对牦牛养殖环节缺乏科学指导和带动，无法为产业链下游提供稳定、优质、足量的产品保障。牦牛产品以鲜肉、冻肉、鲜奶、酸奶为主，缺乏精深加工，副产物利用、品牌价值、文化价值等附加值开发程度低，产业融合需要进一步加强。川西北牧区第一产业人口基数大，但在国民经济产业比重中占比较低（2023年甘孜州、阿坝州地区生产总值第一二三产业比重分别为16.9：28.7：54.4、19.6：24.3：56.1）。二三产业对牦牛养殖的带动效应不显著，一二三产业之间的关联程度不紧密。

6. 科技支撑不足

产业科技支撑体系是现代化畜牧业的重要组成部分，牦牛产业起步较晚，广大牧民普遍缺乏与新的生产关系和制度相适应的生产知识和技能，仍属于体力型和传统经验型、缺乏成熟实用的配套技术和设施设备。川西北牧区牦牛产业科技力量薄弱，科技创新与实用技术研发示范推广能力不足；基层专业人才缺乏，总体文化素质与业务技术水平不高，专业技术服务能力远远不能满足生产需求。四川省从事牦牛产业相关科研工作的高校及科研院所有四川农业大学、四川省草原科学研究院、西南民族大学、州级畜牧科学研究所等，要围绕牦牛产业饲草种植与加工、良种繁育、标准化养殖、产品精深加工等产业链各环节，联合科研院所科技力量，合力攻关产业关键问题，建立产业基地与专家对接服务机制，开展技术和产品研发、应用、示范推广以及基层专业人才培养，以提高川西北牧区牦牛产业科技水平与创新能力。

（二）前景与展望

1. 品种选育

四川省川西北牧区拥有九龙牦牛、麦洼牦牛、金川牦牛、昌台牦牛、木里牦牛、亚丁牦牛6个牦牛遗传资源，其中"亚丁牦牛"由甘孜藏族自治州畜牧站、四川省草原科学研究院、甘孜藏族自治州稻城县农牧农村和科技局等单位联合申报,于2022年通过国家畜禽遗传资源委员会的审定。这些资源具有丰富的遗传多样性、抗逆适应性良好、性能特点各异,各地区应根据自身牦牛遗传资源特点以生长发育、增重性能、产肉性能、产品品质等为选育方向,制定相应选育标准。近几年以表型为特征的选育正在牦牛群中开展,如,四川省草原科学研究院与西南民族大学联合开展牦牛多脊椎变异个体鉴定技术研究及群体筛选组建等。

分子育种技术可以有效提升牦牛选育进展,随着不同牦牛品种高质量、高精度基因组序列不断发布,牦牛泛基因组的构建以及转录组、代谢组、蛋白组等组学技术快速发展,利用多组学联合解析重要经济性状遗传机制已成为未来必然趋势。基于此,需开展牦牛重要性状遗传机制与生理学基础研究,整合利用多组学技术以及生物信息学、系统生物学策略,挖掘与鉴定影响生长性状、胴体、肉质、抗病、繁殖等重要性状的功能基因和分子标记,解析分子遗传机制,鉴定具有育种价值的优异基因,为开展牦牛分子育种提供必要的基因信息。

2. 牦牛高效养殖

（1）草畜平衡放牧利用技术

由于牦牛的生物学特性与分布特点,放牧养殖仍是未来主要生产形式,放牧模式下草原生态压力持续存在,营养供给季节性不平衡造成的"夏饱、秋肥、冬瘦、春死"的恶性循环依然是川西北牧区牦牛技术与模式发展所面临和需要解决的关键问题。就牦牛产业现状及国家生态文明建设指导方针而言,牦牛产业的发展需要与生态效益协调发展,畜群结构优化、合理补饲、季节性放牧、划区轮牧、种养结合、草畜高效转化等草地资源合理放牧利用技术研究需要加强。

（2）牦牛精准营养调控技术

通过营养供需平衡实现牦牛精准营养,才能够推动牦牛日粮科学化、精准化、差异化,达到牦牛养殖健康、高效、生态、优质的目的。目前牦牛营养需要标准尚无,牦牛日粮的配制仍多参考肉牛饲养标准,国内如牦牛的能量、蛋白质、矿物质等营养素需要的部分研究已有报道，并随着产业科技水平的提升逐渐完善，但形成不同生理阶段、不同生产目的牦牛营养需要标准，仍需要更加系统、精细的研究积累。要进一步开展不同阶段、不同生产目的的牦牛能量、蛋白质、非蛋白氮、矿物质、维生素、益生菌、酶制剂、能氮平衡等营养供给的研究，对消化道微生物菌群、机体营养代谢机制、养分沉积等进行深入的机理分析。全程营养调控、精准饲养将有助于推动牦牛产业标准化发展。

（3）牦牛标准化养殖技术

牦牛养殖的出栏效率是影响产业经济效益的关键因素之一。近年来，牦牛放牧补饲、舍饲、异地育肥、季节性错峰出栏、母犊培育技术等研究表明牦牛生长潜力较大。现有技术的熟化、集成创新与应用，以及营养均衡供给、生态牧养、差异化育肥技术、专用配方与饲料产品研发等实现了牦牛养殖提质增效，缩短出栏周期。牦牛肉产品受其品种特性和养殖模式影响，出栏周期长，肌肉食用品质如剪切力、系水力、肌内脂肪含量等方面较其他牛种差，通过营养调控技术探究营养素、营养水平对牦牛肌肉品质的影响和分子调控机制，能够从科学与应用层面保障牦牛肉产品品质稳定性。根据川西北区域资源禀赋特点，充分利用九龙牦牛、亚丁牦牛、麦洼牦牛、金川牦牛、昌台牦牛等地方优良遗传资源，以牦牛标准化、规模化养殖为目标，建设包括牦牛现代化圈舍、智慧牧场、饲草加工、阶段化差异化日粮、繁育体系、标准化饲养管理等要素的牦牛标准化养殖技术体系，提高牦牛出栏效率和养殖效益，将是牦牛产业标准化发展的必然方向。

（4）农牧耦合高效出栏技术

随着近年来产业的发展与科技的进步，牦牛的养殖区域逐步扩展延伸，更加多元化。针对高寒牧区草地超载退化与牦牛养殖饲草料供给季节性供应不平衡的突出问题，牦牛养殖区域更加重视经济效益与生态效益协同发展，高原牧区牦牛繁育和架子牛基地功能进一步凸显，牦牛育肥生产向半农半牧区的转移，即能较好地利用区域的农作物副产物饲草料资源，同时气候环境差异较小且极端天气少，牦牛适应性良好。各地研究显示，半农半牧区牦牛养殖在生产性能提升、越冬保膘等方面效果显著。此外,低海拔农区畜牧产业基础良好、产业链完善、资源丰富,牦牛的低海拔农区养殖将成为牦牛产业提质增效的另一发展趋势。由四川省草原科学研究院研发的"农牧耦合牦牛高效出栏技术"被遴选为2024年度四川省农业主推规范技术。该技术的应用表明牦牛的异地育肥能够有效缓解高原牧区草场载畜压力,解决牦牛出栏周期长、冷季掉膘死亡、肉品质差、高原地区饲草运输成本高等问题,提高牦牛肉品质和养殖效益,也能够弥补低海拔农区牛源短缺,稳定牛肉市场,为未来牦牛养殖区域向农区的延伸扩大提供了技术和产业基础。目前,四川省阿坝州、甘孜州等地半农半牧区,成都市、雅安市等地农区牦牛异地舍饲育肥出栏模式已初具规模并取得良好效益。牦牛产业未来发展应以高寒牧区草地资源合理高效利用,向半农半牧区、农区等多层次、多元化区域延伸扩展,促进区域间季节性生产互补。

3. 疾病防控

建立风险评估机制,完善牦牛疫病监测预警系统,建立牦牛疫病实时监测体系,做到重大疫病早发现、早预防。采用现代生物技术开展牦牛疫病病原、新型疫苗的研究,研制多肽疫苗、亚单位疫苗、基因缺失疫苗等符合疫苗,做到一针防多病,解决目前牦牛疫苗免疫效果不好、操作强度大、有副作用等问题。开发适合牦牛使用的新药物剂型:通过几种药物复合配制,研制浇泼剂、涂擦剂、气雾剂等,减少治疗应激和劳动强度。主动适应国家畜牧业生产的减抗替抗行动,研制牦牛疾病防治的专用特效药物,并深入研究这些药物在牦牛体内的代谢和残留规律,减少药物在牦牛体内的残留和环境风险。

4. 饲草料供给

（1）人工草地建植

调整草地利用结构,利用高原草地及周边半农半牧区、农区开展人工草地建植是优化牦牛产业饲草资源配置的有效手段。2022年,四川省农业农村厅发布《四川省"十四五"牛羊禽兔蜂饲草饲料业发展推进方案》,提出,至2025年,全省人工种草面积达到600万亩,优质饲草缺口明显缩小。

大力发展川西北牧区人工饲草产业，一方面，需要开展引种、选育、草种繁殖、种植技术以及抗逆性基础研究，以培育适用于各地区气候、土壤、光照等环境条件且高产高品质的牧草品种，如紫花苜蓿、箭筈豌豆、红豆草等豆科牧草，燕麦、老芒麦等禾本科牧草，青贮玉米等青贮类饲用作物，提供优质碳水化合物、蛋白质、粗纤维以及维生素、矿物质来源，优化牦牛日粮结构。另一方面，饲草种植技术及草产品加工调制贮藏技术研究应向轻简化、标准化、现代化方向发展，优化种植技术、田间管理、病虫害防治、收割与加工调制技术、贮藏和饲喂使用技术，加强饲草生产如青贮窖、贮草库、割草机、打捆机、裹包机等现代化基础设施设备建设，提升人工饲草产业链科学技术水平。

（2）农副产物资源饲料化利用

据统计，四川省农作物秸秆资源总量约3600万吨，秸秆饲料化利用率为14%。农副产物秸秆资源的合理饲料化利用能够有效满足全省反刍家畜饲草料缺口。除秸秆外，四川省是全国酿酒第一大省，每年酒糟产量巨大，饼粕类、糟渣类、糠麸类、果皮果渣类资源种类多、产量大，除满足反刍动物纤维需求外，还富含碳水化合物、蛋白质、微量元素等营养素，同样具有较大的饲料化利用潜力。应因地制宜针对本地不同类型的副产物资源，进行营养价值、消化特性与安全性评估，开展如揉丝、制粒、热喷、青贮、微贮、酶解、氨化、碱化、酸贮，有效改善农副产物饲草料资源的适口性和消化性，避免副产物资源浪费的同时弥补牦牛产业饲草料缺口。

5.产业升级、融合加速发展

四川抓住产业转型升级和集群建设契机，突出强链延链，着力产业健康协调发展。依托现代农业园区培育、农业产业强镇创建等融合类发展项目，加快构建州县现代农业园区梯级发展体系，创建一批县级中小微企业产业园，打造一批特色产业强镇，建设一批产地初加工网点。积极培育引进畜产品加工"链主"企业，加快加工技术研发，推动肉奶及附产物的精深加工和全值利用，延长产业链、提升价值链、融通供应链。

抓住全省文旅品牌打造、信息化改革、物流条件改善契机，持续推进园区、加工、休闲康养等业态深度融合，重点推进农旅融合、牧旅融合、草旅融合，推出一批以草原风光和民族特色文化为卖点的精品示范区和线路，持续举办牦牛美食节、高原玫瑰七夕情人季、草原音乐节等乡村旅游节庆活动，大力发展乡村休闲游、农牧体验游，推动草原变公园、民房变客房、农产品变旅游商品。建设一批以省级农业园区为载体的牧旅综合体，建设和申报一批以"农业+文化+旅游"为主导产业的天府旅游名镇、名村，打造一批以特色牧业观光、乡村休闲、研学旅游为主要内容的牧旅融合项目。

在产品品牌营销方面，制定符合区域特点的营销体系，完善从生产到销售的产品内在价值提升，扩大产品宣传影响面，强化肉、乳等畜产品营销主体培育与引进。找准市场产品定位，深入分析市场需求，做好品牌认证，打造符合市场需求的特色品牌产品。积极引导特色农产品开展绿色、有机、地理标志认证登记，培育和发展独具特色的地域品牌，凸显畜产品的品质优势，增强产品市场竞争力。拓展多元化畜产品销售渠道。结合信息网络建设，建设畜产品直播销售平台，培育本地网络直播带货能人，扩大在年轻群体受众聚集的自媒体、融媒体等网络平台上的直播销售力度。以企业为主体建设产品体验店，采取多样化产品销售方式。抓住本地旅游市场，举办品尝会、推荐会、展销会等，对接餐饮、酒店、商场、展会，进行全业态宣传推广，开发易携带、多样化、可复购、品质好的肉奶产品和旅游纪念品。

第五节　重点区域4：甘肃

一、甘肃牦牛产业发展现状

甘肃省牦牛主要分布于甘南藏族自治州七县一市、武威市天祝藏族自治县、张掖市肃南裕固族自治县，同时临夏回族自治州，定西市岷县、通渭县、漳县，张掖市民乐县、山丹县，酒泉市肃北蒙古族自治县等地也有分布。2023年甘肃省牦牛存栏量147.6万头，占全省牛存栏数的25.1%。甘肃省牦牛品种（或遗传资源）主要有甘南牦牛、天祝白牦牛和肃南牦牛。甘南牦牛中心产区在甘南藏族自治州的玛曲县、碌曲县，在该州其他各县（市）均有分布，是当地牧民重要的生产、生活资料和经济来源。天祝白牦牛是世界稀有而珍贵的肉毛兼用型地方牦牛品种，主要分布于天祝藏族自治县，其中心产区为松山、西大滩、华藏寺、朵什、安远、打柴沟等乡镇。肃南牦牛为甘肃省张掖市肃南裕固族自治县特产，全国农产品地理标志，肃南裕固族自治县地处河西走廊中部，中心产区在肃南县皇城镇、马蹄乡、康乐乡、大河乡、祁丰乡、白银乡，分布地区相连成片，历经千百年的驯养和培育，使它具有耐寒冷、耐干旱、耐缺氧、耐粗饲，抗逆性强和适应性强、肉质风味好等特点，同时也具有了丰富的遗传多样性。

（一）生产现状

甘南牦牛是甘南州的特色产业与支柱产业，在巩固拓展脱贫攻坚成果与乡村振兴有效衔接中发挥着重要作用。近年来，甘南州坚持贯彻绿色发展理念，全面落实各项强农惠农政策，多措并举，大力实施牦牛产业高质量发展战略，全州牦牛产业呈现出良好的发展态势。甘南牦牛作为我国优良的地方品种之一，是青藏高原重要的国家级畜禽遗传资源。据统计，2022年，全州存栏各类牲畜269.08万头（只），其中牦牛120万头，出栏各类牲畜195.46万头（只），肉奶产量达17.67万吨，占全省肉奶产量的11.4%。2022年全州畜牧业增加值达31亿元，占全州农牧业增加值的70%。农村人均可支配收入10883元，其中畜牧业收入占比达33%，较上年增长7.3%。

"天下白牦牛，唯有天祝有"，天祝白牦牛因产于青藏之眼、祁连腹地的甘肃省天祝藏族自治县而得名，被誉为"祁连雪牡丹""草原白珍珠"，是青藏高原型牦牛中的一个珍贵而特异的地方良种。近年来，甘肃省天祝县立足资源优势，把白牦牛产业作为脱贫攻坚和乡村振兴战略"八大产业"之首重点培养，积极开展提纯复壮，使白牦牛种群结构日趋合理，繁育体系不断完善，市场效应日渐提升，产业效益不断攀升，品牌价值增强，农牧民群众依靠"独一份"的白牦牛产业过上了"牛"日子。目前，全县白牦牛存栏量8.7万头，组建核心群78群9300头，选育群340群34000头，长毛型新类群9群720头，初步建立起了三级保种繁育体系,建设完善了天祝白牦牛数据管理系统,完成天祝白牦牛遗传资源普查工作。

2015年2月,肃南牦牛获得国家农业部"全国农产品地理标志"登记保护认证,从此正式有了"户口"。2021年,第三次全国畜禽遗传资源普查启动后,肃南县扎实开展"肃南牦牛"个体生产性能测定、繁育体系建立、核心群组建等方面的工作,在国家和省、市专家团队的精心策划指导下,通过多次摸底调查、现场测定和资料查阅,最终于2023年3月正式通过专家组现场核验。目前,肃南牦牛饲养量达到13.3万头,存栏8.2万头,出栏5.1万头,牦牛提纯复壮1.2万头。

(二)饲养管理

在饲养管理方面,甘南州积极开展"牦牛选育改良及提质增效关键技术研究与示范"等方面的研究与示范推广,制定了《绿色食品 甘南牦牛饲养管理技术规程》《甘南牦牛育肥技术规程》《甘南牦牛繁育技术规程》等甘肃省地方标准,通过技术示范推广,逐渐转变了农牧民靠天养畜的传统观念及粗放的管理模式,提高了饲养管理水平,发挥了科技示范在畜牧业发展中的引领作用。天祝白牦牛饲养主要靠终年放牧,靠天养畜,人工补饲条件有限,冬春季由于受补饲条件和草原围栏面积的限制,一般只对乳牛、犊牛及病牛补饲青干草或在围栏草场放牧,大群牦牛很少进行饲草喂养,饲养管理粗放,严重威胁到白牦牛的生存,制约了白牦牛生产性能的发挥。近年来,在天祝白牦牛养殖的主要乡镇应用"放牧+补饲"关键技术降低了白牦牛越冬度春的死亡率,提高了母牦牛繁殖率和犊牛成活率,并总结出了一套行之有效的配套技术,取得了较好的社会效益和生态效益,值得在广大农牧区推广应用。肃南县全面落实草原禁牧和草畜平衡制度,通过实施"异地借牧"政策,从每年10月开始至次年3月结束,牧民通过徒步驱赶或车载装运方式把牲畜迁徙至临近的县区、乡镇几十公里,甚至上百公里外海拔较低的农区秸秆地租田放牧,依靠农作物采收后留下的秸秆育肥过冬,以此来减少天然草原载畜量,使得草原休养生息,保障畜牧业持续稳定健康发展,引导农牧民走出一条"天然放牧+舍饲养殖+异地借牧"相结合的畜牧业转型之路,为现代草原畜牧业发展提供了可借鉴、可复制的"肃南经验"。

（三）种业现状

近年来,甘南州高度重视牦牛种质资源保护及提纯复壮,把强化甘南牦牛种质资源保护利用摆在突出地位,以保种选育为前提,加快良种繁育体系建设,推动牦牛向产业高端化、品牌化、绿色化方向发展。目前,甘南州有牦牛种畜场4个(玛曲县阿孜畜牧科技示范园区、碌曲县李恰如种畜场、卓尼县大峪种畜场和卓尼柏林种畜场),始建于1980年的玛曲县阿孜畜牧科技示范园区,是甘南牦牛良种繁育的一面旗帜,园区组建甘南牦牛核心选育群4群,先后为专业合作社、家庭牧场、牧民群众配送一级、二级种畜共1000余头,基础母畜3000余头,极大地改善了甘南牦牛的良种化率,提高了牧民群众的收入。目前,以全州9个国营牧场、种畜场为示范点,带动418家牦牛养殖专业合作社提质增效,牦牛出栏率提高到48%,商品率提高到45%,繁殖成活率提高到75%,农牧民人均在牦牛产业中的收入增加500元以上,牦牛产业总产值提高30%,做好牦牛保种选育、做强甘南牦牛"芯片"的工作,已在甘南草原全面铺开。

为进一步推进天祝白牦牛种业高质量发展,天祝藏族自治县高起点规划布局,全面推进"牧区繁育、农区育肥、农牧互补"模式,建设"三区一场",在全县建立了三级保种繁育体系,并以西大滩、松山、华藏寺等6个乡镇为主,设立纯种繁育区,组建核心群,重点提高质量和纯度,为其他区域提供种牛。截至目前,天祝县白牦牛存栏量达8.7万头,组建天祝白牦牛保种、繁育核心群87群,选育群340群,长毛型新类群9群,发展规模养殖户2000余户,白牦牛合作社80个,户均增收4万余元;2023年互换白牦牛种公牛120头,畜种改良步伐进一步加快。

牲畜品种改良是传统畜牧业向现代畜牧业转变、提高畜牧业经济效益的重要措施,为加快补齐肃南牦牛种质资源匮乏的短板,提高肃南牦牛品质,不断壮大牛产业发展,助推乡村振兴建设,肃南县在多方考察调研的基础上,从青海省海北州海晏县引进了含有祁连型野牦牛血统的高原型牦牛周岁种公牛

50头。为保护好"肃南牦牛"品种遗传资源,有效解决优质种源短缺、种群退化问题,肃南县在牦牛养殖和产业优质发展上下力气下功夫,持续实施"牦牛复壮改良"技术项目,通过调研考察,反复试验,探索通过导血复壮、冷季补饲、营养调控、冻精人工受配等多种技术手段,最终成功大幅提高了肃南牦牛的生产性能。

(四)市场经营现状

甘南州把推动牦牛产业高质量发展作为贯彻落实习近平生态文明思想的具体实践,也作为打造"五无甘南",创建"十有家园"和建设青藏高原绿色现代化先行示范区的务实之举,更作为巩固脱贫攻坚与乡村振兴战略有效衔接的有力抓手。以构建良种化繁育体系、集约化养殖体系、精细化加工体系、系列化标准体系、品牌化营销体系、配套化保障体系为核心。努力把甘南打造成青藏高原牦牛高端产品加工生产基地和集散中心,推动甘南牦牛产品成为全国知名、行业居首和市场畅销的高端品牌,把牦牛产业培育成为全州的支柱产业,实现牦牛资源大州向牦牛产业强州转变。目前全州畜牧业上游饲草加工经营龙头企业4家,交易市场1家;中游乳制品加工龙头企业有华羚、燎原等4家,肉品加工龙头企业有安多、昌翔等6家,绒加工龙头企业1家;下游畜禽粪污资源化利用有机肥加工企业16家。据了解,甘南州投入资金450万元,建设甘南州特色农产品线上线下营销中心,建成天津市和平区舟曲农特产品体验馆、兰州市甘南特色农产品品鉴体验及销售中心、舟曲特色农产品销售中心、扎尕那农产品馆、冶力关农产品馆、卓尼县农产品馆,加强现场品鉴和线下销售推介。对接农行、邮政、电信、中石油、国家电网、中华保险、昆仑燃气等国有企业平台和销售网点,向全国推介甘南牦牛高端肉品。

甘肃省天祝藏族自治县龙头企业甘肃天祝天润公司,注册了"脑格尔""西域野牛"等品牌,开发出具有民族特色的天祝白牦牛系列产品,其中天祝白牦牛精分割肉已通过国家绿色食品开发中心A级绿色食品认证,已被国家质量监督部门审定为"中国市场放心健康食品信誉保证品牌";天祝正通公司生产的牛绒衫、牛角梳、拂尘,甘肃天祝皮毛加工厂生产的皮鞋、皮衣等都是市场畅销产品。企业和相关院校合作研发的天祝白牦牛骨髓粉、油茶粉获第八届中国专利新技术、新产品博览会金奖。天祝白牦牛作为一种奇特、稀有的观赏牛种，被诸多省内外动物园引入观赏。同时，天祝县近年来依托自然风光独特、周边交通便利的区位优势，发展生态观光旅游业，带动本地形成了牦牛观赏乘骑体验旅游服务，拂尘、牛角梳等牦牛工艺品商品服务，"棒子骨""牦牛肉"等特色餐饮开发。依托电子商务企业，开设各类网点213家，主要从事天祝白牦牛精分割肉、手工艺品等一批特色产品销售。

肃南县依托特有的优质牦牛肉资源，以打造"甘味"农畜产品为抓手，不断深入挖掘"肃南牦牛"资源潜力，成功创建全国有机农产品基地，"肃南牦牛"被列为2023年全国"土特产"推介名单，强力推进"肃南牦牛"这一品牌线上线下销售，让优质牦牛肉走出本土，走俏市场，成为各地消费者争相购买的"爆款"，走出一条符合肃南县农畜产品销售转型发展的新路径，提高了肃南牦牛肉的知名度，提升了产品销量。

（五）基础设施建设

为进一步做大做强牦牛产业，甘南州强力推动投资2000万元的甘南牦牛产业高质量发展项目建设，撬动专业合作社、家庭牧场等社会资本投入820万元，对全州418家养殖专业合作社暖棚、储草棚等基础设施进行升级改造，进一步提升牦牛科学养殖基础设施条件。各县市统筹财政衔接推进乡村振兴补助资金，加大牦牛产业高质量发展项目投入，2022年累计投资1.98亿元，实施了一批重点扶持项目。2023年，玛曲县投资1339万元实施河曲马场万头牦牛养殖基地建设项目，已建成暖棚5000平方米，饲草棚4000平方米，配备饲料加工设备4套；碌曲县投资2070万元建设贡巴甘青川活畜交易市场，打造甘青川交界地区最大的活畜流通和贸易集散地，投资5000万元建设畜牧产业园，第一条生产线已运行，年屠宰量达到25万头；夏河县投资2100万元实施科才镇万头牦牛养殖育肥示范基地建设项目，草原畜牧业转型升级试点项目已争取落实投资8000万元；全州实施牦牛生鲜乳冷链物流及加工项目、甘南高原草地优质牦牛藏羊肉冷链库等55个专项债券项目，累计发行专项债券8.44亿元，有效夯实了牦牛产品仓储流通基础。同时，通过积极引导培育，安多被认定为国家级绿色工厂，燎原被认定为省级数字化车间，雪顿被认定为省级专精特新企业。

天祝县以促进农民增收为重点，按照"牧区繁育、农区育肥"的发展思路，用足用好产业扶持政策，大力发展白牦牛养殖业，拓宽农牧民群众的致富路。在一系列惠农政策的扶持鼓励下，经过多年不间断的发展与转型，天祝县牦牛在基础设施、经营体系及繁育体系等多方面取得了长足的发展。截至目前，全县牦牛养殖已达到14万头，白牦牛养殖户1340余户，累计建成白牦牛养殖暖棚5000多座，建成牦牛规模化示范场29个，示范带动育肥户210户以上，育成牦牛3万头以上，产值达3.6亿余元。

肃南县深入实施畜牧稳县战略，聚焦推进畜牧业供给侧结构性改革，不断调整优化产业结构，持续稳固肃南牦牛等特色优势产业，全面实施产业化经营和标准化生产战略，草原畜牧业绿色转型发展呈现良好态势。同时，着力构建现代化养殖体系，实现生产方式转型。坚持规模发展、适度集中的原则，整合项目资金，连片推进养殖小区(场)建设，累计建成养殖小区(场)85个、牛羊暖棚13547座，储草棚1120座，配种站160座，无害化处理设施102座、牛羊标准化防疫注射圈187处，水电路和牧草收割加工设备配套完备，全县舍饲半舍饲养殖率达75%以上，95%以上的小畜越冬实现了暖棚化。加大畜禽养殖标准化示范场创建力度，创建省级标准化示范场5个、市级标准化示范场9个，标准化规模养殖主导作用日趋凸显。以发展肃南牦牛特色优势产业为重点，积极推广牦牛复壮改良，建成复壮改良示范点6个，完成牦牛改良复壮3000头以上，复壮改良种群数量达到3万头以上，在皇城、康乐、马蹄、大河等高海拔地区建成了肃南牦牛生产基地。

二、甘肃牦牛产业发展策略

近年来，甘南州以培龙头、延链条、拓市场为目标，统筹产业链链主企业、养殖和生产加工龙头企业、产品销售企业、农民专业合作社和家庭牧场资源，大力实施延链补链强链工程，发挥龙头企业和重点项目示范带动效应，逐步完善牦牛集约化养殖和精深加工链条，通过示范带动和引领，有效补齐生产加工环节短板和弱项，推动牦牛产业高质量发展。同时，甘南州坚持通过轮牧、休牧等方式推行草畜平衡，转变牦牛产业发展方式，完善良种繁育体系，推动牦牛产业由数量型向质量效益型转变，探索生态效益与经济效益"双增"、生态压力减小的可持续发展模式，通过绿色"加减法"，甘南牦牛产业走上了高质量发展的现代生态牧业发展道路。

天祝县大力推广"牧区繁育、农区育肥、农牧互补"模式，以养殖业为牵引带动农业产业结构优化升级。在生产上突出绿色、循环、优质、高效、特色。在构建产业链发展格局上，形成以绿色优质特色畜产品生产、加工、流通、销售产业链为基础，做足"农头工尾、粮头食尾、畜头肉尾"文章，全力打造牛羊10亿产业园。出台《天祝县牛羊养殖扶持政策》，优化改良畜禽品种，改善养殖基础设施条件，培育壮大生产加工龙头企业、农民专业合作社及家庭牧场，不断健全完善规模化繁育体系、产业化生产体系和品牌化经营体系，持续推动牛羊高质量发展。天祝白牦牛因其具有唯一性，极具开发价值，推动一二三产业（原料生产、加工制造、市场消费）融合发展思路使以养殖为主的传统产业模式，通过延伸产业链条，打造精深加工、旅游、物流、消费等环节内化于本地，从而提高产品的附加值，打造新的增长极，促进农牧民增收、推动县域经济的发展。

肃南县聚力推进生态文明建设，大力实施畜牧稳县行动，不断调整优化产业结构，持续稳固特色优势产业，着力推动草原畜牧业高质量发展，奋力书写民族地区乡村振兴和生态优先发展的"肃南答卷"。同时，肃南县立足"高原"和"绿色"两大资源优势，充分发掘肃南牦牛等"独一份""特别特""好中优"的特色内涵，坚持从源头、过程、产品、标准上做文章，努力打造放心品质、过硬品牌，构建区域品牌、企业品牌、产品品牌良性互动的农产品品牌体系。下一步，肃南县将立足建设全省乡村振兴示范区和农业农村现代化先行地，大力实施现代畜牧业升级行动，聚力做大做强肃南牦牛等优势特色产业，全域打造绿色有机畜产品生产基地，努力走出一条产业旺、业态活、乡村兴、百姓富的有机统一的产业转型高质量发展之路,打造草原畜牧业转型升级的"甘肃样板",为全国草原畜牧业转型升级探索创造可复制、可借鉴的成功经验和模式,着力构建生态育富、畜牧稳富的产业发展新格局。

三、产业发展存在的问题及前景展望

(一)产业发展存在的问题

1. 重视程度不够,资金投入不足,牦牛良种繁育工作停滞不前

甘肃省虽然颁布实施了相关政策条例,但没有落实品种资源保护、选育推广和产业发展的专项经费,使得工作推动较慢。牦牛提纯复壮是一项长期且系统庞杂的工程,涉及千家万户,投入大、见效慢,因长期缺乏可持续的系列政策和资金支持,导致甘肃省牦牛良种繁育工作滞后,繁育体系不健全、不科学,规范化程度低,品种近亲繁殖现象严重,品种杂、繁育乱、个体小,牦牛养殖效益低。

2. 饲养方式粗放,良种体系不健全,种公畜场制种供种能力不足

一是受传统粗放的生产方式影响,草场承包到户围栏隔离,牦牛缺少大范围混群大循环机会,长期以户内小循环自然交配为主,导致配种方法单一,近亲繁殖严重,品种快速退化,畜群周转减慢。二是州县良种体系建设资金投入少,还没有形成运作良好的选、育、推三级良种繁育体系雏形,牲畜选育缺乏科学性,畜群平均生产水平下降明显。三是现有的种畜基地普遍规模小,设施配套不完善,种畜选育技术水平亟待提高,种畜供应能力十分有限,部分种畜基地无法满足发展需要。

3. 人才资源短缺,专业技术队伍老龄化,产业发展转型升级动力不足

目前全省畜牧人才队伍学历整体偏低,高学历人才短缺,年龄呈老龄化趋势,人才引进难度大,不能适应现代畜牧业发展需求,畜牧专业人才面临"断档"。尤其县乡专业技术人才更为匮乏,且现有专业人员一人多岗,不能完全适应现代畜牧业发展的需要。牦牛产业发展方式落后,养殖牧工多为牧民群众,整体文化水平不高,缺少科学育种及健康养殖理念,了解和接受新知识的能力

有限，致使育种工作开展难，技术推广难度大。

4. 局部草场退化严重，草畜平衡矛盾依旧突出，养殖配套设施不完善

一是局部草场退化严重，局部优良天然草场正在大面积遭受鼠类的侵蚀。二是草畜平衡矛盾突出，2022年基本保持草畜平衡，但进入繁殖季节维持草畜动态平衡任务艰巨。三是养殖配套设施不完善，虽然有新（改扩）建牲畜暖棚，但配套饲草料加工产能跟不上，超载牲畜转移消化能力还十分薄弱。

5. 哺乳奶源不足，犊牛全哺乳推广难度大，牦牛养殖整体效益低

牦牛一般4~5岁出栏，公、母牛均岁配种，两年一胎或三年二胎，犊牛出生后母乳摄入不足现象普遍存在，得不到充足的营养，导致生长前期受亏，后期补偿跟不上，养殖周期较长，经济效益低。加之牧民存在选公不选母的生产习惯，母畜缺乏科学选育，严重影响了牦牛生产水平。

（二）前景展望

1. 厘清种质资源家底，夯实牦牛产业高质量发展根基

认真摸排甘肃省牲畜现状，掌握牦牛特有的种质资源、畜群结构、种畜数量和质量，全面评价牦牛生长生产性能，建立完善系谱档案；厘清牦牛存栏、出栏、繁殖率底数，健全生产管理台账，为进一步合理制定牦牛产业高质量发展规划提供基础保障。

2. 推进本品种选育，健全牦牛三级繁育体系

牦牛提纯复壮应以本品种选育为主，针对遗传缺陷或生产性能低的性状，可适当导入野牦牛基因复壮。在牦牛主产区全面开展本品种选育，推进建立良种繁育基地和扩繁群，建成三级良种繁育体系，尤其要重点加强种畜基地制种供种能力建设，充分发挥种畜基地在三级良种繁育体系中的引擎作用。严格按照品种标准进行选育，建立健全系谱档案，达到种用标准的种公畜统一佩戴醒目标识，由主管部门统一配送管理，按国家标准给予良种补贴。积极引导养殖户选种选配，培育选留优秀个体，加快提高甘肃省牦牛品种良种率。

3. 强化基础设施建设，健全种质资源保护利用体系

以牦牛主产区为中心，建设保种场和牦牛种质资源保护与利用中心。加强

基层畜牧兽医站所组织机构、技术人员、设备设施配置，配齐服务产业发展的"前沿哨所"。加强牦牛种畜基地和专业合作社核心群建设，选择有一定规模的养殖基地建立公牛站，提升种质资源储备能力和质量，配套完善良种繁育基地附属设施，全力推进种质资源保护工作跨上新台阶。

4. 严格落实补饲制度，多方联动提高牦牛出栏率

高寒牧区枯草期长达7个月以上，天然饲草供给季节性极不平衡，冬春季节草畜矛盾导致全放牧下的牦牛一直处于"春乏、夏饱、秋肥、冬瘦"的循环之中，导致牦牛生产效益较低。建立冬春季节牦牛补饲制度可有效解决牦牛冬春季掉膘死亡、生长发育缓慢、出栏率低的问题。据调查，牦牛一年一产的最好措施是具备良好的草场或补饲条件，同时减少挤奶次数。在夏季也可利用"放牧+补饲育肥"措施，错开牦牛集中出栏时间，择机出栏，提高牦牛出栏率增加经济效益。

5. 多措并举筹集资金，持续加大地方财政投入

通过多渠道整合资金，加大对畜牧科研单位和技术推广单位的业务经费投入，支持一批符合条件的高品质、高层次的牦牛种质资源保护及提纯复壮建设项目；实施州级科技计划项目，全面支持企业设立研发机构，加大科技研发投入，开展牦牛健康养殖和科学育肥、补饲技术研究；落实好金融支持种业发展各项政策措施，发挥好金融"活水"作用，实现保障兜底功效，以服务实体经济发展为导向，运用银行、保险、融资担保等多元金融服务手段，全力支持甘肃省牦牛产业发展。

第六节　几点启示

一、产业大而不强

我国牦牛存栏总量一直维持在1600万头左右，是我国牛存栏10509万头（2023年）中的重要组成部分，是高原地区最重要的大型家畜。牦牛产业是当地农牧民生产、生活的重要生产资料，在脱贫攻坚和乡村振兴中都发挥了重要作用。然而，牦牛存栏高、出栏量低、养殖和加工效益低等问题依然是产业发展的痛点和堵点。需要进一步从"种、养、加"各环节入手，利用新技术新方法解决牦牛产业大而不强的问题。

二、饲草料问题突出

从牦牛生产的区域和气候特点来看，产业发展的瓶颈依然是饲草料的问题，营养是解决牦牛产业发展的关键因素。针对这个问题，近年采取的技术措施主要有两个：第一是提升原产地饲草料供应，主要从高产牧草种植、天然草地改良、卧圈种草等技术手段解决本地饲草供给，同时也需积极购入外源性饲草料，解决饲草料外地输入问题；第二是将牦牛输出到饲草料丰富的区域进行养殖，也就是异地养殖出栏。在青海、四川、甘肃都存在较大面积的半农半牧，从高原到低海拔的快速过渡区域，这些区域气候条件适合牦牛全年舍饲，饲草料较为充沛，可以将高原淘汰的牛只和育肥牛只转移到这些区域进行养殖，实现节本增效，降低高原生态压力。

三、科技支撑是产业发展的动力

通过科技升级和应用，是实现牦牛持续健康发展的内在动力。牦牛产业发展滞后，主要还是科技对产业发展支撑不足。科技支撑不足主要体现在人才不足、新质生产力不足、新技术创新不足。随着社会发展、新技术与新方法的应用，牦牛产业必然加快发展。近年在牦牛产业中应用较多的优质犏牛生产、农牧耦合高效出栏、牦牛阶段化营养调控等技术和方法都显著提升了牦牛养殖收益，促进了区域生态平衡和可持续发展。

四、产业多元融合化发展是趋势

产业融合多元化发展是牧区产业发展的又一重要趋势。牦牛除了是牧民的生产资料外，也是民族文化承载的载体之一，是千百年农牧文化的代表。传统与现代的碰撞在当地可以产出多元的发展模式。近年,依托牦牛开展的文化节、旅游节、音乐节等带动了一二三产业融合发展的新模式。同时,电商技术、数字技术等也显著拓宽了产业发展的渠道,加速了传统产业与新技术的融合,有助于促进牦牛产业融合发展、高质量发展,提高综合经济效益。

第四章

牦牛产业发展重点企业

第一节　引　言

牦牛产业是草原畜牧业的传统产业，也是充满活力和生机的产业。当前，我国牦牛产业发展的内外部环境已经发生根本性转变，资产、技术、管理、密集度日益提高，资源、市场、环境因素日益趋紧，进口挤压日益加大，综合竞争力的提高日益迫切。实施乡村振兴战略，为我国的畜牧业发展带来大的历史机遇。但是，各区域的草原畜牧业生产基础比较薄弱，草畜矛盾依然突出，发展方式相对落后，草原生态保护和产业发展面临诸多挑战。牦牛是以我国青藏高原为起源地的特有畜种，是我国高寒民族地区的主要畜种和重要的生产资料，也是"世界屋脊"著名的景观牛种。由于产业发展基础薄弱以及受牧民传统养殖经营观念的影响，牦牛生产科技含量十分低下，饲养管理粗放，基本全靠天然放牧，极少补饲，对环境依赖性极强，受传统"惜宰"观念的影响，造成出栏周期长、出栏率低、周转慢、养殖效益低。

大力发展牦牛产业，有利于青藏高原优质特色资源价值的充分挖掘和开发利用，有利于青藏高原畜牧业增值、草原增绿、农牧民增收，有利于民族团结、固边安疆、长治久安大局。近年来，青藏高原各级政府和农牧部门将牦牛产业作为特色产业发展的龙头，不断加大政策扶持和规划引导力度，逐步健全完善良种繁育体系，加快发展标准化规模养殖，推动龙头企业发展和品牌建设初见成效。

牦牛全产业链包含养殖、加工、销售。牦牛产业链上游是饲料、疫苗兽药等企业，饲料企业从油厂或经销商购买豆粕、玉米等搅拌成饲料，为养殖提供必要的食物原料。牦牛养殖相关企业处于产业链的中游，具体包括育种企业和养殖企业。下游加工流通环节，具体细分为牦牛肉、奶、皮毛等的初级加工和精深加工产品，并流入超市、菜市场、餐饮行业等分销场所，最终到达消费者终端。

牦牛生产企业对产业经济发展起着至关重要的引领作用,它是推动整个产业链中经济增长和提高就业率的重要推动力量,也是产业链条中的重要纽带。无论是"公司+农户",还是"公司+合作社+农合"的多样联农带农机制,牦牛生产企业在产业经济活动中都扮演着重要角色,它不仅可以创造价值,还可以推动产业科技创新和优化资源配置。在牦牛生产区域内一二三产融合是助力乡村振兴的重要举措,农业龙头企业则更是促进三产融合的重要推动力。

第二节 青海夏华清真肉食品有限公司

一、企业背景

青海夏华清真肉食品有限公司自2009年成立以来,先后投资1.7亿元,建设"海晏县现代生态畜牧业产业示范园",主要建成了"标准化生态养殖示范区"和"清真牛羊肉精深加工区"两个功能区。标准化生态养殖示范区占地200亩,常年存栏1万只优质藏系羊、5000头牦牛,年可出栏4万只优质藏系羊和1万头牦牛;年可生产有机肥料6万吨。清真牛羊肉精深加工区占地130亩,建成有牛屠宰车间、羊屠宰车间、分割加工车间、牛羊副产品加工车间以及容量5000吨冷藏库、排酸库,购置配套制冷设备。

作为农业产业化国家重点龙头企业,为加快发展,增强产业带动能力,公司在饲草种植、舍饲养殖的基础上,以肉品加工为中枢,不断拓展产业链条,完善经营体系,实现了集饲草种植、饲草料加工、规模养殖、有机肥料、牛羊屠宰、精深加工、冷链销售、餐饮连锁"八位一体"的生态产业链,搭建起了农业科技、畜牧科技、食品科技、生物科技四大产业平台和完备的食品安全控制体系,在行业内率先成功建成了从"牧场到餐桌"的绿色全程可追溯产业链条,实现了产业链良性循环。荣获全国民族特需商品定点生产企业、农业产业化国家重点龙头企业、青海省模范集体、高原生态养殖示范基地等称号。

二、近五年发展情况

公司自2016年开始打造"夏华小牦牛"品牌以来，通过不断试验开发新的牦牛产品，结合市场需求，逐步完善了牦牛产品供货体系，使公司产品、技术又上了一个新台阶。2019年，公司实施了青海夏华牦牛产业示范园项目，新建牦牛屠宰车间2299.48平方米；改造生产车间1479.43平方米，配套建设库房735平方米及污水处理厂房487.6平方米；购置设备390台套；购置冷藏车辆4辆；牦牛文化展示厅装饰160平方米等。该项目的实施既完善了公司生产加工系统又为公司长期发展奠定了坚实的基础。2019年，公司开始与海底捞餐饮集团合作，主要供应产品为牦牛涮肉，因口感香、韧，深受广大消费者的喜爱。此次合作提高了公司的知名度和产品加工技术以及加工标准化水平。受新冠疫情影响，2020年至2022年餐饮行业消费市场低迷，公司产销量受到严重影响。2023年公司根据市场行情进行了战略调整，开发牦牛烤肉系列产品，在宁夏、青海、广州、重庆等地新开设牦牛烤肉餐厅11家，通过开发直供业务拓展公司销售渠道。

三、主要产品类型介绍

公司主要产品为热鲜肉、冷鲜肉和分割加工产品，热鲜肉为牛羊屠宰后直接拉运至市场各批发店铺进行批发销售；冷鲜肉为通过冷却排酸后的鲜肉直供餐饮店（主要为烤肉餐厅）；分割产品为订单销售，即客户根据需要下单后公司分割加工车间按照订单要求进行分割加工，主要包括牦牛上脑、眼肉、手抓排、牛腩、腱肉、涮肉等，分割产品可开发至30多个品种，客户通常为各肉食品公司代加工或餐饮店订购。

四、企业销售情况

青海夏华清真肉食品有限公司2019年屠宰牦牛1890头，实现营业收入11019万元，实现利润606.9万元；2020年屠宰牦牛3101头，实现营业收入15246万元，实现利润607万元。2021年屠宰牦牛6286头，实现营业收入15445万元，实现利润1024万元。2022年屠宰牦牛5644头，实现营业收入12231万元，实现利润1032万元。2023年屠宰牦牛7126头，实现营业收入10189万元，实现利润1436万元。

第三节　西藏当雄高原蓝农业发展有限公司

一、企业背景

西藏当雄高原蓝农业发展有限公司创立于2015年，经过9年艰苦卓绝的奋斗，成为西藏牦牛产业龙头企业和规模以上大型实体企业，入选国家扶贫企业名录。企业始终专注于牦牛产业，立志以牦牛产业振兴西藏乡村，带领广大牧民群众共同致富。高原蓝品牌定位是"全球独有原初西藏高端有机牦牛产品工匠"，坚定不移地以"宽一米，深一千米"的初心，把西藏的牦牛产品打造成高端极品"独"特产，给消费者提供原初西藏的绿色有机健康价值。

二、近五年发展情况

（一）高原蓝公司主要有三大业务板块

养殖技术研发和牛肉生产加工的牦牛板块、供应链和冷链物流板块、面向南亚共建"一带一路"的国家供应板块。目前已经投资开发当雄牦牛产业园、拉萨冷冻及冷链物流配送基地、山南扎囊县国家级藜麦标准化示范基地、上海珠峰会客厅营销展示基地、成都运营中心、尼泊尔饲草种植和牛转运隔离检疫基地，正在筹建江西九江产品深加工基地，到2024年底，总投资将超过5亿元人民币。公司2019年11月试车投产，2020年营收24051.02万元、2021年营收43291.84万元、2022年营收62400万元、2023年营收100000万元。

（二）先进的产品加工——现代化标准化屠宰加工体系

当雄牦牛产业园日生产加工牦牛300头以上，以目前国际上领先的牛肉生产技术为基础，结合牦牛特点进行量身定制的改良技术为核心，配套严格的质量体系和迅捷的冷链物流配送体系,让消费者吃到的每一块牦牛肉,品质都接近完美。基地建有冻精库和种畜群。使用自有知识产权的先进的氮气冷冻系统,以"食品级液态氮到-195.8℃"是把当今尖端医学领域中的"细胞活体"的冷冻技术运用到生产加工牦牛肉上,解决了如何不让肉失去细胞活性的问题,使高原蓝奉献给每一位消费者的肉都鲜活、有细胞活性。采用"秒冻锁鲜"技术,肉品可实现5分钟快速冻结,一分钟降温50℃,最低温度-195.8℃,牢牢锁住水分,解冻之后不掉秤,保持水分零流失;速冻食品的外观、颜色、口感和质量不变,解冻后原汁原味;-18℃以下的环境下长期保存,锁鲜时间长达近600天。

采用自动化屠宰生产线,迷宫式赶牛道、旋转式宰杀翻板箱、液压牛扯皮机、红白内脏检验输送机、气力升降操作工作台、三层全自动分割线等先进自动化牛屠宰加工设备,具有自动化程度高、节能环保等特点。迷宫式赶牛道是根据牛的习性和动物福利要求设计的,有助于活牛驱赶,保护动物福利,减轻动物应激反应,改善肉品品质;西班牙撞击法使牲畜无痛;液压牛扯皮机不锈钢卷皮滚筒由双轨道滑车带动,具有运行平稳、功率大、稳定性好、安全可靠、效率高等特点,有利于降低牛皮破损率,减少牛皮带脂肪量;红白内脏检验输送机选用具有自动杀菌功能的无菌输送带输送牛胃等脏器,便于清洗消毒,防止交叉污染;气力升降操作工作台采用气缸驱动升降,脚踏阀控制升降位置,方便操作工根据操作习惯和牛体部位控制台面位置,符合人性化操作要求并提高了劳动效率;三层全自动分割线上层用于输送空周转箱,中间层用于输送预分割大块牛肉,下层用于输送装有分割肉的周转箱并将其自动输送到包装工位。使用后的空周转箱自动回到清洗机并自动清洗干燥后,自动返回并分配到各个分割工位上,减少了人工和人工操作对肉品容器的污染,同时提高了经济效益。

（三）成熟的物流配送——冷链物流体系

公司新鲜的牦牛加工产品可在52个小时内配送到全国176个城市,实现了原产地和C端客户最直接的购物和美食体验,同时也实现了食品安全的全程可追溯。①与南航、厦航、东航等多家航空公司有物流配送合作;②与顺丰快递有第三方物流配送合作；③与天猫合作，是天猫西藏区域配送商；④自己建有专业冷链配送中心、冷冻物流系统。

（四）优秀的团队

创始人刘晓玲来自福建厦门，系商业传承最知名的闽南人；首席科学家蒋佃水来自安徽，是中国科学院农产品中试体系的创建人；核心团队大多来自上海、广东、成都等沿海发达地区，理念先进、观念开放、视野高远、执行力强。技术团队有10年以上的牦牛生产加工经验，厂长刘刚具有15年专业从事牦牛生产加工和产品研发的管理经验，与京东有过多年的产品生产研发合作；副厂长具有11年的生产现场管理工作经验；中层管理人员6名，具有生产加工不同流程的管理水平；加工专业技术人员26名，具有多年操作各类进口加工设备的经验；产品加工制作人员35名，能够熟练进行牦牛24分体分割包装及各种高档牦牛生鲜调理品的生产制作；一流的专业检测化验团队，可实现肉制品的全线安全检验；理化、生物基因、重金属、菌群、营养成分、酸碱度等的检测均可在本厂内检测完成。

（五）严格品控体系

公司投入巨资建立自有独立实验室，总面积约700平方米，采用半透明式设计，集办公、检测、科研于一体，配备先进的实验仪器，致力于打造西藏首家现代化的规范实验室。实验室可对牦牛肉产品的质控需求以及实验需求进行全面把控与操作。理化实验室有农兽药残留仪、红外线快速水分测定仪、干燥箱、分析天平、凯氏定氮仪等设备，可进行农兽药残留检测、水分测定、蛋白含量测定等，对鲜、冻牦牛肉及肉制品进行相关理化指标监控，包括感官性状、水分（解冻失水率）、挥发性盐基氮、农兽药残留。生物实验室有全自动高压灭菌锅、超净工作台、生物安全柜、均质器、恒温培养箱、菌落计数器、生物显微镜等，实验环境采用专业净化设计，洁净度达到万级的规范要求，可对产品、生产过程、人员卫生等进行菌落总数、大肠菌群、致病菌监控，发现问题将第一时间预警，将质量隐患消灭在萌芽状态。公司具备ISO9001、ISO22000、ISO14001，绿色有机等全体系认证资质。

三、主要产品类型介绍

（1）牦牛鲜肉产品

①牦牛部位分割：可分割为24个部位品种；②牦牛鲜肉特色产品加工：0.1公分的火锅鲜肉切片、鲜肉战斧牛排。

（2）牦牛肉深加工产品

①纸片牦牛肉干；②红烧牦牛肉罐头；③牦牛肉午餐肉罐头；④干式熟成牦牛排；⑤香辣牦牛肉酱。

（3）预制菜系列

主要为航空公司定制各种牦牛肉预制产品。

（4）休闲旅游产品

主要有牦牛牛扎酥、牦牛肉脆片等休闲食品。

（5）牦牛绒深加工产品

①牦牛绒围巾；②牦牛绒保暖毛绒衫；③牦牛绒面料（主要用于西服、夹克）；④牦牛绒保暖运动毯（主要用于户外运动）。

四、企业销售情况

（1）市场辐射。北京、上海、深圳、广州、成都、重庆、武汉等东部发达城市为主。

（2）电商渠道。自有高原蓝·天猫店、京东店，正在开发视频号。

（3）酒店渠道。供应一线城市五星级酒店。

（4）旅游伴手礼。配合珠峰、纳木错、布达拉、大峡谷等西藏旅游热点，开发旅游礼品。

（5）私人定制。针对高端客户需求，打造私域营销体系。以人均GDP达到30000美元的上海作为主要突破口，结合牦牛产品客户认知不足的痛点，建立珠峰会客厅上海营销体验基地。

（6）其他销售情况

①拉萨市第三高级中学"三包"及营养改善计划；

②拉萨中学教职工食堂食材配送；

③西藏芒康县教育局；

④西藏自治区森林消防总队副食品采购项目；

⑤驻藏部队副食品区域；

⑥中国人民解放军77586部队20分队副食品购销项目。

第四节　红原牦牛乳业有限责任公司

一、企业背景

红原牦牛乳业公司始创于1956年，前身系藏族爱国人士贡唐仓·丹贝旺旭（1926—2000年，曾任全国政协常委、甘肃省政协副主席、中国佛教协会副会长）于1956年6月在党和政府的支持关怀下，个人筹资创办的民族地方工厂，延续至今已有60多年的历史。

1956年初春，年仅30岁的活佛贡唐仓·丹贝旺旭到祖国各地参观后回到红原，为了造福千千万万生活在这片土地上的牧民，决定在红原地区建立一座适合高原地区的民族地方工厂。他自筹资金40万元，在红原县境修建一座小型牦牛乳制品加工厂，并命名为"藏区贡唐和平奶粉厂"。这一决定和实施拉开了阿坝州乳品工业的帷幕，实现了牦牛乳制品从粗加工到深加工并转变为商品的过程，同时也将大自然赐予的藏区珍品——牦牛奶带出了草原。

1958年，活佛贡唐仓·丹贝旺旭将创办的奶粉厂捐给国家，由政府接收续建并更名为"阿坝州墨洼奶粉厂"。1960年7月，经国务院批准建立红原县，随后工厂更名为"阿坝州红原奶粉厂"，扩建为州属企业，1962年注册使用"红原牌"商标。

红原奶粉厂不断开发新产品和进行技术改造，研制出了儿童营养奶粉、孕妇营养奶粉、老年营养奶粉等系列新产品。"红原牌"全脂奶粉自1979年多年被评为四川省优质产品，从1992年起连年被四川省工商行政管理局评为"重合同、守信用企业"，被省质检部门评为"质量计量信得过产品"，先后被评为"四川省群众最喜爱产品""四川名优特新博览会"金奖，"红原牌"商标被评选为四川省著名商标，五个主导产品被中国绿色食品发展中心认定为绿色食品，企业被国家民委、轻工部、国家税务总局指定为"全国民族用品定点生产企业"，被四川省旅游局指定为"四川省旅游产品定点生产企业"。

2001年，红原奶粉厂改制为"红原牦牛乳业有限责任公司"（以下简称"红原牦牛乳业公司"），为企业发展注入了新鲜的血液，出现了前所未有的新一轮建设高潮。红原牦牛乳业公司与美国农业巨头Land O'Lakes公司、瑞典利乐公司合作，全线引进国外乳制品生产体系，在高海拔的青藏高原建成了现代化牦牛乳制品加工厂，生产产能扩大到年鲜奶处理能力10万吨；成立筑路队修奶源路、建奶站，建设完成了适合原生态牦牛奶收集特点的奶源体系标准化建设，形成辐射红原县周边300千米的鲜奶收购网络，并引进了现代化的加工工艺和技术，为牦牛产业的规模扩大和品质提升奠定了良好的基础。企业从20世纪60年代初的小型企业发展成为全国最大的牦牛奶加工厂企业，2014年，红原牦牛乳业公司成为阿坝州唯一的"农业产业化国家重点龙头企业"。

二、近五年发展情况

近年来，企业在质量管理、科研和乡村振兴方面做了大量的工作。

在质量管理方面：为了保障奶源的品质质量，每年组织上千人次的牧民开展标准化采奶操作及运输规范培训。为了确保每份奶源都符合食品安全要求，建立了奶源检测追溯体系，从每户牧民、奶站、奶车逐级取样、检测、留样，反向追查，保证能追溯到每个牧户。

同时与主管部门和专业机构如四川省食品药品监督管理局、四川省食品药品检测研究院等建立了长效的沟通机制，及时获取最新的风险信息，保证工厂及时、有效地监控覆盖食品安全风险的检测项目。

在近年红原牦牛奶（粉）获得了ISO9001质量管理体系认证、HACCP食品安全管理体系认证以及中国、欧盟、美国有机产品认证，形成了从奶源到加工的全链条有机质量安全管理体系，让消费者可以喝上放心奶。

在科研方面：牦牛每年是6—10月为产奶期，每头牦牛产奶量1.5千克/天，相较于普通奶牛一头产奶35千克/天的特性不同。季节产奶只能生产保质期长的奶粉或季节供应鲜奶，市场竞争力弱。牦牛产业特性决定了只能另辟蹊径，跳出竞争激烈的传统乳制品行业，挖掘牦牛资源特殊优势，研发出具有功能性的特殊食品，充分发挥出资源优势。青藏高原的环境和牦牛物种的独特性赋予了牦牛奶特殊的营养和功能成分。依靠得天独厚的牦牛资源，红原牦牛乳业以全球首位由中美联合培养的牦牛博士为核心，组建了一支专业科研团队，专注于牦牛乳制品研究领域，为牦牛乳产业的科技创新提供服务，并先后与美国威斯康星大学及中国医学科学院、浙江清华长三角研究院、浙江大学、中山大学、四川大学等国内顶尖的科研机构和院校合作，成立"院士（专家）工作站"及"阿坝州企业技术中心"，对牦牛奶进行科学研究与深度开发，不断挖掘和提升牦牛奶的资源价值。

在乡村振兴方面：公司一直坚持以高于全国平均水平的保护价格收购鲜奶。从2011年以来，红原牦牛乳业的鲜奶收购价格的涨幅达112%，最大程度保证了红原当地牧民的收入稳步上升。围绕"龙头企业+红原当地藏族牧户"打造的八方联动模式，覆盖红原牦牛产业的多个环节，每年可以覆盖红原6000多名当地牧户，有效助力了牧区精准脱贫和乡村振兴，取得的成果得到社会的广泛肯定。新华社、新华网、央视13套新闻频道、央视1套综合频道、央视网等多次对牦牛乳业带动牧民奔小康进行了报道。

2019年，公司为红原县实现脱贫摘帽作出了重要贡献，被四川省扶贫开发局认定为"四川省第一批扶贫龙头企业"，"龙头带动八方联动产业扶贫"案例被国务院扶贫办评为"中国企业精准扶贫50佳案例"，成为四川省仅有的精准脱贫优秀案例；2020年，被四川省经信厅评为"四川省工业领域脱贫攻坚先进集体"。四川省扶贫基金会颁发"社会扶贫突出贡献奖"。

三、主要产品类型介绍

牦牛奶是大自然赐予青藏高原的原生态乳品，因其属于稀缺资源，且含有特殊营养成分，创始人在创立公司之初便决定要做最真实的牦牛奶，并提出"不添加牦牛奶以外的东西"。一直以来，红原牦牛乳业公司始终坚持"因为信仰·所以纯真"的品牌理念，在研究探索和深度开发的过程中，进一步挖掘出了原生态牦牛奶的营养价值，故而将"不添加"贯彻品牌和产品发展始终，将原生态、高营养、拥有纯真品质的牦牛乳制品带给每一位消费者。

红原的牦牛鲜奶除了高含量的优质乳蛋白、乳钙和多种维生素、矿物质外，还含有共轭亚油酸、α-亚麻酸、寡糖等多种稀有营养成分。在红原就地进行加工，保证红原牦牛乳制品天然纯正，无环境污染、无药物污染，100%原汁原味。红原牦牛乳业公司的主要产品为"红原牦牛奶"和"红原牦牛奶粉"，目前是中国乳制品行业首个获得国家地理标志保护产品的乳制品，也是中国乳制品行业第一个同时获得中国、美国、欧盟有机产品认证的乳制品。红原牦牛奶粉获得"四川名牌""四川省十佳名优特农产品品牌"等称号。

2023年，红原品牌实力大幅度提升。在由相关政府与专业机构发布的"中国品牌价值评价信息"中，红原牦牛奶品牌价值51.84亿元，连续5年荣登区域品牌（地理标志）百强榜。红原牦牛奶成为首个获得FA食品真实品质认证的"纯牦牛奶"。红原牦牛奶还被四川省农业农村厅评为"天府粮仓"精品培育品牌；品牌影响力不断扩大，品牌知名度显著提高。

四、企业销售情况

红原牦牛奶，作为四川省内历史悠久的品牌，凭借其卓越品质，在老一辈四川人中积累了良好的口碑。其传统市场主要覆盖川渝地区及环藏区域。然而，红原牦牛乳业公司并未满足于现状，近年来积极寻求突破，走出高原，扩大销售队伍规模，并设立了销售事业部、特渠事业部、电商事业部、海外事业部等多个专业化部门，旨在进一步拓宽销售渠道，深耕细作市场，使红原牦牛奶

（粉）的市场占有率得到显著提升。

随着互联网的迅猛发展，线上销售已成为企业增长的新引擎。红原牦牛乳业公司紧跟时代步伐，加强在线上的战略布局，成功在天猫、京东、抖音等知名电商平台开设自营官方旗舰店。同时，公司还通过直播推广等形式，进一步提升品牌影响力。

在市场推广方面，红原牦牛乳业公司不仅注重提升品牌知名度，还紧跟市场需求，不断优化产品种类和包装形态。为满足不同消费者的需求，公司推出了适宜送礼的礼盒装、便于携带的小袋装等多样化产品。此外，公司还积极拓展产品线，成功推出了常温液态奶、低温巴氏奶等新品类，为消费者提供了更多选择，满足了市场对牦牛奶的不同需求。

第五节　甘孜藏族自治州康定蓝逸高原食品有限公司

一、企业背景

甘孜藏族自治州康定蓝逸高原食品有限公司成立于2012年10月，注册资本3350万元，是一家专注高原牦牛乳研发、生产、销售的公司，是国家级高新技术企业、四川省农牧业产业化龙头企业、四川省优秀民营企业。2018年获得四川省五一劳动奖，2019年被认定为四川省企业技术中心，获得授权专利70余项。

公司专注牦牛奶冰激凌及牦牛奶业务，通过牦牛奶冰激凌扩大市场份额和知名度，建立蓝逸牦牛奶全球会员订奶系统，目前通过成都大运会冰激凌特许产品的推广已经在成都建立品牌知名度和销售渠道。

2021年，公司取得国内领先的"牦牛乳特色精加工产品开发及应用"专家鉴定成果评价，奠定了牦牛乳产业发展的基础，成为国内在技术上领先的牦牛乳加工公司。2023年，获得四川省科技进步奖二等奖。

公司结合高原藏区特点建立"公司+牧场（奶站）+牧民"循环产业发展模式，让农牧民群众得到实惠，解决生产原料季节性、分散性的问题，探索出藏区牦牛奶产业发展及乡村振兴模式。

二、近五年发展情况

五年来，公司立足青藏高原，通过创新经营模式，找到甘孜州乡村振兴、牧民增收新路径；公司不断强化科技研发，成为国内技术领先的牦牛乳制品企业；公司围绕"牦牛乳制品产业园+奶站+牧民"不断投资，通过牧旅结合产业发展模式，建设现代化产业体系，实现高质量发展；通过强化品牌建设，高质量打造牦牛奶特色品牌。

公司投资1.2亿元在康定建设康定牦牛乳制品产业园，园区位于318国道旁边，该地区海拔3200米，风景秀丽，空气清新，日照充足，冰川水丰富，距离康定城区15公里，交通便利，是国内生产高端牦牛乳制品的上佳场所。年处理鲜牦牛乳可达1万吨，实现产值近5亿元，带动就业400人以上，带动周边6个县4000户以上牧民增收致富，是甘孜州牦牛产业集群重点项目。

园区由高原食品研究院、牦牛乳制品生产车间、牦牛文化展示区、牦牛乳制品展示体验区等构成，采用国内外先进技术及设备，按照智慧化、信息化理念进行建造，突出产品品质及产品体验，将绿色、环保、科技、旅游理念贯穿其中，园区建成后将为318国道旅游及体验增加又一个亮点。依托康定牦牛奶产业园，在理塘、道孚、炉霍、雅江等地建设奶站，逐步辐射青海、甘肃、西藏等地，建设辐射华东、华北、西南、华南、华中、西北地区的物流体系，建立线上和线下销售网络，将蓝逸逐步建成青藏高原一流的牦牛乳制品产业集团，带动甘孜州牦牛乳制品产业高质量发展，为甘孜牦牛产业集群建设及乡村振兴建设贡献力量，引领产业走向世界。

三、主要产品类型介绍

（一）蓝逸牦牛乳冰激凌系列

全球首款雪域高原冰激凌，选用康巴特有牦牛乳及青稞、高原玫瑰、山核桃等食材与现代冰激凌工艺完美结合，独具特色。

（二）蓝逸牦牛乳系列

原奶产自海拔3200米的康巴，自然放牧，无任何添加，富含天然CLA、EPA、DHA及微量元素，巴氏杀菌工艺，全程可追溯，安全健康，被称为"奶中之王"。

（三）蓝逸格拉措奶茶、奶酪酥

采用新鲜牦牛乳，浓郁的茶香，纯正的奶味，入口回味无限，让异域风情悄然回归，让消费者品尝到纯正"酥油奶茶"的味道。口味独特，营养丰富。

四、企业销售情况

公司目前在全国10个省（市）的线下渠道及天猫、淘宝、京东、抖音等电商渠道销售，营销体系进一步完善。五年来，公司战胜疫情带来的影响，销售收入逐年递增。

第六节　几点启示

一、开展牦牛肉精深加工，改善产品肉质，提高市场竞争力

在我国牦牛肉精深加工企业不在少数，但是优质品牌产品较少，不能满足现代大众对优质牦牛肉产品的需要。很多地区牦牛肉精深加工企业的品牌效益低，推出的产品在市面中反响较小，不利于相应企业发展目标的实现。新时期，优质品牌将会成为企业在市场活动中竞争的主要砝码。因此，牦牛肉精深加工企业应该围绕牦牛肉品种资源进行开发与挖掘，需要更新改造屠宰加工设备，在生产活动中使用技术手段，在先进设备的操作下，制作出高品质的牦牛肉制品，提高相应制品品牌的知名度。在相关操作下，使牦牛肉精深加工企业推出的牦牛肉制品拥有忠实的受众。

牦牛肉生产技术过程主要包括养殖、屠宰、加工、保鲜、运输等技术。牦牛屠宰要放弃传统的人工屠宰方式，在专门的屠宰场屠宰，采用电击、吊宰，能

最大限度地保证牦牛肉质量。在宰杀之后还要及时进行脱酸处理，可以提升肉质鲜嫩度。对牦牛肉进行精深加工，提高肉产品的附加值。运输时间比较长，运输过程中的冷藏保鲜技术也很重要。一般采用的保鲜技术有：复合保鲜、防腐剂保鲜、真空保鲜、气调保鲜等，都能比较好地发挥冷藏保鲜作用，避免肉色恶化，保持牛肉的鲜美。

二、提升肉牛产业化经营程度

产业化水平的高低可以反映该产业是否发达。从目前来看，我国牦牛肉产业组织化程度较低，非常缺乏具有经验的生产者、营销者等。我国牦牛养殖主要集中在青藏高原地区，以牧户家庭养殖为主，且每家养殖数量在几十到几百头，规模化、集约化和标准化程度非常低。这种家庭散户养殖的牦牛没有完整的销售体系，只能单独进入市场散卖，很难随着市场的需求进行调整，也不便于掌握牦牛肉平均价格，市场竞争力弱。可以充分利用我国牦牛种质资源，如青海、西藏、四川等省（区）的牦牛资源和高原生态牧区优势，建设大型牦牛产业养殖基地，发展产业化经营。从良种繁育开始，加快牦牛优良品种培育，改善我国牦牛品种及肉质问题，培育优质架子牛，以此来提升牦牛市场竞争力。牦牛产业化养殖还可以带动相关产业集聚，形成牦牛屠宰、加工等完整的产业规模链。

三、加强人才队伍建设，提高牦牛养殖技术水平

一是全面培养在牦牛优良品种开发、良种繁育、疫病防控、饲草料开发利用及产品深加工等方面的技术人才，构建与院校、科研机构合作机制，推动高效全面的人才服务组织的培育。二是促进符合不同地区牦牛养殖技术规程的研究制定，扩大技术集成与示范的广度，强化宣传与培训力度，不断促进经营主体规模化养殖水平的提高。三是加大对养殖户专业养殖技术培训的投入力度，促进养殖户教育水平和养殖经验对规模化经营推动作用的有效发挥。

四、优化养殖规模布局，促进产业提质增效

一是综合考虑各地区的生产实际和资源现状，进行合理的肉牛养殖空间格局规划，鼓励种植业发达、粮食丰富等资源禀赋较好的优势产区发展肉牛规模化养殖。二是合理降低肉牛规模养殖的进入壁垒，确保肉牛养殖主体的稳定性和积极性，建立有效的资源配置体系，引导资源配置向规模养殖倾斜。三是明晰各职能管理部门责任，分工协作，加大监察力度并完善奖惩机制，推进肉牛产业提质增效，提高养殖效率和管理效率，保障肉牛规模养殖的健康持续发展。

五、加强质量监管，完善标准体系，适度发展预制菜产品

当前阶段，预制菜行业正处于快速发展阶段，门槛较低，生产秩序较差，因此对于产品质量监管，企业应自觉做到生产"透明化"，行业法规也需提高规范限制力度。预制菜产业以产、供、销为关键环节，科学布局原料基地、特色园区、专业平台，提升产品研发、物流运输、品牌打造、标准化生产和市场影响能力，构建从地头到餐桌的全产业链布局，实现"链式发展"。预制菜产业未来可与上下游及其他产业实现融合发展，助推养殖业、仓储物流业、农副产品生产与加工业、康养产业、调味料制造业、文旅产业、包装产业、其他预制菜产业、科技服务业等的快速发展。预制菜企业应根据价格、菜品类型、销售渠道、消费场景等细分化和多样化当前市场，合理布局高、中、低端市场，多维拓展商超、网店、生鲜零售等销售渠道，解锁一人食、聚餐、露营等系列场景。还可开发具有地域特色的新产品，避免同质化竞争，不断挖掘预制菜多元化价值效益，丰富市场选择。按照质量标准和行业法规规范加工产业，在各个生产环节建立全程质量控制体系。此外，相关部门应加快完善预制菜标准体系，针对原料、加工工艺、仓储冷链物流、微生物指标、添加剂指标、农药残留指标等方面制定详细的行业标准、地方标准和国家标准。相关行业组织及企业也应积极参与到预制菜标准的制定，全面推进预制菜肴的标准化进程，落实食品安全

主体责任。

六、以盒马鲜生等平台，多样化开拓牦牛畜产品销售

随着我国人民生活水平以及信息技术不断提升，电商平台如雨后春笋般遍地开花。线上平台急速增加的同时，线下体验的价值也逐渐显现，以盒马鲜生为典型代表的新零售商业模式在零售市场上迅速布局，成为特定消费人群的选择，为更多的消费者提供了多样化的选择空间。盒马鲜生成立的宗旨是给顾客带来新鲜、高品质的生鲜类产品，同时致力于在一二线城市社区中铺设一站式新零售体验中心。盒马鲜生集便利店、超市、餐饮店、菜市场于一体，对目标顾客做到了精准定位，根据不同顾客的需求采用不同的销售和营销策略。通过盒马鲜生提供的线上和线下牦牛商品，做到始终坚持统一品质、统一商品、统一价格。便利、新鲜的小包装的商品结构满足了消费者的需求，线上下单线下送货的模式同样为消费者节约了不少时间。盒马鲜生的价值主张在新颖性、便利性上得到了充分体现。不仅如此，盒马的餐饮化以及体验化消费同样体现了新颖性。通过结合当前新的生活方式，将传统超市进行跨界融合，将传统超市中新鲜优质的牦牛肉、奶等食材，以可见、可选的特点和餐饮行业便捷的特点相结合，以此推动牦牛产业发展。

第五章

牦牛产业发展的
代表性产品/品牌

第一节　引　言

屠宰加工是将牦牛肉乳等由初级农产品属性向商品属性转变的过程，是牦牛产业生产链条中经济效益增加最显著的环节。牦牛肉乳产品也是牦牛业生产价值和效益的最终体现形式。过往，牦牛肉乳主要在当地消费，受客观条件和消费习惯影响，牦牛屠宰呈季节性，分割方式相对随意粗放，没有考虑加工适宜性；牦牛肉加工层级较低，以牦牛肉干、风干牦牛肉、干巴等便于长时间存储和携带的肉干类产品为主，且口味也较为单一。牦牛乳产业发展还处于传统落后的家庭作坊式的初级加工阶段，主要为酥油、曲拉、酸奶、奶茶等传统牦牛乳制品，缺乏附加值高、技术含量高的拳头产品，市场竞争力较弱。

近年来，五省的科研院所联合高校与其他科研机构及牦牛屠宰加工企业，针对以上产业痛点与行业发展瓶颈，开展了牦牛规范化屠宰工艺创新研究，通过绿色嫩化技术，提升了牦牛肉嫩度；利用减菌喷淋和栅栏技术，降低了牦牛肉初始污染，提高了安全品质；制定了牦牛肉标准化分割技术规程，满足了市场消费特点和对应加工需求，有效提升了屠宰加工的综合经济效益。与企业协作，开展了牦牛肉高值化精深加工研究。根据牦牛养殖产业现状，针对传统放牧牦牛突出"绿色、有机"特点，研创绿色制造新工艺，建立传统牦牛肉制品绿色制造关键技术体系，实现"保传统、提品质、显特色"的目标。针对育肥牦牛肉品质特点，围绕文化与品味，重点瞄准旅游与区域外中高端市场消费需求，创研精分割冷鲜牦牛部位肉、原切牦牛排、带骨牦牛肉、调（料）理牦牛排等系列新品。深度挖掘高原特色益生菌资源，研发功能性牦牛乳发酵剂，生产特色牦牛乳制品。上述措施有效提升了牦牛肉乳产品的供给质量，推动了牦牛肉乳加工企业的产品有效输出和品牌建设。

第二节　产品类型1：肉与肉制品

一、分割牛肉

（一）分割方法

参考现行牦牛胴体分割标准（NY/T 3963-2021），各分割肉分割要求如下：

（1）上脑：剥离胸椎，去除筋腱，在背最长肌腹侧距离为3~5厘米处切下。

（2）胸肉：在剑状软骨处，沿着胸肉的自然走向剥离，修去部分脂肪，即成胸肉。

（3）带骨肋排：将第4至第7肋骨及有关肌肉切下，分离出带骨肋排。

（4）前腱子肉：自牦牛前小腿肘关节至腕关节外，从尺骨端下刀，剥离骨头分期出的肌肉。

（5）带骨前腱子：沿牦牛肱骨远端自肘关节切割，切下为带骨前腱子。

（6）里脊：先剥去肾周脂肪，然后沿耻骨前下方把里脊头剥离，再由里脊头向里脊尾，逐个剥离腰椎横突，即可取下完整的里脊。

（7）眼肉：先剥离胸椎，抽出筋腱，在背最长肌处，腹侧距离为3~5厘米，切下。

（8）带骨眼肉：眼肉分割时不剥离胸椎，稍加修整即为带骨眼肉。

（9）外脊：沿着最后一根腰椎处切下，在第13至第14胸肋处切断胸椎；沿背最长肌腹壁侧，离背最长肌3~5厘米切下；逐个把胸、腰椎剥离。

（10）T骨扒：由带骨牦牛腰脊（双/单）沿腰椎结合处直切而成。

（11）腹肉：剔除第4至第7肋骨后的无骨肋排。

（12）米龙：沿股骨内侧从臀股二头肌与臀股四头肌边缘取下，分割出米龙，剔出多余组织。

（13）后腱子肉：自牦牛后小腿膝关节至跟腱外侧，从胫骨上端下刀，剥离骨头分割出的肌肉。

（14）带骨后腱子肉：自胫骨与股骨之间的膝关节切割，切下为带骨后腱子。

（15）小黄瓜条：当牦牛后腱子肉取下后，小黄瓜条处于最明显的位置。分割时，按小黄瓜条的自然走向剥离。

（16）大黄瓜条：与小黄瓜条紧紧相连，剥离小黄瓜条后大黄瓜条就完全暴露，顺着肉缝自然走向剥离，剔出多余组织后的完整的四方形净肉。

（17）臀肉：位于后腿外侧靠近股骨一端，沿着臀股四头肌边缘取下后，剔出多余组织。

（18）牛霖：米龙和臀肉取下后，可见到长圆形肉块，沿自然肉缝分割，剔出多余组织后的完整净肉。

（二）分割肉

（1）前躯肉分割肉：位于牛前腿的部位肉，主要包括臂二头肌、臂三头肌、臂肌、冈下肌、冈上肌、前臂筋膜张肌等。

（2）后部肉分割肉：位于牛后腿的部位肉，主要包括臀中肌、股四头肌、臀股二头肌、半腱肌、内收肌、腓肠肌、趾长伸肌、趾外侧伸肌等。

（3）背部肉分割肉：包括肋脊部肉和腰脊部肉。肋脊部肉自第1胸椎至第12胸椎与第13胸椎椎窝中间处断开所得到的中间部位，主要包括背阔肌、背最长肌、肋间肌等；腰脊部肉前部在第12根肋骨至第13根肋骨间断开，后部在腰椎末端断开所得到的中间部位，主要包括腰大肌、背最长肌等。

（4）其他部位分割肉：肩胛部肉，位于牛肩部的部位肉，主要包括三角肌、冈上肌、冈下肌、小圆肌、肩胛下肌、大圆肌等。胸腹部肉：位于胸腹部，第1根肋骨至第13根肋骨以下的部位肉，主要包括肋间内肌、肋间外肌、胸浅肌、胸深肌等。胸腩连体：位于腹部的部位肉，主要包括肋间内肌、肋间外肌、腹外斜肌、腹直肌、腹横肌等。

（三）分割肉包装、流通

牦牛分割肉的包装、流通没有独立的国家标准,应按照GB/T 9960-2008鲜、冻四分体牛肉,GB/T 17238-2022鲜、冻分割牛肉中的要求执行。

二、精深加工产品

随着全球科技发展,青藏高原的牦牛已逐渐成为国内外学者关注的重点。牦牛肉为我国特有,国外未曾对牦牛的精深加工特别是在牦牛肉及其副产物的调味技术方面进行过研究报道。而在我国西部地区,牦牛肉业已经成为一个新兴的重要的农村产业,但牦牛肉及其副产物的开发利用率比较低,消费还以鲜牛肉为主,其制品转化率较低,仅为3%~4%,肉制品仅二三十种。市面上常见的牛肉制品主要有牛肉干、牛肉粒、手撕牛肉、牦牛掌、腊牛肉等牛肉休闲食品,牛肉灌肠血肠,各种酱卤牛肉制品,牦牛肉调味品以及牦牛肉类下饭菜等。当前,四川几家比较著名的牛肉深加工企业有"棒棒娃""张飞牛肉""溜洋狗""老城南""灯影牛肉""火边子牛肉"等,也涌现出成都伍田食品有限公司、四川省大渡河食品有限公司以及九寨沟食品有限公司等专门从事牦牛肉精深加工的企业。

（一）肉干类

肉的干制是将肉中部分水分排除的过程,因此又称其为脱水。牛肉干蛋白质含量高,脂肪含量低,味道鲜美,受人喜爱,享有"肉中骄子"的美称。具有供给能量、造血、增长肌肉的功效。牦牛肉干具有丰富的营养价值,可以强身健体、增强免疫、补铁补血以及防病抗衰老。风干牦牛肉是西藏、内蒙古、甘肃等地的民族特色肉制品,具有营养丰富、风味独特、耐咀嚼、耐储存的特点。传统的藏式风干牦牛肉是利用西藏、甘肃等地低温、低气压、高风速的气候使鲜牦牛肉中的水分快速冻结,形成冰晶后再升华而成。它的感官特征明显,呈红棕色、有独特香味、组织疏松多孔、肌纤维明显。牦牛肉干制品目前主要有企业批量生产、小作坊生产和牧民家庭式生产3种生产方式,加工工艺仍以传统自然风干为主,基本加工工艺为:牦牛肉挑选,冷却成熟,切条,悬挂,风干冷冻,成品包装。近年来，在优化牦牛肉干加工工艺方面，通过干制方式、腌制方法、加工工艺配比优化，来改善风干牦牛肉质构特性和口感风味。

西藏奇圣土特产品有限公司投资8000多万元，兴建了五条现代化的牦牛肉加工生产线，每年可加工牦牛肉1200余吨，现已开发牦牛肉成熟产品83个。目前，该公司生产的"奇圣"牌牦牛肉干，风干牦牛肉系列产品深得当地老百姓和进藏游客的信赖与认可。

（二）酱卤类

酱卤制品是由肉和可食副产品加调味料和香辛料水煮而成的一类熟肉制品。卤制牦牛肉是一种传统肉制品，具有风味浓郁、口感独特、营养丰富的特点，是市场潜力巨大的一种熟肉制品，但因其货架期短、不易贮藏而始终未得到有效的市场推广。大多数卤肉制品在加工过程中常用的卤料有花椒、八角、桂皮、香叶、小茴香、豆蔻、砂仁、良姜、南姜、黄胡椒及干辣椒等，能起到去腥、调色、增香、增鲜的作用。卤制时间会对牦牛肉品质产生影响，卤制时间为60分钟时，卤制牦牛肉的肉色、多汁性、风味综合评分最高。

（三）肉糜类

肉糜类制品通常指的是将牛肉绞成细腻的肉馅，然后加入适量的淀粉、水以及各种调料和食品添加剂，经过加工制成的一种食品。牛肉肉糜产品包括牛肉肠、牛肉脯、牛肉饼、牛肉馅、牛肉丸、牛肉发酵香肠和牛肉膨化食品等。低温牦牛肉丸属于低温肉制品中的一种产品，是一种基于传统食品而开发的美味食品，其用途广泛、方便快捷、安全营养，有着无限广阔的市场前景。其主要制作流程为：原料整理→绞碎→加入调料搅拌→肉丸成型→煮制→冷却→称量装袋→真空密封→微波灭菌→预冷→保存。

（四）腌腊类

腌腊肉制品是将原料肉经过预处理、腌制、酱制、晾晒（或烘烤）等工艺加工而成的生肉类制品，食用前需经熟化加工，是我国传统的肉制品之一。目前通过对腊牦牛肉加工工艺的探索试验，已初步掌握了腊牦牛肉加工的基本过程，为规模化、标准化、工业化开发牦牛肉地方特色食品奠定了基础。

（五）肉松类

牦牛肉松是选用新鲜的优质牦牛精瘦肉经煮制、炒干、搓松等工艺制成的一种肉制品，多使用复合薄膜或玻璃瓶包装，深受消费者喜爱。牦牛肉松不仅可以作为零食直接食用，还可以作为烹饪的佐料，为菜肴增添独特的风味。同时，牦牛肉松富含蛋白质、矿物质和维生素等营养成分对人体健康具有积极的促进作用。上海立丰食品有限公司是我国一个有着将近百年历史的肉松品牌，该公司旗下有着属于自己的零食产业生产线，能够独立研制出很多好吃的休闲零食盘，其中以肉类食品最受欢迎。

（六）其他类

由初级加工向加工层次高、附加值高的方向发展，突出牦牛肉绿色、无污染的特点，充分利用良好的牦牛资源，在现有基础上开发牦牛肉骨排，豆豉类、茄汁类、五香类牦牛肉软罐头，通过对牦牛肉的探索性加工生产，为提高牦牛肉附加值，走向市场、提高市场竞争力，开辟新的竞争领域，为牦牛肉"绿色"食品的生产增添了新内容。另外，发展中药膳牦牛肉食品产业也是一种可取的途径。

三、副产品

"牦牛浑身是宝"，但是如此宝贵的资源，目前仅有其中的牦牛肉得到了有限的开发利用，牦牛皮、骨、血等副产物大多以极低的价格进行销售或直接丢弃，并没有得到有效利用，造成严重的资源浪费。

（一）血制品

牦牛血中超氧化物歧化酶和血红蛋白含量远高于其他动物血液，具有免疫调节、调节血脂、美容功能。牦牛血携氧能力和营养储备功能也远远优于其他牛类，除此之外，牦牛血还含有丰富的蛋白质、氨基酸和无机元素等，是良好的营养剂、补血剂和补钙剂。如作蛋白质补剂，可补充儿童生长发育所需赖氨酸、组氨酸等；作为铁质补剂，血红素铁可预防和治疗缺铁性贫血等。利用现有技术将牦牛鲜血制成血粉，可以延长血液的保质期，同时保留了其中的大部分营养成分。

（二）牛肚

牦牛肚中含有丰富的脂肪、蛋白质、钙、铁、磷、核黄素、硫胺素、烟酸等多种营养元素，矿物质及维生素含量高，营养较均衡。将牦牛肚制作成携带方便的制品，其蛋白质含量高达85%，并且热量较低，符合现代人的生活要求。目前也开发了一些对传统卤牛肚的改良工艺，将牛肚包装方式改为软罐头，并对卤制工艺参数进行优化，更改后的卤制牛肚有嚼劲，咸淡适中，口感适宜，方便携带。

（三）牛皮

牦牛皮中含有丰富的胶原蛋白，占到其干重的74.98%，能有助于强健骨骼、延缓衰老、改善肤质等。目前发现可以将牦牛皮制成火锅底料，既可以保留火锅最原始的食用风味，同时将牦牛牛皮的滋补价值融合在内，形成一种更有商业价值的、符合市场需求的功能性火锅底料。牦牛皮作为一种胶原蛋白含量高且性质与猪皮和鸡皮相似的食品原料，将其加工成油炸牦牛皮产品具有较高的可操作性。利用油炸膨化技术进行加工制备，形成具有独特咀嚼感和特殊风味的产品形态。牦牛皮更常见的是被用作皮冻生产原料，牦牛皮冻产品可以在保留传统加工技术的同时开发不同的产品口味或增加产品营养成分，进而提升产品的营养价值和功能特性，既富含胶原蛋白，又拥有脂肪含量低的特性，色香味俱佳，质地富有嚼劲，适用人群广，是一种低脂肪、低热量和高蛋白的保健美容食品。

（四）其他可食性副产品

除了上述提及的常见的牦牛副产品，还有其他一些可食性副产品。牛髓片能够随取随用且保持牛髓的磷脂活性。牦牛酥油是从牦牛奶中提炼的脂肪，含有多种维生素和功能性脂肪酸，其中共轭亚油酸含量是普通奶油的两倍，具有极高的营养价值。

第三节　产品类型2: 乳与乳制品

一、牦牛乳产品

2023年, 我国牦牛奶产量约100万吨, 是高原地区各族人民重要的食品和乳品加工原料。在放牧状态下, 牦牛泌乳期平均在150天, 泌乳期泌乳量450~500千克, 泌乳期的产奶量180~240千克, 70%以上为犊牛及牧民自食。牦牛常乳中干物质含量为18%, 牦牛乳蛋白质含量约为5.6%, 乳糖5%, 乳脂6.5%。之所以如此除遗传因素外, 与牦牛的饲养管理模式相关, 牦牛常年放牧于天然草原, 牧草生长期短, 枯草期长达7个月, 冷季营养供给水平低, 呈现夏壮、秋肥、冬瘦、春乏的自然规律, 制约着产业化的发展和效率。牦牛的产奶是季节性的, 产犊高峰在4—5月, 产奶盛期(7—8月)牦牛放牧于海拔4000米左右的夏季牧场, 牦牛奶以哺育犊牛及牧民自食为主。牦牛乳制品企业收购奶约占15%, 主要产品有牦牛鲜奶、酸奶、奶粉、奶酪、干酪素、黄油等, 牦牛乳制品的不断完善更新成为近年来农牧民扩展收入来源的重要渠道之一。

(一)牦牛鲜乳奶粉制品

牦牛乳是一种原生态、无污染的优质特色乳资源, 牦牛乳又被称为"天然浓缩乳", 是高原地区各族人民重要的食品和乳品加工原料。西藏、青海、四川、甘肃和云南等地的高原和草原地区是牦牛的主要分布区, 这些地区的天然环境适宜牦牛生存和繁殖。丰富的牦牛资源为牦牛乳制品的生产提供了充足的原料基础。牦牛乳中脂肪含量较高, 且含有丰富的中链脂肪酸和不饱和脂肪酸, 对心脑血管健康有益。此外, 牦牛乳中的乳蛋白易于消化吸收, 对维持身体健康和发育起着重要作用。牦牛鲜乳和乳粉以其独特的成分和营养特点, 吸引了一部分消费者的关注和青睐。为了满足不同年龄段人们的需要, 现在也有很多针对性的牦牛奶粉出现在市场, 如全脂奶粉、幼童奶粉、孕妈妈奶粉和中老年奶粉等。牦牛乳和牦牛乳粉正处于不断发展的阶段, 随着科学技术的进步和加工能力的提升，牦牛乳和乳粉的生产工艺和品质得到了改善，现代化的乳品加工设备和技术使得牦牛乳能够更好地进行脱水和浓缩处理，生产出更稳定、安全和高品质的牦牛乳粉产品。在一些牦牛养殖区域，政府出台了扶持政策，并以当地龙头企业如燎原、华羚、红原和雪顿等为平台，促进牦牛乳和乳粉产业的发展。燎原乳业除了燎原、雪赐、诺滋、亚归、伊宝乐、优比丽系列婴幼儿牦牛配方奶粉外，还有专门为不同人群生产的牦牛奶粉，如：专为中老年人群研发的中老年牦牛配方奶粉，专为孕妇研发的孕妇配方奶粉，为缺铁缺钙的中年女性研发的高钙高铁奶粉，为学龄前儿童准备的幼童配方奶粉，还有为全年龄段需要增强抵抗力的人群准备的全脂牦牛奶粉，等等。

（二）牦牛发酵乳制品（酸乳）

牦牛发酵乳制品是利用牦牛鲜乳经过发酵加工而成的乳制品。在制作过程中，新鲜的牦牛鲜乳首先会被添加适量的发酵剂，通常是乳酸菌，如乳酸杆菌或酸奶菌。随后在适宜的温度下进行发酵，通常4~24小时发酵完成后，牦牛鲜乳会转变为具有特殊风味、营养丰富的发酵乳制品。而商业化的发酵乳制品是通过将乳制品发酵工艺进行规模化生产而得到的。商业化的发酵乳制品具备一致的质量和口感，能够满足大规模生产和消费的需求，为消费者提供方便、美味和营养丰富的乳制品选择。在一些牦牛养殖地区，牦牛发酵乳制品已经成为当地的特色产品，并得到了一定的市场认可。同时，一些乳品生产商也开始将牦牛鲜乳用于发酵乳制品的生产，推出了牦牛酸奶、牦牛发酵乳等创新产品。这些产品以其独特的口感、营养价值和健康特点吸引了一部分消费者的关注。然而，相对于传统的牛奶发酵乳制品，牦牛发酵乳制品的规模和市场份额仍相对较小，市场开发和推广仍面临一些挑战。一方面，牦牛鲜乳的供应量有限，限制了发酵乳制品的生产和销售规模；另一方面，由于牦牛鲜乳的特殊性，其加工和发酵工艺也需要进一步研究和改进，以提高产品的质量和稳定性。研究表明，一些稳定剂、发酵剂可以优化牦牛酸奶品质。此外，有研究表明能够优化牦牛酸奶生产过程的杀菌、接种量、发酵温度等重要工艺参数，基于酸度、质构和风味成分的变化规律，优化牦牛发酵乳制品。但目前牦牛发酵乳制品工业化生产能力相对较弱,因此,进一步加强牦牛发酵乳制品的研发和推广,提高产品的品质和可持续性,拓展市场份额,将是未来牦牛发酵乳制品发展的关键。总之,牦牛发酵乳制品在畜牧业和乳品行业中具有巨大的发展潜力。通过科研和技术的不断创新,加强与牦牛养殖业者的合作,改善产品品质和稳定性,提升消费者对牦牛发酵乳制品的认可度和接受度,牦牛发酵乳制品有望成为乳品市场的新宠,为牦牛养殖业的发展带来新的机遇。

(三)牦牛干酪类乳制品(奶渣、奶酪)

牦牛干酪类乳制品主要包括牦牛奶渣(又称曲拉)和牦牛奶酪。牦牛奶渣是制作牦牛奶酪时所产生的副产品,也被称为奶渣干酪。它是通过将牦牛鲜乳经过加热和加酶剂处理后,将乳固体与乳清分离,然后进行压榨、成型和发酵等工艺制成的乳制品。牦牛奶渣具有独特的风味和丰富的营养价值。它呈现出浓郁的奶香味和细腻的口感,质地松散而柔软。牦牛奶渣富含高质量的蛋白质、脂肪、维生素和矿物质等营养物质。牦牛奶渣中的蛋白质含量较高,且具有较高的生物利用度,有助于提供身体所需的氨基酸。此外,牦牛奶渣还富含钙、磷、锌和维生素D等,对骨骼健康和钙质吸收有促进作用。牦牛奶酪是一种经过发酵和成熟处理后制成的乳制品。它是通过将牦牛鲜乳中的乳固体与乳清分离后,加入乳酸菌或乳酸发酵剂,使乳中的乳糖转化为乳酸并发酵而成。牦牛奶酪具有浓厚的奶香味、独特的口感和丰富的营养价值。牦牛奶酪中的乳酸菌有助于改善肠道菌群平衡和促进消化吸收,奶酪中的乳蛋白质经过发酵和陈化过程,更易于消化和吸收。奶渣和奶酪同为干酪类乳制品,是当地牧民的传统食品。尽管牦牛干酪类乳制品的发展前景广阔,但目前市场规模和市场份额仍相对较小。牦牛干酪类乳制品的生产和销售受到牦牛鲜乳供应的限制,同时也面临着生产工艺和技术的挑战。为了进一步推动牦牛干酪类乳制品的发展,有必要加强相关的科研和技术支持。通过研发创新的加工技术和工艺,提高产品的品质和稳定性,满足不同消费者的需求。总之,牦牛干酪类乳制品(奶渣、奶酪)作为牦牛乳制品的重要组成部分,具有独特的风味和丰富的营养价值。随着消费者对高品质乳制品的追求和对健康食品的关注,牦牛干酪类乳制品的市场前景看好。通过加强科研和技术创新，提高产品的品质和稳定性，加强市场营销和宣传工作，牦牛干酪类乳制品有望在市场上取得更大的发展。

（四）牦牛奶油制品（酥油）

牦牛酥油是藏族人民的食品瑰宝，也是藏族人民日常生活中必不可少的食物。夏季或秋季从牦牛乳中提炼出的牦牛酥油呈鲜黄色，冬季提炼的牦牛酥油则呈奶白色。牦牛酥油是通过将牦牛鲜乳中的脂肪经过分离和加工而得到的一种乳制品。在制作过程中，牦牛鲜乳中的脂肪被分离出来，经过搅拌、沉淀、抽取和过滤等多个步骤，去除了多余的水分和乳糖，最终得到纯净的奶油。牦牛酥油呈现出浓郁的奶香味和丰富的黄色，质地柔软而细腻。牦牛酥油具有丰富的营养价值和独特的口感。牦牛酥油中的脂肪含量较高，且富含多种脂肪酸，尤其是中链脂肪酸。牦牛酥油中的维生素A和维生素D等脂溶性维生素也很丰富。此外，牦牛酥油还富含卵磷脂和其他营养物质，对皮肤健康和免疫力的提升有积极的影响。牦牛酥油在食品制作和烹饪中具有广泛的应用。它可以用作面点、糕点和饼干等烘焙食品的原料，赋予食品更加浓郁的奶香味和松软的口感。牦牛酥油也可以用于炒菜和烹调中，提升菜肴的口感和风味。牦牛酥油的主要成分是乳脂肪，质量分数达87.58%。牦牛的生育周期长，每头母牦牛每天产奶量有限，远低于普通奶牛，这就限制了牦牛奶油的产量和供应。相对较低的供应量导致牦牛奶油在市场上的稀缺性，难以满足消费者的需求。此外，牦牛奶油制品的生产也受到生产工艺和技术的限制。牦牛鲜乳中的脂肪含量较高，脂肪粒较小，使得牦牛奶油的提取和加工过程更加复杂，加工工艺和技术仍需要进一步改进和研究，以提高牦牛奶油的生产效率和产品质量。由于牦牛奶油在市场上的知名度和认知度相对较低，市场推广和宣传也面临一定的挑战。消费者对于牦牛奶油的了解和接受度有限，对其风味和营养价值的认知度相对较低，因此，加强市场营销和宣传以提高消费者对牦牛奶油制品的认知度和接受度也是发展的关键。

（五）牦牛酪蛋白制品（干酪素）

干酪素是一种重要的食品、生物制品及化工原料，可作为食品添加剂或品质改良剂用于各类食品加工，也是皮革、轻纺和造纸等产品生产过程中的添加剂。干酪素的主要成分为酪蛋白，是鲜乳经离心、脱脂、沉淀、干燥等方法生产加工的一种乳制品，是白色或微黄色，无臭味的粉状或颗粒状物料。目前，我国干酪素生产的主要原料是来自西北牧区的"曲拉"，"曲拉"是牧民将牦牛乳脱脂后，自然发酵使酪蛋白凝固、风干而制成的粗奶酪。现阶段国际市场年需干酪素30万吨以上，年消费增长率达到20%以上，现有的市场供应量尚不能满足市场需要，故干酪素的市场前景非常广阔。然而在干酪素的生产过程中还存在生产原料不足、原料质量差，干酪素色泽差、气味不佳、产率低等诸多问题，而这些问题都是目前干酪素生产所急需解决的问题。我国干酪素系列产品的生产企业主要分布在甘肃、青海、山东、内蒙古、新疆、浙江、江苏、河北等省（区），其中甘肃和青海两省较多，为我国干酪素的主要产地。我国干酪素行业发展速度较慢，生产技术落后，产品品种单一且附加值低，生产设备陈旧且产品质量稳定性差。但近年来随着国内对干酪素研究的不断深入，我国干酪素的生产加工取得了显著成效。为解决干酪素生产技术问题，生产企业还需提高干酪素在实际生产中的生产效率和设备的利用率，降低生产成本，稳定产品质量，提高产品的竞争力，为牧民和企业创造更好的经济效益，未来我国干酪素市场的发展会越来越广阔。

（六）牦牛肽系列制品（酪蛋白磷酸肽）

高纯度酪蛋白磷酸肽，肽含量和蛋白质含量大于等于95%，是以牦牛乳酪蛋白为原料，经酶水解、分离纯化、喷雾干燥而得到的含有成簇的磷酸丝氨酰基的多肽，具有显著促进矿物质吸收利用的生理活性，被誉为"矿物质载体"，可以有效提高人体钙、铁、锌等二价矿物质的摄入量及吸收和利用率，是目前为止实现了工业化生产的生物活性肽。此外，牦牛酪蛋白磷酸肽还富含磷酸，是构建骨骼和牙齿的重要成分，有助于维持骨骼的健康和强度。除了以上的营养成分和功能特性，牦牛酪蛋白磷酸肽还具有出色的溶解性和适口性，使其在日常饮食中的应用非常方便。它可以作为保健品或营养补充品配合饮食使用，也可以用于食品加工中，如添加在奶制品、饮料、糕点和保健食品等中，以增加产品的营养价值和功能性。然而，牦牛酪蛋白磷酸肽的发展也面临一些挑战。首先，牦牛酪蛋白磷酸肽的生产成本较高，限制了其在市场上的价格竞争力。其次，市场推广和宣传也是发展的关键，需加强消费者对牦牛酪蛋白磷酸肽的认知度和接受度，拓宽市场份额。总之，牦牛酪蛋白磷酸肽行业和产品发展正处于初级阶段，但已经取得了一定的进展。未来的发展还需要克服一些挑战，需要加强科研创新、降低生产成本、着力市场推广和规范化管理等方面的努力，以推动牦牛酪蛋白磷酸肽行业的长期发展和壮大。

（七）牦牛乳休闲食品

牦牛乳休闲食品是以牦牛乳为主要原料制作的一系列休闲食品。现在市场上出现的牦牛乳休闲食品包括牦牛奶贝、牦牛乳奶片、牦牛乳蛋白糖、牦牛乳奶酪棒、牦牛乳果粒奶块、牦牛乳奶泡、牦牛乳冻干酸奶酥和牦牛乳奶枣等产品。这些产品以其独特的风味和丰富的营养价值备受消费者的关注和喜爱。在当前阶段，牦牛乳休闲食品行业正逐渐崭露头角。随着对健康食品和有机产品的需求增加，牦牛乳休闲食品凭借其独特的原料和营养价值受到越来越多消费者的青睐。一些乳制品企业在生产技术和品牌推广方面积极探索，力求提高产品的质量和市场竞争力。然而，牦牛乳休闲食品行业仍面临一些挑战。首先，牦牛乳的供应量有限，限制了产品的生产规模和市场供应。其次，对于牦牛乳休闲食品的认知度还相对较低，消费者对其了解和接受程度有限。此外，市场竞争激烈，需要不断创新和提高产品的独特性和品质。未来，牦牛乳休闲食品行业有望迎来更好的发展。随着科技进步和生产技术的不断提高，牦牛乳休闲食品的生产成本有望降低，产品价格更具竞争力。同时，加强市场推广和宣传，提高消费者对牦牛乳休闲食品的认知度和接受度，有助于扩大市场份额。通过科技创新和行业合作，牦牛乳休闲食品有望实现更好的发展，并成为休闲食品市场的重要品牌。

二、牦牛绒产品

牦牛是牛属家养品种中唯一能生产毛和绒的牛种,也是牦牛成为"全能"家畜的主要表现。我国牦牛毛绒年产量约1.3万吨,居世界第一。牦牛被毛有毛、绒之分,牦牛身体不同部位毛的形态差异很大,既有粗长的尾毛(长度达40厘米),又有细短的绒毛(长度近3.0厘米)。早在秦、汉,牦牛尾毛就成为一种珍贵的贡品,之后一直是传统的出口物资。20世纪50年代毛纺工业开始利用牦牛毛绒。近年来,随着毛纺工业对特种资源的发掘和利用,牦牛毛绒,特别是牦牛绒的利用,受到了多方面的重视并生产出了多种产品以供应市场需求。将废弃的牦牛毛纤维加工制成毛毡等各类产品,为农牧民收入和地区的发展提供了一种新的途径和商业模式。牦牛绒纤维弹性好,光泽柔和,不易起毛、起球,保暖性和羊绒相近,纯纺或混纺都有很高的经济价值,而牦牛毛纤维具有较为粗长、刚直硬挺、卷曲较少和抱合力较差等特点,不适合纺纱,主要用于做假发、绳索等。随着拉伸细化技术、剥鳞技术和低温等离子改性技术等在纺织工业中的广泛应用,牦牛毛、绒的用途越来越广,产品档次也越来越高,牦牛毛、绒的开发前景将十分广阔。

在牦牛绒细分行业中,细度较小的毛绒(细毛)和细度较大的毛绒(粗毛)可以制作不同类型的产品。细毛适合制作高级面料、服装、配饰、家居用品和高端礼品等。其柔软舒适、保暖性好的特点使其成为高端冬季服装、保暖配饰和高档礼品的理想选择。细毛可以制作高级面料,如牦牛绒羊绒混纺织物、牦牛绒羊毛混纺织物等。在服装方面,细毛适用于轻薄保暖的内衣、衬衫、T恤、打底衫等。同时,细度较小的牦牛绒也非常适合制作围巾、手套、帽子、袜子等保暖配饰。在家居用品方面,细毛适用于制作毯子、床品、枕头套等,使家居环境更加温馨和舒适。此外,细毛还可以制作高档礼品,如羊毛毯、羊毛围巾等,具有珍贵和实用的特点。粗毛则适合用作填充材料、手工艺品和毛绒玩具等。粗毛的长而厚实的纤维可以提供良好的弹性和支撑性,因此粗毛常用于填充毯子、靠垫、沙发垫等家居用品。在手工艺品方面,粗毛可用于手工编织,如手工毛线、钩针制品等，其独特的纹理和质感使得手工艺品更具魅力。此外，粗毛还可以用于制作毛绒玩具，如毛绒熊、毛绒兔等，其柔软舒适的特性使得玩具更具触感和可爱度。在我国牦牛尾毛主要用于戏剧道具，如蝇拂、刀剑、缨穗和胡须等，国外用于加工假发或发帽、圣诞老人化妆用的胡须及一些工艺品。在各牦牛品种的牦牛毛绒中，天祝白牦牛尾毛纤维长、强度大，过去历代都是珍贵的贡品，主要用于制作剧装、须髯、假发及拂尘等，经济价值高，也是目前利用较好的牦牛毛纤维。因此，牧民对尾毛格外珍惜，收取的积极性也高。由于纤维的空心结构，牦牛绒可储存空气，并将吸收水分释放，形成绝妙的柔软性与透气感。优质的牦牛绒仅产于1~2岁的牦牛身上，我国牦牛绒的产量也仅占羊绒的1/5。每年春夏，绵密柔糯的毛绒脱出，仅能通过牧民手工精梳取得，全程对牦牛无压力。每头牦牛每年产绒不超过300克，最终将变为毡、毯、褐、罽，为高寒地带的生命延续带来不可或缺的珍贵温度。因此，大力开发利用牦牛毛绒资源，不仅可为我国毛纺工业提供优质的纺织原料，而且可以增加当地牧民的经济收入，促进牦牛产业的健康持续发展。

第四节　产品类型3：文创类产品

一、工艺品

（一）牛角

牦牛角具有高贵雅致的外观，用它制成的角梳梳头，去垢而不沾，解痒而不痛，温润而不挂发，还能加速头皮血液循环。

（二）牛头

牦牛被藏民认为是神圣的象征。藏民喜好把牦牛头骨做成装饰品，不仅美观还有辟邪化凶的功能。牦牛头制成的工艺品有很强的民族文化色彩，很多藏民把这种工艺品挂在门上，比较有特色，点缀之后也非常美观。

（三）牛皮

1. 生皮

生皮即未经土法鞣制的牦牛皮，也不去被毛，用途较为普通。其主要用于酥油的包装，或是将生皮切割成网状，捆扎在木箱外面，待生皮干后，即固定在木箱上，也有用整张牦牛皮包裹木箱的。另有用生皮切割成细条作为皮绳。

2. 熟皮

熟皮是经土法鞣制的革，民间都采用油脂法。将毛皮浸泡后除去被毛，割去皮下结缔组织，然后用陈年酥油浸透。也可在涂抹酥油后用手揉捏柔软，再用刀修正正反两面，使其光整。熟皮的用途广泛，可以被缝制成皮口袋，贮存粮食、奶渣等，可缝制毡靴或作鞋底。用刀切割成细条搓绞成皮绳，或切割成宽度不等的奶皮等，用于捆扎什物或背水背柴，圈套牲畜，以及用于鞍具、驮具上等。

3. 裘皮

裘皮多用犊牛皮制成。犊牛死后，剥下被皮，除净皮下的结缔组织，浸泡在乳清中。数天后取出，用陈酥油鞣制，使皮板柔软，梳直被毛即成，一般供作儿童裘衣。

4. 牛骨

牦牛骨是一种优质材料，因为它含有丰富的油脂和较高的硬度，用它制成的工艺品颜色非常光滑，而且在盘制的过程中也不会出现裂纹。藏族装饰的艺术形式受其宗教文化的影响很大，以牦牛骨为原料制成的手工制品，也渐渐成了藏族文化的代表。由商人加工而成的圆形或片状的牛骨，可用来编织成手链、项链、小挂件等。

二、休闲类旅游产品

（一）牦牛风情文化体验

在藏族人民与牦牛相处的几千年中，牦牛不仅为传统的藏族社会提供了人们生存的基本保障，同时也是藏民族原始的崇拜物，伴随着传说、神话、宗教等的不断发展和演化形成了独特的牦牛文化，成为高原艺术的主题。牦牛文化是指在牦牛背上驮载的文化，这既包括历史文化、畜牧文化、器物文化、丧葬文化、生态文化，也包括了高原藏族的文学、艺术、音乐、舞蹈等审美文化，还涉及宗教和哲学文化。

在西藏，一些地方会举办与牦牛相关的文化活动，结合当地的自然景观和人文资源，开发牦牛主题旅游线路。游客可以沿着这些线路，欣赏美丽的自然风光，体验牦牛文化的独特魅力。同时可以参观牦牛养殖场或自然保护区，近距离观察牦牛的生活习性，甚至有机会亲自体验放牧、饲养牦牛的过程。这种体验能让游客更深入地了解牦牛的文化价值和生态意义。

另外，牦牛主题美食文化也深受游客欢迎。牦牛肉质鲜美、营养丰富，是制作各种美食的绝佳原料。牦牛肉干、牦牛肉火锅、牦牛酸奶等都是游客喜爱的特色美食。这些美食不仅满足了游客的味蕾也让他们更深入地体验了牦牛文化的魅力。

（二）牦牛纪念品

牛角梳是以牛角为原料制作的一种梳子，长度为10~20厘米，保留了牛角质自然本色以及对人体有利的微量元素。牛角本身是中药的一种，因此牛角制品有一定的保健作用。使用牛角梳有一个说法，"千过梳头，头不白"，就是说牛角梳不会产生静电，每天由前向后梳可疏通经络促进头部血液循环，防止头发变白。它的药理性能在按摩人的大脑头皮和头部神经时促进血液循环。作为独特的手工艺制品，牛角梳不仅具备日常使用价值，也可作为礼物赠送他人，送梳子代表着相思、挂念，也有着送人梳子白头偕老的说法，在古时梳子也可作为定情信物。同时牛角梳也可以赠送给母亲，寓意健康快乐，把烦恼梳尽，永远年轻。因此，牛角梳成了当地最受欢迎的旅游产品。

藏毯原料主要选自生长在海拔4000米以上青藏高原上的牦牛的颈、肩、背部的绒毛，色泽艳丽，种类繁多，主要通过植物染色、手工编织制得，包括地毯、挂毯、卡垫等。"藏毯"作为民族传统手工艺品，有着悠久的发展历史，是民族文化传统的手工艺品。随着社会经济不断地发展，藏毯逐渐进入了农牧民的家庭和生活，同时藏毯也用来敬奉寺院。现代藏毯主要以驼色、米色、珊瑚红色作为主色调，加上具有鲜明特色的当地牧民的民族传统图案，毯面色调呈现出柔和之感，毯面布局也构思巧妙。藏族织毯工艺，既是藏族织染技艺的荟萃，也是藏族民间美术的杰作，有着独树一帜的文化意韵，是印记着当地人一生与梦想的艺术，有着丰富的文化内涵。

第五节　几点启示

习近平总书记在参加十三届全国人大四次会议青海代表团审议时强调，要结合青海优势和资源，贯彻创新驱动发展战略，加快建设世界级盐湖产业基地，打造国家清洁能源产业高地、国际生态旅游目的地、绿色有机农畜产品输出地，构建绿色低碳循环发展经济体系，建设体现本地特色的现代化经济体系。这不仅是对青海，也是对青藏高原所有牦牛产业工作者提出的要求。打造"有机农畜产品输出地"的核心是针对区域外目标市场消费需求，开展牦牛产品的精深加工，通过"内提品质，外显特色"有效提升牦牛产品的供给质量，实现牦牛加工产业的提质增效。牦牛产业作为青藏高原的重要支柱产业，必将成为推动青藏高原牧业高质量发展、输出高品质畜产品的主要抓手。为实现牦牛产业的可持续发展，应重视以下几点：

一、应重视与加强基础研究和新技术转化对牦牛产业发展的支撑作用

牦牛肉乳精深加工作为一二三产业融合发展的关键环节，是实施"一产上水平、二产抓重点、三产大发展"战略的重要纽带。在牦牛肉加工领域，应坚持以市场需求为导向，积极开展牦牛肉对应性加工体系建设。针对不同区域、不同品种牦牛的养殖方式与环境特点，系统性开展牦牛肉品质特点研究，根据牦牛胴体部位肉加工适宜性和营养学功能特性，针对目标市场和消费群体需求，

构建多层级的牦牛肉对应性加工体系。随着质量型供给的产业需求日趋强烈，牦牛乳加工向特色化、高值化方向发展成为必然趋势。应充分挖掘高原益生菌资源，开展牦牛乳源乳酸菌菌种资源收集和功能性开发，如针对国人肥胖、高血糖及高尿酸等常见慢性病，筛选具有自主知识产权的功能性益生菌菌株，并根据目标人群喜好，定向调控牦牛酸乳风味品质，研发菌株活力保持技术，开发风味特征明显、功能确定的差异化个性化益生菌牦牛酸乳等。

牦牛屠宰与乳品加工水平的提高，将进一步推进牧业产业化经营，延伸产业链条，提升牦牛产品附加值，推动农业供给侧结构性改革，实现提质增效，丰富供应，成为"三产大发展"的重要支撑。

二、应重视打造特色产业链条

牦牛产业是当地独具特色的畜牧产业，是乡村振兴的重要抓手，是关乎农牧民高质量发展的民生产业。打造牦牛特色产业链对当地经济水平提升、民族稳定团结起着非常重要的作用。

首先，应按照养殖规模化、技术专业化以及管理标准化的发展要求，大力培育适度规模经营主体，加强集约化水平的提高。培育以牦牛繁殖、育成、高效养殖、疫病防控、牧草生产、饲草饲料调制、精细化屠宰加工、粪污绿色处理等为主的新型家庭牧场、农民专业合作社、龙头企业的农业产业化联合体。积极推进牧草种植企业、养殖企业、屠宰加工企业、冷链物流企业等经营主体组建牦牛标准化产业联合体，建立利益联合机制，实现全产业链有序规范、持续健康发展。

其次，以现代农业视角拓展牦牛产业发展新思路。现代农业具有通过生产产生经济、人文、生态、社会效益，并发挥经济、人文、生态、社会等多效能功能特征。青藏高原资源相对不足，生态环境承载能力弱，可以围绕现代农业的多元化功能，鼓励以生产功能为主，兼顾生态科教、服务就业等功能，科学规划其布局，突出区域特色优势，因地制宜地积极推动牦牛特色产业经营模式构建。例如，跳出传统的牦牛肉乳产品加工为主的合作社生产模式，尝试以牦牛种质特色、乳肉品质特色、风俗文化特色、高原自然景观特色为基础，将牦牛产业与文旅产业紧密结合，打造高原特色牦牛畜牧业旅游文化人文景观。

三、应重视企业品牌建设

藏文化是中华文化的重要组成部分，牦牛是青藏高原的象征，具有强大的品牌溢价潜力。但是，受传统思想和经济发展水平的影响，当地企业对自身品牌构建普遍缺乏系统的顶层设计能力，对牦牛肉乳的绿色生产方式宣传力度不够，缺乏针对牦牛肉乳生态和营养价值系统的研究，功能性、特色性挖掘欠缺问题突出，造成牦牛肉乳产品区域外消费者接受度差，特色、高附加值产品少。牦牛肉在市场上与普通牛肉同价销售，尚未创造出与其相匹配的经济和社会效益，使青藏高原牦牛产品长期处于"区内安全保障难、区外品质增值难、内外特色彰显难"的尴尬境地，严重制约了牦牛产业的高质量发展。

针对此种现状，企业可以通过建立产品可追溯的质量保障系统，突出产品生产过程追溯示范认证；在加工生产中实行HACCP管理等工作，提升安全品质控制；利用屠宰加工提质技术、标准化分割和分级技术以及智能冷链物流、绿色防腐保鲜等核心技术创新提升食用品质；以"三品一标"为核心，结合产品形态的创新设计以及绿色、安全的产品加工工艺创新，如特色化、功能化，突出产品的外观质量，从而满足消费者对产品差异性的需求，达到品牌被消费者所认知和识别的最终目的。

第六章

牦牛产业发展效益评价

第一节　引　言

随着脱贫攻坚战略的完成和乡村振兴战略的不断推进，牦牛因其独特的"小群体大规模"养殖特点成为农民增收的重要渠道，并且成为地方政府乡村振兴战略的重要抓手。牦牛养殖业是我国畜牧业中发展潜力巨大的产业之一，它一方面是解决农村剩余劳动力就业的重要途径，另一方面在增加农民收入和提高农民生活水平等方面也发挥着重要作用。另外，养殖肉牛产生的粪污经过无害化处理之后还可以作为粪肥还田，从而减少资源的浪费和对环境的污染，增加土壤的有机质含量。2020年国家出台《"十四五"推进农业农村现代化规划》提出实施基础母畜扩群提质和南方草食畜牧业增量提质行动，引导一批肉牛规模养殖场畜禽圈舍标准化、集约化、智能化改造。农业农村部出台了《关于落实党中央国务院2022年全面推进乡村振兴重点工作部署的实施意见》，提出实施肉牛增量提质行动，开展草原畜牧业转型升级试点示范，优化屠宰企业区域布局，推进屠宰企业标准化创建，强化重大动物疫病防控等建设重点。国家对牦牛的政策倾斜使得牦牛产业在近些年实现了较快发展，养殖规模不断扩大，养殖面积不断增加，产值逐年增长。

同时，发展牦牛产业在乡村振兴中具有重要地位，其主要作用体现在促进经济增长、生态保护、文化传承、社会稳定、科技创新和国际市场拓展等多个方面，尤其是牦牛的养殖与加工产业链为乡村带来了新的生机，促进了就业机会和收入增长。此外，牦牛作为一种传统的牲畜，其在社会文化层面上的作用也不容忽视。它的存在加深了人们对本土文化的认同感，并有助于维护社会和谐稳定。科技创新的引入，如畜群管理、疾病预防等技术的应用，进一步推动了牦牛产业向更高层次的发展。同时拓展国际市场，不仅能增加农牧民的收入，还能提升我国农产品的国际竞争力。通过这些综合措施的实施，可以有效推动乡村的全面振兴，实现可持续发展目标。从长远来看，牦牛产业的繁荣将为乡村地区带来持久的经济收益,同时也有利于环境保护和生物多样性的维护。在这个过程中,政府和社会各界需共同努力,确保牦牛产业的健康发展,从而实现经济、社会与生态三赢的局面,为乡村振兴战略注入强大动力,展现出无限的潜力和希望。

本章依托西藏自治区牦牛体系产业经济与政策研究项目、国家肉牛牦牛产业技术体系产业经济研究项目,同时结合国家科技特派团色达牦牛产业技术服务,基于文献资料整理,从牦牛养殖经济效益、生态效益和社会效益三个方面对牦牛产业发展效益及其变动趋势进行分析。

中国牛肉消费量自改革开放以来不断增加,1978—2023年,中国牛肉消费量由31.0万吨增长为1105.7万吨(预测数,以下部分数据采用2022年统计数据、2021年统计数据、国家肉牛牦牛产业技术体系调查数据),牛肉消费量增长34.67倍,占世界总消费量比重由0.72%增长为19.11%,是世界牛肉消费量第二大国。2007年中国牛肉消费量617.8万吨,2023年中国牛肉消费量在此基础上增加487.9万吨,年均增长率超过4%,除2008年、2011年中国牛肉消费量环比分别下降0.96%、3.2%外,中国牛肉消费量整体而言呈现增加趋势,其中2019年中国牛肉消费量增长最快,达到13.04%;其次,2007年中国牛肉增长8.92%,消费量增长迅速;2018年、2020年,中国牛肉消费量分别增长7.89%、7.47%,增长幅度较大。牦牛产业的发展水平同居民消费和收入水平、牦牛数量和品质、国民经济的发展等均存在较深的联系,但从牦牛养殖的生产饲料加工到育肥后出栏的整体水平来看,我国牦牛养殖平均水平较低,目前采用的仍是传统养殖模式,导致牦牛养殖还存在一些规范化和养殖技术缺乏的问题,如产量少,良种培育效果不明显等问题。本章主要是基于国家肉牛牦牛产业的研究。

第二节　牦牛生产经济效益分析

牦牛产业作为关系民生的重要产业，为当地农牧民提供肉类、奶类、毛皮、燃料和交通工具等各类生活用品和经济产品，成为推动中国西部高原地区畜牧业发展、农村生活水平提高和家庭增收的重要动力，对增加农牧民收入、促进西部地区经济发展及社会问题具有重要意义。近年，我国牦牛业保持持续稳定的发展趋势。随着现代化水平不断提高，牦牛产值有望保持稳定提升。

一、牦牛生产效益分析

（一）牦牛生产效益概念

养殖收入由主产品产值与副产品产值组成。其中，主产品产值为生产者通过各种渠道出售主产品所得收入。副产品产值指调查期内被出售的副产品产值。牦牛养殖主产品产值为出售活牛的收入，主产品产量按照牦牛活重计算，牦牛价格以实际出售的价格为准，按照平均价格计算。牦牛养殖经济效益可以用净利润和成本利润率两个指标来衡量，其中，净利润等于产品产值减去生产过程中投入的各项生产要素成本后的余额，肉牛养殖成本利润率是表示肉牛养殖盈利能力大小的指标，反映了肉牛养殖户获取养殖收入所付出养殖成本的高低。成本利润率越高，说明肉牛养殖户获取养殖收入所付出的养殖成本越低。

（二）牦牛生产效益变动趋势分析

1.牦牛生产总产值变动趋势分析

从表6-1中的数据可以看出，在西藏、甘肃和青海，每头牦牛总产值均表现持续增长趋势，其中西藏产值最高，其次是甘肃，最后是青海。西藏从2014年开始产值迅速增加，明显赶超甘肃和青海，之后一直处于领先地位，并在2022年达到最高值162741元。这说明西藏近年来牦牛产业发展较快，经济效益得到显著提高。

表6-1 牦牛产区每头牦牛总产值

时间	全国（元/每头）	西藏（元/每头）	甘肃（元/每头）	青海（元/每头）
2009年	56341.5	77688.5	69464.8	50544.4
2010年	60535.2	84050.3	89755.7	47738.1
2011年	73766	81026.3	81346	70181.4
2012年	77367.5	64488.1	79477.9	76322.3
2013年	95360.2	90086.8	101106	92744
2014年	96160.1	128117	90030	99690.9
2015年	80742.2	134268	79912.8	81205.7
2016年	92755.5	136396	109529	81821.2
2017年	90842.2	136606	100904	83917.4
2018年	102668	157473	107005	99019.9
2019年	104971	157473	107235	105028
2020年	113620	159041	113620	112497
2021年	112793	161249	123291	114673.6
2022年	124882	162741	136537	125132.7

数据来源：布瑞克数据库。

根据西藏自治区牦牛产值情况，从2009年到2013年西藏与全国平均水平相差不大，但从2014年开始，一直到2022年，西藏每头牦牛总产值均高于全国平均水平，产值从128117元增长到162741元。甘肃地区从2009年到2016年产值不稳定，在2009年到2010年和2012年到2013年两个时间段，分别增长20000元左右，增长速度较快。从2017开始，数值趋于稳定增长。从2009年到2014年，青海总产值整体呈现逐渐上涨趋势，从2009年的50544.4元增长到2014年的99690.9元，2015年到2017年经历下降，之后从2018年到2022年每头牦牛总产值持续增加。

2. 牦牛生产效益变动趋势分析

由表6-2可以看出，西藏平均每头牦牛收益高于其他牦牛主产区和全国平均水平，其中2021年收益最高，为12416.3元。2009年到2011年西藏每头牦牛收益总体稳定增长，但在2011年到2014年间，增长速度较快，平均每年产值增加20000元左右。从2015年到2022年，虽然收益增长速度放缓，但仍处于不断增长态势。甘肃在牦牛主产区中每头牦牛收益水平较低，最高值出现在2012年，为5400.47元。从2009年到2012年，甘肃地区每头牦牛收益逐渐增长，但从2013年到2017年，从4255.68元下降至3175.19元。2018年到2022年每头牦牛收益持续增加，2022年为5246.81元。青海地区从2009年到2014年，每头牦牛收益持续增加，从2009年的2720.74元增长到2014年的4517.67元。2015年收益减少至3896.7元。之后从2016年到2022年，每头牦牛收益呈现一直上升趋势。

表6-2　每头牦牛收益

时间	全国（元）	西藏（元）	甘肃（元）	青海（元）
2009年	2698.13	3676.32	2664.29	2720.74
2010年	3189.5	3993.88	3607.36	2895.98
2011年	3609.69	3328.43	3272.19	3833.75
2012年	4413.56	5446.48	5400.47	4005.06
2013年	4363.78	7801.91	4255.68	4417.42
2014年	4148.31	9792.64	3607.77	4517.67
2015年	3632.66	10466.9	3266.02	3896.7
2016年	3840.24	10929	3535.33	4203.92
2017年	3729.52	10575.9	3175.19	4460.51
2018年	3934.47	10066.2	3400.55	4675.44
2019年	4545.72	10066.2	3874.84	5433.27
2020年	4602.6	11278.9	4602.6	5731.22
2021年	5012.34	12416.3	4982.11	5914.81
2022年	5148.33	12356.6	5246.81	6146.09

数据来源：布瑞克数据库。

由表6-3可以看出，西藏产品畜数量和出栏数量在牦牛主产区中最少，且低于全国平均水平。产品畜数量最高值出现在2009年，为19头/百头，最低值出现在2012年，仅为10.1头/百头。从2009年至2013年产品畜数量呈下降趋势，从19头/百头下降为10.3头/百头，但从2014年至2022年，产品畜数量逐渐上涨，2022年达到14.78头/百头。出栏数量波动幅度较大，最高值出现在2018年和2019年，为16头/百头。甘肃地区产品畜数量在牦牛主产区最多，且高于全国平均水平，出栏数量在主产区中也最高，并接近全国平均水平。产品畜数量呈现增长趋势，最高值出现在2018年，达到29.6头/百头，最低值出现在2012年，为13.89头/百头。出栏数量从2009年到2022年总体表现出上升趋势，最高值在2018年，为21.14头/百头。最低值在2013年，为13.88头/百头。青海地区产品畜数量从2009年到2022年，呈现稳定增加趋势，最高值19.55头/百头出现在2014年，最低值14.25头/百头出现在2010年。出栏数量接近全国平均水平，次于甘肃省，最高值23.38头/百头出现在2013年，最低值9.58头/百头出现在2009年。

表6-3　牦牛出栏率

时间	全国产品畜数量（头/百头）	全国出栏数量（头/百头）	西藏产品畜数量（头/百头）	西藏出栏数量（头/百头）	甘肃产品畜数量（头/百头）	甘肃出栏数量（头/百头）	青海产品畜数量（头/百头）	青海出栏数量（头/百头）
2009年	18.66	11.16	19	11.97	23.74	14.74	16.41	9.58
2010年	16.9	13.7	18.97	7.26	22.94	15.84	14.25	12.76
2011年	18.31	13.17	12.8	15	22.75	14.56	16.21	12.52
2012年	15.74	13.82	10.1	15	13.89	13.89	16.66	13.79
2013年	19.57	20.41	10.3	11.87	21.03	13.88	18.91	23.38
2014年	20.89	16.07	12.77	10.23	23.22	15.7	19.55	16.29
2015年	19.58	16.95	12.42	13	22.81	15.47	17.77	17.78
2016年	21.22	15.82	12.08	9	29.26	20.32	15.98	12.88
2017年	21.18	17.26	12.5	10	29.55	21.01	15.42	14.68
2018年	23.28	19.05	15	16	29.60	21.14	17.96	17.3
2019年	21	19.68	15	16	25.91	20.18	16.79	19.25
2020年	23.21	19.20	13.8	0	23.21	19.2	17.76	20.11
2021年	23.89	20.01	14	15	24	19.45	18	19.25
2022年	22	20.34	14.78	15.21	26.72	20.41	18.33	19.43

数据来源：布瑞克数据库。

3. 牦牛生产毛绒产品生产效益分析

由表6-4可知，西藏毛及绒产值均高于其他牦牛主产区和全国平均水平，其中2020年产值最高，为4013元。产量低于全国平均水平，产量最高值出现在2011年，达到112.1千克，最低值出现在2015年，为21.78千克，产量整体呈上升趋势。平均价格高于全国平均水平，最高价格出现在2014年，达到92.52元/千克。甘肃地区毛及绒产值从2009年到2011年逐渐增长，2012年突然下降到1695元，在2013年又猛增至8297元，2014年下降为2613元，2015年下降至2374元。从2015年到2022年产值整体呈增长趋势。平均价格最高值出现在2013年，为52.44元/千克，最低值出现在2012年，为9.75元/千克。青海地区毛及绒产值在牦牛主产区中最低，且低于全国平均水平。从2009年到2012年，产值呈逐渐增加趋势，从2013年到2015年，产值从261.3元下降为232.2元。从2016年到2022年，产值逐年增加，2022年产值达到783.3。在2016年产量最高，为54.41千克。在2018年产量最少，为22.52千克。平均价格从2009年到2022年，呈现逐渐增长的趋势，其中在2019年，平均价格达到最高值，为41.48元/千克。

表6-4　毛及绒生产效益

时间	全国产值（元）	产量（千克）	平均价格（元/千克）	西藏产值（元）	产量（千克）	平均价格（元/千克）	甘肃产值（元）	产量（千克）	平均价格（元/千克）	青海产值（元）	产量（千克）	平均价格（元/千克）
2009年	1173	70.77	16.6	1513	44.6	33.9	3393	155.1	21.9	193	33.53	5.8
2010年	1308	69.15	18.9	1248	43.1	29.0	3759	156.1	24.1	235	31.07	7.6
2011年	1437	75.68	19.0	2923	112.1	26.1	3855	160.9	24.0	293.7	35.4	8.3
2012年	784.5	77.85	10.1	2341	45.11	51.9	1695	173.9	9.7	333.4	30.3	11.0
2013年	2776	72.73	38.2	1935	44.23	43.7	8297	158.2	52.4	261.3	33.8	7.7
2014年	1102	78.92	14.0	2416	26.11	92.5	2613	159.1	16.4	232.2	32.76	7.1
2015年	999.8	73.46	13.6	1984	21.78	91.1	2374	149.6	15.9	232.2	30.91	7.5
2016年	1580	90.39	17.5	2001	22.5	88.9	2825	145.6	19.4	768.4	54.41	14.1
2017年	1330	76.74	17.3	2006	46.32	43.3	2712	142	19.1	378.8	31.82	11.9
2018年	1409	72.54	19.4	3635	52.68	69.0	2447	132	18.5	536.3	22.52	23.8
2019年	1980	60.55	32.7	3635	52.68	69.0	3046	101.2	30.1	1067	25.72	41.5
2020年	3013	102.2	29.5	4013	50.33	79.7	3013	102.2	29.5	838.4	42.3	19.8
2021年	3682	91.3	40.3	3003	62.3	48.2	2983	125.7	23.7	802.4	48.45	16.6
2022年	2993	82.18	36.4	3248	68.31	47.5	2742	136.8	20.0	783.3	53.41	14.7

数据来源：2009-2020年来源于布瑞克数据库；2021-2022年来源于行业部门调查数据。

4. 牦牛生产成本利润率分析

成本利润率反映的是以全部生产资源所换取的净报酬额，即总成本产生的净收益，其值越大，即为取得的纯收益付出的费用就越少，获利性越好。由表6-5可以看出，各省区成本利润率波动频率较大，总体呈"W"态势波动。西藏2016年成本利润率增长幅度最大，为38.45%；甘肃2013年成本利润率涨幅最大，为206.01%。青海地区在2018年增长幅度达到最大96.53%。西藏在2009年成本利润率最高，为452.42%。甘肃2010年成本利润率最高，达到240.52%。青海2009年成本利润率最高，为262.12%。以上分析说明西藏牦牛养殖获利性较好，经济效益较高。

表6-5　牦牛主产区成本利润率分析

时间	西藏利润率 (%)	增长率 (%)	甘肃利润率 (%)	增长率 (%)	青海利润率 (%)	增长率 (%)
2009年	452.42	—	186.41	—	262.12	—
2010年	358.92	−20.67	240.52	29.03	175.07	−33.21
2011年	385.72	7.47	136.25	−43.35	21.87	−87.51
2012年	207.79	−46.13	18.64	−86.32	16.82	−23.09
2013年	57.14	−72.50	57.04	206.01	29.82	77.29
2014年	74.6	30.56	26.5	−53.54	39.77	33.37
2015年	67.15	−9.99	37.37	41.02	15.16	−61.88
2016年	92.97	38.45	63.06	68.74	23.6	55.67
2017年	73.83	−20.59	37.46	−40.60	17.3	−26.69
2018年	58.23	−21.13	52.64	40.52	34	96.53
2019年	58.23	0	66.87	27.03	40.16	18.12
2020年	65.98	13.31	48.96	−26.78	33.46	−16.68
2021年	74.21	12.47	57.93	18.32	35.86	7.17
2022年	87.33	17.68	60.38	4.23	34.63	−3.43

数据来源：布瑞克数据库。

5. 牦牛生产净利润分析

净利润是衡量牦牛养殖效益的重要指标。根据表6-6，2009年开始各省（区）的净利润水平均有较大幅度上涨。西藏2014年增长率最高，幅度达到67.10%；甘肃2013年增长率最高，为194.07%；青海2018年增长率最高，为103.00%。西藏2021年净利润达到最高值，达到67538.90元；甘肃2011年净利润达到最高值46914.40元；青海2009年净利润最高，达到36586.40元。在2011年和2012年两年间，各地区牦牛净利润均开始下降，2012年后开始逐渐上涨，净利润总体呈"W"形态上下波动。

表6-6　牦牛主产区净利润分析

时间	西藏（元）	增长率（%）	甘肃（元）	增长率（%）	青海（元）	增长率（%）
2009年	63625.2	——	45211.5	——	36586.4	——
2010年	65735.4	3.32%	63397	40.22%	30383.5	−16.95%
2011年	64344.4	−2.12%	46914.4	−26.00%	12594.6	−58.55%
2012年	43536.3	−32.34%	12488.3	−73.38%	10986.8	−12.77%
2013年	32759	−24.75%	36724.9	194.07%	21305.4	93.92%
2014年	54738.9	67.10%	18859.2	−48.65%	28363.9	33.13%
2015年	53941.9	−1.46%	21741.1	15.28%	10691.9	−62.30%
2016年	65713.2	21.82%	42359.3	94.84%	15622.3	46.11%
2017年	58020	−11.71%	27500	−35.08%	12376.7	−20.78%
2018年	57955.1	−0.11%	36904	34.20%	25125.2	103.00%
2019年	57955.7	0.00%	42973.2	16.45%	29519.4	17.49%
2020年	62213.1	7.35%	37346.6	−13.09%	27118.2	−8.13%
2021年	65319.2	4.99%	457221.1	1124.26%	28119.1	3.69%
2022年	64428.1	−1.36%	57916.4	−87.33%	28641.5	1.86%

数据来源：2009-2020年来源于布瑞克数据库；2021-2022年来源于行业部门调查数据。

（三）基于牧民的2023年牦牛生产效益调查分析

本文采用典型调查和随机抽样相结合的样本选取方式，于2024年1月，深入西藏那曲市嘉黎镇、甘肃省甘南州（合作市、夏河县、卓尼县和碌曲县）和四川省（红原县、阿坝州）多个地区采集样本数据，调查过程中每份问卷平均时长为30分钟。为了确保养殖户有耐心参加访谈，我们选择养殖户相对清闲的时间段入户调查。通过入户走访座谈的形式，共计完成问卷42份，其中包括西藏那曲市15份, 合作市5份, 夏河县3份, 卓尼县2份, 碌曲县1份, 红原县15份, 阿坝州1份(见表6-7)。调研问卷内容包括了牦牛养殖户家庭基本情况、是否无息贷款、资金来源、饲草补贴、牛舍资金、防疫补贴、技术指导等, 相对完整地展现了牦牛养殖户的养殖情况。根据实地调查数据, 2023年牦牛全国平均总产值为120013元, 其中西藏为162031元, 甘肃为129703元, 四川为112645.1元。西藏总产值依然高于全国平均水平, 其次是甘肃, 最后是四川。每头牦牛收益情况为: 全国平均水平5031.24元, 西藏12114.3元, 甘肃5031.27元, 四川6247.92元。西藏每头牛收益远高于全国平均水平, 经济效益最高, 四川位居第二, 最后是甘肃。毛及绒产值全国平均水平为3123元, 西藏高于全国平均水平, 达到3725元, 其次是甘肃2835元, 四川产值最低, 为774.5元。全国平均产量93.3千克, 其中甘肃最高, 达到120.4千克, 其次是西藏64.3千克, 最后是四川47.63千克。全国平均价格为28.31元/千克, 西藏平均价格为73.53元/千克, 高于全国平均水平, 其次是甘肃, 为28.35元/千克, 最后是四川, 为25.61元/千克。

表6-7 样本量情况

地区名称	样本户数(户)
那曲市	15
合作市	5
夏河县	3
卓尼县	2
碌曲县	1
红原县	15
阿坝州	1
总计	42

数据来源: 实地调研数据。

二、牦牛生产成本分析

(一)牦牛生产成本构成

牦牛养殖总成本是指对于投入牦牛从养殖至出栏各个环节中的资金、人力等生产要素的总和。参考《全国农产品成本收益资料汇编》中的成本核算统计方法，牦牛养殖成本分为物质与服务费用和人工成本两部分，其中物质与服务费用包括直接费用与间接费用。直接费用主要包括仔畜费、精粗饲料费等，间接费用主要包括保险费、销售费等。对各项费用的解释如下：第一，精粗饲料费用，指的是肉牛养殖过程中所投入精饲料、粗饲料以及饲料种植的总费用。精饲料费指牦牛生长实际耗用的精饲料费用，包括粮食、豆类、麸皮、豆饼、油籽饼等，由饲料购买价格与运杂费两部分组成，自产的以正常购买期市场实际销售价格计算。粗饲料费指牦牛生长实际耗用的粗饲料费用，是指在饲料中天然水分含量小于60%，干物质中粗纤维含量在18%以上，并以风干物形式饲喂的饲料，如玉米秸秆等。粗饲料费由实际购买价格与运杂费两部分组成，自产的按照正常购买期市场实际销售价格计算。第二，人工成本。牦牛养殖户在养殖过程中直接使用的劳动力成本。一般包括家庭劳动用工成本和雇工成本两部分。其中，家庭劳动用工成本指养殖户及其家庭成员在整个养殖过程中投入的总劳动用工成本。第三，仔畜费用。仔畜费用指购买或自育的仔畜费用。其中，购进的牛犊费用由市场价格加运杂费两部分组成；自繁自育的按照同类产品市场价格计算或按照实际养殖成本计算。第四，医疗防疫费用。指的是肉牛养殖过程中消毒、疫苗以及疫病治疗所花费的总费用。第五，其他费用。指的是肉牛养殖过程中的放牧用具费、牛舍的维护修理费以及固定资产折旧费用，其中固定资产折旧指的是单位价值较大且使用年限在一年以上的圈舍、机械设备等资产投资的费用，预计其使用年限，进行折损计算。固定资产购入价加运输费等计算；自行建造的固定资产原值按实际投入的总费用计算。

（二）牦牛生产成本变动趋势分析

由表6-8可知，西藏每百头牛总成本高于其他牦牛主产区和全国平均水平，其中2018年和2019年成本最高，为99518.1元。西藏从2009年到2013年总成本均低于其他牦牛主产区和全国平均水平，但从2014年开始，总成本明显增加，几年间，成本数值一直赶超全国平均水平和其他地区，2022年，总成本达到89241.3元。甘肃总成本投入接近全国平均水平，从2009年到2022年整体呈增长趋势,最高值出现在2020年,为76273.1元,最小值出现在2009年,为24253.2元。青海总成本接近全国平均水平,其中在2011年总成本增长最快,从2010年的17354.6元增长至2011年的57586.7元,最高值出现在2020年,为74265.1元,最小值出现在2009年,为13958元。

表6-8　每百头牛总成本

时间	全国(元)	西藏(元)	甘肃(元)	青海(元)
2009年	17112.4	14063.3	24253.2	13958
2010年	20096.8	18314.9	26358.7	17354.6
2011年	50152.3	16681.9	34431.6	57586.7
2012年	65883.5	20951.9	66989.5	65335.5
2013年	69230.3	57327.8	64380.8	71438.6
2014年	71270.1	73378.3	71170.8	71326.9
2015年	66089.8	80325.6	58171.7	70513.7
2016年	66582	70682.9	67169.9	66198.8
2017年	72300.3	78585.6	73404.2	71540.6
2018年	72161.4	99518.1	70101	73894.8
2019年	69239	99518.1	64262.1	73508.7
2020年	76273.1	94621.5	76273.1	74265.1
2021年	74287	87591.6	72462.3	68427.8
2022年	75298.1	89241.3	68392.9	67350.5

数据来源:布瑞克数据库。

由表6-9可知,西藏在2009年至2012年,费用低于其他牦牛主产区和全国平均水平,但从2013年开始,仔畜费用明显增加。甘肃总成本投入接近全国平均水平,从2009年到2022年整体呈增长趋势。

青海总成本高于全国每百头平均水平,其中在2011年总成本增长最快,从2010年的1052.8元增长至2011年的3145.8元,最高值出现在2019年,为3876.5元,最小值出现在2009年,为751.34元。因此仔畜费用在总成本中占有较大比重,是成本增加的主要原因,养殖户应采取各种措施以实现仔畜费用的降低。

表6-9　仔畜数量与费用

时间	全国总成本（元）	全国产品畜数量（头/百头）	西藏总成本（元）	西藏产品畜数量（头/百头）	甘肃总成本（元）	甘肃产品畜数量（头/百头）	青海总成本（元）	青海产品畜数量（头/百头）
2009年	819.5	18.66	665.49	19	930.22	23.74	751.34	16.41
2010年	1058.9	16.9	870.28	18.97	1059.4	22.94	1052.8	14.25
2011年	2454.2	18.31	685.27	12.8	1385	22.75	3145.8	16.21
2012年	3758.4	15.74	1769.5	10.1	4551.9	13.89	3428.5	16.66
2013年	3168.1	19.57	4964.8	10.3	2709.9	21.03	3402.6	18.91
2014年	3074.6	20.89	5608.7	12.77	2852	23.22	3232.3	19.55
2015年	2973.4	19.58	6261.8	12.42	2377.5	22.81	3383.6	17.77
2016年	2756.6	21.22	5663.6	12.08	2168.1	29.26	3401.3	15.98
2017年	2968.3	21.18	6084	12.5	2309.8	29.55	3802.6	15.42
2018年	2765.4	23.28	6361.5	15	2227.8	29.6	3489.1	17.96
2019年	2998.4	21	6361.5	15	2322.1	25.91	3876.5	16.79
2020年	3089.7	23.21	6006.9	13.8	3089.7	23.21	3673.8	17.76
2021年	2894.5	23.89	5943	14	2845.4	24	3573.4	18
2022年	3145.7	22	5835.9	14.78	2646.9	26.72	3545	18.33

数据来源：布瑞克数据库。

由表6-10可知，西藏人工成本低于其他牦牛主产区和全国平均水平，从2009年到2022年总体呈现逐渐增加趋势，其中2017年人工成本最高，达到26578元，2009年人工成本最低，为8789.4元。甘肃在牦牛主产区中人工费用最高，且从2014年开始高于全国平均水平，2017年人工成本达到最高，为37774元，2009年最低，为9505.3元。青海人工成本普遍低于全国平均水平，从2009年到2022年呈现逐渐增加趋势，其中2020年人工成本最高，为28569元，2009年人工成本最低，为7213.5元。综上人工成本在总成本中所占比重较大，因此人工成本的降低对经济效益的提高至关重要。

表6-10　每百头牛人工成本

时间	全国人工成本（元）	劳动日工价（元）	西藏人工成本（元）	劳动日工价（元）	甘肃人工成本（元）	劳动日工价（元）	青海人工成本（元）	劳动日工价（元）
2009年	7915.7	24.8	8789.4	21.51	9505.3	24.8	7213.5	24.8
2010年	10884	31.3	9606	25.01	11672	31.3	10538	31.3
2011年	15328	40	10520	40	14211	40	15856	40
2012年	19803	56	14000	56	18723	56	20338	56
2013年	24601	68	19829	68	23723	68	25002	68
2014年	27172	74.4	24716	74.4	27974	74.4	26710	74.4
2015年	28470	78	26305	78	30192	78	27509	78
2016年	27161	81.4	17908	81.4	33851	81.4	22800	81.4
2017年	28732	83.1	26578	91	37774	83.1	22509	83.1
2018年	31186	88.49	21280	95	34807	88.49	28141	88.49
2019年	30057	86.38	21280	95	32044	86.38	28353	86.38
2020年	35316	89.77	22415	94	35316	89.77	28569	87.45
2021年	34638	91.64	21575	94.6	34528	87.66	27439	85.96
2022年	35389	90.53	22416	93	33688	86	26539	84

数据来源：布瑞克数据库。

从表6-11可以看出，西藏粗饲料费用在2009年至2013年，低于其他牦牛主产区和全国平均水平，但从2014年开始，粗饲料费用明显增加，一直到2022年，数值赶超全国平均水平和其他地区。2022年，粗饲料费用达到56488元，但精饲料费用远低于其他牦牛主产区和全国平均水平。因此，需要调整精粗饲料比例，适当加大精饲料比重，降低牦牛生产成本。甘肃粗饲料费用近年来接近全国平均水平，从2009年到2022年整体呈现增长趋势，最高值出现在2012年，达到39403元，最小值出现在2009年，为5923.8元。精饲料费用也趋向于接近全国平均水平，最高值出现在2020年，为3271.3元，最低值出现在2012年，达到977.01元。青海粗饲料费用2011年增加最快，成本从2010年的1065.9元增长至2011年的33206元。精饲料费用在牦牛主产区中较高，并且从2014年到2022年增长速度较快，2022年达到1853.7元。其中2020年达到最大值1901.4元。

表6-11　每百头牛精粗饲料费用

时间	全国粗饲料费（元）	全国精饲料费（元）	西藏粗饲料费（元）	西藏精饲料费（元）	甘肃粗饲料费（元）	甘肃精饲料费（元）	青海粗饲料费（元）	青海精饲料费（元）
2009年	2674.7	743.63	486.95	278.72	5923.8	1568.1	1239.3	379.45
2010年	2890.5	596.14	353.37	607.16	7056.6	1139.2	1065.9	358.3
2011年	26711	702.4	1481.4	342.03	12978	1108.2	33206	510.5
2012年	36750	683.74	1223.2	353	39403	977.01	35436	538.5
2013年	33996	804.57	31373	523.32	28792	1263.4	36366	595.65
2014年	32710	1264.9	40213	214.31	33549	1299.8	32227	1244.8
2015年	26623	1197.7	45441	277.34	18764	1291.6	31014	1145.2
2016年	27784	1579.2	46009	283.34	23524	1284.9	30561	1771
2017年	26781	1713.6	45329	478.45	23374	1636.7	29126	1766.6
2018年	23417	2468.3	66329	789.65	19858	3249.3	26411	1811.2
2019年	23145	2034.4	66329	789.65	18135	2265.6	27443	1836.5
2020年	24429	3271.3	60760	654.98	24429	3271.3	27786	1901.4
2021年	23763	2557.9	55734	632.86	22535	2874.3	26749	1889.5
2022年	22454	2453.8	56488	558.96	23557	2653.3	27554	1853.7

数据来源：布瑞克数据库。

三、基于牧民调查的2023年牦牛生产成本分析

根据实地调研数据，2023年牦牛产区生产成本情况如下：全国平均总成本为74397.2元，其中，西藏平均总成本最高，为93574.1元，其次是四川，为71343.2元，最接近全国平均水平，最后是甘肃，总成本为67431.8元。全国仔畜费用平均水平为3037.3元，西藏仔畜费用在牦牛主产区最高，达到6031.5元，远高于全国平均水平，四川地区仔畜费用为3634元，位于第二且接近全国平均水平，最后是甘肃，达到2717.5元，在主产区中最低。人工成本全国平均水平为35031元，甘肃地区人工成本最高，达到34435元，其次是四川，达到27735元，最后是西藏，为21378元。饲草费全国平均水平为22530元，其中西藏均高于其他牦牛主产区和全国平均水平，最高达到55241元，其次是四川，为26358元，最

后是甘肃，为22341元。精饲料费用全国平均水平为2352.7元，其中甘肃高于全国平均水平，为2835.1元，其次是四川，为1900.31元，西藏精饲料费用最低，为600.37元，因此西藏地区存在精、粗饲料比例不合理问题，需要进行结构的调整，以降低生产成本。

第三节　生态效益

牦牛产业是农业生产的重要组成部分，对于为人类提供食品、绒毛等产品起着至关重要的作用。随着环境问题的日益凸显，牦牛产业养殖的生态效益评价成了一个备受关注的话题，牦牛养殖对环境和生态系统的影响越来越引起人们的担忧，因此需要进行生态环境效益评估，以找到更加持续的养殖模式。

一、牦牛生产生态效益评估方法

（一）研究区域概况及方法

研究区域青海省果洛藏族自治州玛沁县（半农半牧县）位于北纬33°43′~35°16′，东经98°~100°56′，海拔高度3700~6282米，年均气温-3.8~3.5℃，年降水量423~565毫米。全县总土地面积13.307万公顷，可利用草场面积10.098万公顷，占总土地面积的75.88%，牧草生长期107~208天，常见气象灾害为春旱、冰雹、大风和雪灾。

参照谢高地等对中国自然草地生态系统和青藏高原生态资产价值的评估，确定江河源区主要草地生态系统类型单位面积的各项生态系统服务价值（Pl，$i=1,\cdots,9$），再根据相关实验数据和文献确定江河源区单位牦牛所占草地面积（A）。最后将江河源区主要草地生态系统类型单位面积的各项生态系统服务价值与单位牦牛所占草地面积相乘求出单位牦牛单位舍饲育肥的生态效益价值（$V=\sum_{i=1}^{9}APi$）。

（二）生态效益评估

草原生态系统在气候系统中扮演着"扰动器"和"稳定器"的角色，对于维护气候稳定具有重要作用，其功能的丰富性远远超过融雪和支流，对于维护我国中西部地区和长江、黄河流域的生态平衡具有重要意义，承担着维护生态安全和食物安全、保护人类生存环境的重要战略使命。谢高地等主要针对我国草地生态系统的14项服务进行量化评估，并对青藏高原生态资产价值进行评估。根据江河源区草地生态系统特殊的地理位置，其生态系统服务主要内容见表6-12。江河源区高寒草甸草地生产力属中等水平，单位羊单位需求的高寒草甸草地面积为0.68~1.54公顷（平均1.11公顷）；根据中国牧区适用的家畜单位换算系数，每头牛所需草场面积相当于4.0个羊单位，故单位牛单位需求的高寒草甸草地面积为2.72~6.16公顷（平均为4.44公顷）。

表6-12　江河源区草地生态系统主要服务内容

服务项目	主要服务内容
水源涵养	水分保持与贮存及水分循环过程的调节
土壤保护	土壤保持和保护，减少风蚀和水蚀，土壤养分的获取、形成、内部循环和贮存以及氮、磷、钾等营养元素的循环
生物多样性保护	为众多青藏高原特有动、植物物种提供栖息地和生长环境
气体调节	调节大气化学组成，二氧化碳和氧气平衡、二氧化硫水平
气候调节	对气温、降水及其他气候过程的生物调节
食物生产	为牛、羊等初级消费者提供牧草，生产大量牛、羊肉，满足市场需求
废弃物处理	毒物降解和污染控制，吸收或减少空气中的硫化物、氮化物、卤素等有害物质含量
原材料生产	皮、毛等畜产品以及药材、燃料的生产供应
娱乐文化	旅游、狩猎等户外休闲娱乐活动，并为美学、艺术教育和相关科学研究的开展提供基地

参照谢高地等对中国自然草地生态系统服务价值的核算和青藏高原生态资产价值的评估，确定了江河源区高寒草甸草地生态系统提供的水源涵养、土壤保护、生物多样性保护、气体调节、气候调节、食物生产、废弃物处理、原材料生产和娱乐文化等生态系统服务价值（见表6-13）。根据计算，牦牛年生态

效益价值达21208.1元/头。

表6-13　江河源区牦牛生态效益价值核算

生态系统服务	水源涵养	土壤保护	生物多样性保护	气体调节	气候调节	食物生产	废弃物处理	原材料生产	娱乐文化	总价值
年单位面积价值（元/公顷）	527.8	1287	719	527.8	593.8	197.9	864.2	33.01	26.34	4776.85
年生态效益价值（元/头）	2344	5712	3192	2344	2637	878.5	3837	146.6	117	21208.1

二、牦牛生产生态效益分析

（一）牦牛产业生态效益概述

牦牛产业生态效益是指以牦牛为中心，构建包括草地管理、饲料生产、牦牛养殖、产品加工、废弃物利用等多个环节的生态产业链，通过各个环节的密切合作，实现资源的高效利用和环境的低碳循环。在牦牛养殖过程中，通过改进饲养技术、提高饲料利用率、减少能源消耗等措施，有效降低温室气体排放，促进牦牛产业可持续发展。

（二）牦牛生产生态效益分析

1. 发展牦牛饲料，保护牧区

加强优质牧草育种，尽快筛选适宜大面积推广的优良品种，满足生产需求。充分利用丰富的自然条件，开展人工种植优质牧草。推广"公司+合作组织+农户"等产业化经营模式，探索草业产业化发展模式，满足畜牧业发展对饲料资源的需求。提供有助于牦牛健康生长的饲料，为牦牛生长补充营养。另外，需要对牧区放养牦牛的数量进行合理控制，避免出现牧区超载现象，影响草场环境。

2. 推广生态化养殖模式

在养殖过程中不使用化学药品，以保护环境和人体健康。采用生态饲养模式，喂食草饲料、干草和牧草等作物，根据其生长和生产的需要，合理安排饲料的配比，注重平衡营养，增加大豆、玉米等含蛋白质丰富的饲料，使牦牛补充充足的营养。在增重的同时保证健康，控制好饲喂量，避免出现营养过剩的情况，并引导牦牛进行适量的运动。采用开放式放牧方式，让牦牛适应外界环境，减少应激反应和疾病的发生。构建现代化的牛场，加强管理，提高产品质量和竞争力。

3.改善牧区生态环境

青藏高原干旱缺水，气候条件极端，影响着牦牛的生长发育。因此，需要采用一定的技术手段人工改良牧场的生态环境，保护牧区水源，改善牧区生态环境。通过对牧区进行适当灌溉和草坪建设，有效改善牦牛生长的生态环境和饲草质量。建设水土保持设施，防止水土流失，促进草场恢复。加强水资源管理，合理利用水资源，防止过度开采和浪费，保障牧区生态用水。

4.改进传统饲养方式

传统饲养模式已经不能满足现代社会的发展，因此需要通过科学的改良，改进传统饲养方式，增加牦牛的生产潜力。例如，合理使用现代饲料和新技术，制订科学的饲养计划，根据牦牛的不同生长和生产目的，采取增减或改变饲喂时间方式，使牦牛达到预期的体重要求，提高饲料的利用率，加快牦牛的发育速度，提高群体生产能力。选择草料饲养方式，合理选择草料的种类，选择富含营养的牧草，满足牦牛营养需求。

5.搭建牦牛市场信息交流平台

借助互联网技术加强养殖户与牦牛产品市场的联系，建立信息交流平台，实现各个地区牦牛养殖、销售、疫病防控等信息的互通，通过数字化手段实现中小规模牦牛养殖场全产业链的信息互联、技术共享，推动牛场标准化、集约化、机械化。指导各级农业农村部门以牦牛产业相关信息平台为支撑，梳理有信贷需求的牦牛养殖场，定向推送给相关银行和保险公司，帮助双方精准对接，使金融机构能够更加全面准确地评估牦牛产业链相关主体的生产经营情况，增强支持牦牛产业发展的意愿。

第四节　社会效益

一、带动相关产业链发展，增加居民就业机会

牦牛产业的发展不仅可以增加牧民的经济收入，还带动相关产业链发展，如旅游等其他行业。牧民通过养殖牦牛，可以解放人力，从事旅游等非农活动，增加收入来源。将牦牛文化和草原景观进行有效整合，打造成一个集旅游观光、文化传承和农业体验于一体的牦牛产业园，提升旅游观光的吸引力和体验感。通过举办牦牛文化节、农牧民体验和草原音乐会等活动，增加旅游观光的娱乐性和趣味性，提高经济收益。牦牛产业可以为当地居民提供更多的就业机会，通过养殖、加工和销售等环节，创造更多的财富，从而改善牧民的生活条件，减轻贫困压力。

二、促进社会稳定

牦牛养殖可以为当地提供稳定的收入来源，有助于社会稳定。牧区基础设施薄弱，社会发育程度低，牧民日益增长的美好生活需要和不平衡不充分发展的矛盾突出。通过发展牦牛产业，提升畜牧业发展质量和效益，能够满足牧民群众在经济、政治、文化、社会、生态等方面日益增长的需要，更好推动人的全面发展、实现牧区经济社会全面进步。牦牛产业在维护民族团结和社会稳定中肩负着重要责任，发展牦牛产业对促进青藏高原地区发展、维护地区社会和谐稳定意义重大。

三、增强集体组织凝聚力

通过积极探索一二三产业融合，完善牦牛育种、养殖、肉食品加工、特色旅游体验等产业链，建设牦牛繁育基地项目，打造集体经济产业发展。聚力发展产业项目、选育好带头人、用足用好扶持政策、加强集体经济监管，有力助推

村级集体经济壮大发展。成立牦牛养殖农民专业合作社，推动人、财、物等高效聚集，形成上下合力抓集体经济发展的工作联动机制。逐步构建起乡委主导、村支部主抓、群众主体的责任体系，不断凝聚起推动集体经济发展的向心力。

第五节　总体评价

牦牛产业发展会带来一定的经济效益、良好的生态效益和积极的社会效益。在经济效益方面，牦牛产业可以促进区域经济发展，增加居民收入，提高人们生活水平，对于助力乡村振兴具有重要意义。在生态效益方面，通过生态效益评估，可以改进饲养技术、提高饲料利用率、减少能源消耗等，有效降低温室气体排放，促进牦牛产业可持续发展。在社会效益方面，牦牛产业对于增加就业机会、促进社会稳定和增强集体组织凝聚力具有重要作用。目前牦牛产业发展过程中存在一些问题，因此根据研究结论，本文从养殖户层面、行业层面和政府层面三个维度提出提高牦牛养殖经济效益的可行性对策。

一、养殖户层面

（一）不断提高自身养殖技术水平，加强技术培训

积极主动地参加技术培训，在养殖过程中不断充实自身的饲养知识，不断发现问题、解决问题，将理论知识与现实问题相结合，充分发挥主动性，提高养殖效率。技术进步都是推动产业发展的重要因素，新技术的推广是建立在牦牛养殖户自身具有一定的文化水平之上，提高肉牛养殖效率，必须将技术进步和资源禀赋相结合，因此养殖户必须打破传统的思想，积极参加有关部门组织的牦牛科学养殖培训，接受科学的养殖技术知识，不断熟练掌握和应用，并将所学的牦牛养殖技术知识和实际操作结合起来，增强自身对肉牛养殖风险的抵抗能力。

（二）适当自繁自育，提高规范化水平

由于牛犊价格的不断上涨，牦牛养殖户的养殖效益受到影响，因此需要养殖户根据自己的养殖规模和饲养水平，进行适当的自繁自育，从而减少购买仔畜的成本。由政府牵头，依托当地不同的资源优势，引导集约化程度较高的大规模养殖场带动散养户和发展欠佳的养殖户的发展，通过整合优劣资源，降低成本投入，以提高养殖效率。打造产业集聚区域，在集聚区建立技术、资源、信息共享体系，整合区域内的资源，形成合理的资源配置结构，降低产业集聚区的投入成本。

（三）开发饲草资源，提高饲料利用率

牦牛养殖户要积极寻找其他优质饲草资源。养殖所需饲料基本来自大自然，因而会受到气候、季节等因素的影响，与夏季和秋季相比，冬季和春季两个时间段饲草资源相对匮乏，容易出现饲草供给不均衡的现象。解决这一问题，必须加强饲料资源开发，增加对其他经济作物的利用，寻找高质量的原材料，同时不断完善牦牛喂养饲料的环保性和技术性，保证牦牛喂食质量。除此之外，养殖户还需要根据目前情况，调整饲料配比结构，并采取相应措施，最大限度地利用玉米秸秆等饲料资源，从而降低饲草资源的浪费。

二、行业层面

（一）加快牦牛养殖专业合作社建设

尤其是发展能与当地屠宰加工企业进行谈判的合作社，把单个分散的养殖户组建成为具有一定规模的养殖主体，充分发挥规模、技术、信息等优势，逐步对饲料等原材料的收购、育肥牛的销售、贷款等环节进行统一的管理，加强其计划性、组织性，减少因盲目生产而导致的生产过剩。

（二）采取"企业＋基地＋农户"联合的方式

鼓励龙头企业带动牦牛养殖户走共同发展的道路，通过建立稳定的合作关系和利益联结机制，提升对牦牛市场风险变动而造成风险的抵抗性，提高养

殖户在市场中的地位，走共同发展之路。同时政府要为这些"龙头"企业提供资金、政策、策略等方面的支持，引导小规模养殖户不断发展，促进企业与农户的双向快速发展。

三、政府层面

（一）出台有针对性的帮扶政策

对于部分养殖场户受牦牛市场价格波动的影响，面临后期偿还贷款等压力，建议组织相关金融部门和银行机构及时调整金融产品，对于贷款即将到期或已到期的养殖户，通过适当延长放款期限、申请贴息等方式，来帮助养殖户渡过难关，提升牦牛养殖户养殖信心。

（二）保护能繁母牛，保障产业优质产能

在加快各项政策落实进度的同时，对引牛补贴政策、基础母牛扩群提质增量等项目，加快省级审核、县级拨付进度，推动补贴资金尽快到户，缓解养殖场户压力。同时，选派有经验的专家，采取召开培训班、深入场户等多种方式，指导养殖场户淘汰一批低产能、年龄大、健康状况差的繁殖母牛，以此节约饲养成本，改善群体质量，提高生产性能，尽最大可能地支持和指导场户留存优质能繁母牛，保障母牛优质产能。

（三）强化科技支撑，提高科技水平

政府部门要优化技术培训内容，对不同养殖主体的技术培训知识要加以区别，以养殖主体在养殖过程中遇到的技术难题为重点，切实解决养殖主体的技术障碍。同时要增强肉牛养殖技术培训的广泛度，采用多种方式提高肉牛养殖户技术水平。政府是技术培训的主体，承担技术培训的重要责任，但同时也不容忽视社会培训机构的作用，社会培训机构是技术培训的重要补充力量，政府可对符合政府要求的培训机构实行政府"买单制"，进而增强技术培训的广泛度。

（四）加强媒体舆论引导

各地政府和相关部门要加强媒体宣传舆论引导作用，尤其是要加强自媒体

（快手、抖音、UP主、主播平台等）关于牦牛养殖、牦牛市场价格等方面信息导向的监督和引导，避免部分养殖户受不良媒体影响，盲目跟风出栏清栏，最大限度降低养殖场户的损失和风险。

第七章

科技对牦牛产业的支撑

第一节 引 言

产业科技支撑体系是现代化畜牧业的重要组成部分，牦牛产业科学研究起步较晚，相对于其他畜种科技水平较低，生产要素投入少，广大牧民普遍缺乏与新的生产关系和制度相适应的生产知识和技能，仍属于体力型和传统经验型，需要成熟实用的配套技术和设施设备支撑，尤其在草原生态保护与畜牧业发展的矛盾依然突出的当下，牧民、合作社乃至企业对牦牛产业关键技术需求迫切，亟待以科技创新驱动产业发展。在牦牛产业链环节中，品种选育、资源挖掘、分子育种、杂交利用、营养调控、标准化养殖、设施设备研发，还有肉、乳、副产物加工等领域的技术、产品研发有待进一步加强，形成牦牛产业"种—养—加"全产业链标准化现代化技术体系，以提升牦牛个体性能、养殖效率与效益、产品质量和竞争力。

近年来，针对产业科技需求，在国家、地方政策支持以及行业内从业、科研人员的共同努力下，我国牦牛产业科技发展取得了显著成效。据《中国知网》学术成果统计，牦牛产业相关学术论文发表共计1.18万篇，近五年（2019—2023年）发表3042篇；授权发明专利474项，近五年授权199项；科技成果共计513项，近五年117项。从成果内容上来看，主要涉及牦牛种质资源挖掘与性能分析、功能基因鉴定与分析、高效健康养殖、生态牧养、营养调控、疫病防治、肉乳产品加工等应用技术研究，中国农业科学院、青海大学、兰州大学、西藏自治区农牧科学院、甘肃农业大学、四川农业大学、西南民族大学、四川省草原科学研究院等高校科研院所的牦牛科研团队，依托国家重点研发计划、国家肉牛牦牛产业技术体系、国家自然科学基金等重大项目支持，获得了一系列省部级科技成果奖励，并持续在高寒牧区开展牦牛产业应用技术的示范推广与培训指导，为牦牛产业的标准化发展与提质增效奠定了重要的科学和技术基础。

第二节　牦牛产业发展的技术需求

一、牦牛遗传育种领域

我国牦牛品种资源丰富，不仅具有优异的高原适应性，而且在抗逆性能、生长发育、肌肉品质、毛皮性能等方面具有明显优势。然而，由于牦牛相关科研起步较晚、科技水平不高、高原地区自然条件恶劣、饲养管理水平落后、草畜不平衡等多种因素，造成当前我国牦牛资源品种遗传改良进程缓慢、生产水平总体不高，品种选育、遗传资源挖掘、分子育种和杂交利用等技术在牦牛遗传育种中尚未得到广泛使用。

（一）品种选育

牦牛品种选育主要以本品种选育和杂交改良为主，品种的选育，必须有明确的选育目标和实施方案，从而进行有目的、有计划的选择和培育。就牦牛品种选育技术需求而言，一是种牛选择技术，大部分牦牛种畜场、繁育场、合作社和养殖户主要依靠经验和个体表型进行种牛的选择，对其家系、配合力、遗传稳定性关注度不够，缺乏科学合理的种牛选择技术；二是选配技术，目前牦牛繁殖生产主要依靠本交，管理过程中往往将几头甚至十几头公牛同时投放于繁殖牛群，既没有选种选配，也没有配种记录，为后裔测定和配种效果评价带来极大不便，选配技术较少应用于生产实践；三是现代繁殖技术，虽早在20世纪60年代牦牛同期发情、人工授精技术已经有应用和报道，但在大部分牦牛养殖区，对现代繁殖技术仍接受度不高，应用范围不人，基层兽医工作者不会实施；四是后裔测定技术，由于在配种季节未实施选种选配、配种登记和分群管理，牦牛系谱档案不健全，通过后裔测定评价种牛和选配效果往往无从下手，导致选育进展缓慢，性能提升不高；五是与品种培育配套的饲养管理技术，品种培育是一项系统而长期的工作，必须选与育并重，虽近年来牦牛补饲和育肥技术在各个牦牛产区均有不同程度的应用和推广，但科学化、精细化饲养管理尚有较大提升空间。

（二）资源挖掘

我国一向重视遗传资源的挖掘应用和保护，尤其是近年来，随着种业振兴计划的实施和第三次畜禽遗传资源普查工作的推进，挖掘和鉴定了一批新的牦牛遗传资源，为新遗传资源的挖掘和鉴定增添了新的内容和方法。但部分技术还需要进一步凝练提升。首先，依托地理隔离的鉴别方法需进一步细化，随着交通运输条件日益改善，人类活动的范围和频率不断扩大，地理隔离日益减弱；其次，依托体型外貌差异的鉴定技术需进一步深入，随着牦牛产业转型升级，各地区对牦牛的选育越来越重视，尤其是对被毛颜色、角形等表型性状的选育日益加强，趋同的表型逐渐增多；再次，基于全基因组重测序为基础的牦牛起源进化和群体遗传分析技术需进一步凸显，随着测序技术的进步和应用推广，其适用场景、应用范围不断扩大，准确性和算法不断提升和科学，其优越性在诸多方面体现出不可替代的作用；最后，遗传资源的综合评定技术需进一步优化，如何科学评价牦牛遗传资源在地理隔离、体型外貌特征、生产性能、适应和抗逆性能及育肥潜力等众多方面的异同，科学合理地鉴定牦牛遗传资源，是今后挖掘和鉴定现有资源的先决条件。

（三）分子选育

近年来，分子选育技术得到了长足发展，在多个方面体现出其优越性，但牦牛的相关科学研究和应用相对滞后，尚有大量工作需要开展。首先是重要经济性状的测定和评价技术，由于牦牛饲养管理仍主要依靠放牧，不同分布区域自然生态条件存在较大差异，如何制定科学准确又易于操作的测定评价方法和技术，尚需进一步探索和完善；其次是重要性状相关的关键调控分子、位点的筛选和鉴定方法及技术，由于目前不同学者在样品采集、测定方法、测定时间、算法、筛选标准以及验证方法等方面的不同，导致筛选鉴定的结果大相径庭；再次是分子和位点辅助育种的应用技术，目前，牦牛的分子选育技术尚处于筛选鉴定阶段，基于表观修饰、重组敲除沉默等方法的基因编辑技术尚未在牦牛遗传育种中得到应用；最后是分子选育技术实施的安全评价与伦理判定,牦牛作为青藏高原及其毗邻地区的重要畜种,是当地主要的肉、乳等产品的提供者,在保障食品安全和生物安全的首要前提下,在不违背动物福利、伦理判定和充分尊重当地宗教信仰的条件下开展分子选育至关重要。

(四)杂交改良

牦牛杂交改良技术被应用到品种培育的典型案例,是采用野牦牛进行杂交改良家养牦牛,取得重大突破,成功培育大通牦牛,由此杂交改良技术不断被多个牦牛养殖地区应用和完善。目前,杂交改良技术在牦牛非核心产区、农牧交错区和饲草料资源比较丰富的地区得到了较好的发展。杂交模式主要有:大通牦牛、阿什旦牦牛种公牛或冷冻精液改良当地牦牛,国内外优良肉用、乳用或肉乳兼用品种改良当地牦牛等,杂交后代表现出明显的杂种优势,在肉用、乳用等性能上显著高于当地牦牛。但在改良过程中也发现一些技术难点,主要有以下几个方面:一是杂交种畜的选择技术,由于牦牛个体相对较小,选择体型较大的公牛授配当地牦牛,往往造成母牛难产,繁殖率和繁殖成活率不高;二是杂交后代的培育技术,由于采用杂交所产犊牛往往个体较大,生长发育速度较快,在饲养管理和营养供给方面与牦牛犊不同,如管理不善或营养供给不足,常有生长发育缓慢、易患疾病甚至造成死亡等现象发生。

二、牦牛标准化养殖领域

(一)营养领域

1. 生态牧养技术

2024年,中共中央、国务院发布中央一号文件《关于学习运用"千村示范、万村整治"工程经验有力有效推进乡村全面振兴的意见》,将提升乡村产业发展水平作为重点工作之一。在国家推动乡村振兴战略和农牧民增收的重大需求下,牦牛产业作为高寒牧区优势特色产业,也将成为牧区乡村振兴的重要抓手。但由于牦牛的生物学特性与分布特点,放牧养殖仍是未来主要生产形式,放牧模式下草原生态保护压力持续存在,营养供给季节性不平衡造成的"夏壮、秋肥、冬瘦、春乏"的恶性循环依然是牦牛养殖技术与模式发展所面临的关键问题。就牦牛产业现状及国家生态文明建设指导方针而言，结合各地资源禀赋与气候特点，因地制宜建立以畜群结构优化、放牧管理、科学补饲、季节性放牧、种养结合等技术为核心的牦牛生态牧养体系，降低天然草地载畜压力的同时，实现对天然草地资源的合理放牧利用，提高牦牛养殖效率，推动牦牛产业从传统"粗放数量型"畜牧业向生态友好型、减畜增效型畜牧业转型，是牦牛产业提质增效与生态保护协调发展的迫切技术需求。

2.营养需要标准的建立

营养需要是合理利用饲料、设计日粮配方、提高生产性能、增加经济效益和实现科学化饲养的基础。牦牛的生长需要能量、蛋白质或氨基酸、维生素、矿物质和水分等营养成分，准确分析牦牛个体对养分的需要量，在日粮中提供精确平衡的养分供给，实现牦牛精准营养，才能够推动牦牛日粮科学化、精准化、差异化。但牦牛营养研究起步较晚，目前尚无牦牛营养需要标准，牦牛日粮的配制仍多参考肉牛饲养标准，如《中国肉牛饲养标准（2004）》《美国NRC肉牛营养需要（2015）》等，国内牦牛营养需要的研究已有部分报道，但多集中在能量、蛋白质等概略养分方面，缺乏细化的养分如可消化蛋白等需要的评价，氨基酸、维生素及相应过瘤胃产品、矿物元素以及不同养分之间的协同与拮抗作用有待进一步深入研究，牦牛营养需要标准仍需要更加系统、精细的研究积累。尤其是针对放牧牦牛，放牧牦牛采食量的精确评价需要更加便捷科学的测定技术，并形成不同年龄、体重、生产阶段、季节等因素下的放牧采食量预测模型，结合天然草地牧草养分，进而准确分析牦牛放牧养分摄入，为实现放牧牦牛精准补饲提供科学基础。

3.高效繁殖技术

牦牛发情具有较为明显的季节性，主要集中在牧草生长旺盛的6—9月，妊娠期为250~260天。牦牛的繁殖周期规律使其整个妊娠期处于高寒牧区冷季条件下，胎儿发育营养需求与母体冷季牧草养分摄入匮乏之间的不平衡，导致母体体储动员、体况及后续繁殖力降低，胎儿发育营养供给不足，初生重、抵抗力下降。在产后阶段，绝大多数犊牦牛仍以传统"母带犊"自然放牧哺乳模式培育，1岁左右自然断奶，母体大量营养物质被利用以泌乳，导致其产后体况及繁殖系统恢复滞后，多为"两年一胎"甚至"三年一胎"，繁殖效率较低。就犊牛而言，母牛在冷季哺乳时，常因饲草料缺乏处于饥饿状态，泌乳减少甚至停滞，犊牛在生长发育最关键的阶段营养供给不足，亦可导致犊牛发育迟缓、僵牛的发生。因此，改善母犊繁育现状，提升牦牛繁殖性能是当前牦牛产业的关键技术需求。改变牦牛传统饲养模式，开展空怀繁殖母牛、妊娠母牛、泌乳母牛、犊牛等阶段的营养调控与牦牛高效繁殖技术体系研究，将有利于保障母牛体况、繁殖性能与犊牛生长发育，提升牦牛生产效率，推动牦牛产业标准化发展与转型升级。

4. 肉质营养调控技术

牦牛肉具有较高蛋白质、必需氨基酸、功能性脂肪酸、矿物元素含量的特点，但在食用品质方面如肌肉嫩度、系水力、肌内脂肪等与其他肉牛品种相比较差。并且研究发现放牧牦牛饲养周期过长，随着年龄增大，肌肉剪切力、肌纤维直径显著升高，牦牛肉产品品质会进一步降低，制约了牦牛肉产品的消费者接受度，牦牛肉产品品质改善的技术研究成为近年来的科研热点。在肉牛上的研究表明：能量、蛋白质、脂肪等宏量营养素，日粮原料与结构，过瘤胃氨基酸、脂肪、葡萄糖、胆碱等功能性添加剂以及矿物元素对肌肉品质具有重要的调控作用，但在牦牛上的应用研究仍较少。针对牦牛的物种与产品特性，有必要开展营养水平、营养素、营养源、功能性添加剂等差异化牦牛肉质营养调控研究，改善牦牛肉产品嫩度、肌内脂肪、系水力、养分含量等品质指标，并结合补饲、舍饲等营养供给技术，建立牦牛阶段化、标准化养殖技术体系，实现高品质牦牛肉产品的高效生产。

（二）饲料科学领域

1. 高原饲草料资源开发与评价

饲料成本占牲畜养殖的50%以上，对于以放牧为主的牦牛产业而言，补饲、舍饲育肥以及冷季饲草料供给的成本仍然是牦牛养殖的主要投入。2023年，上下游产业联动效应、全球极端天气导致农作物减产，国际贸易环境导致粮食供应紧张、粮食价格上涨，而国内市场过度依赖进口，饲料原料特别是玉米、豆粕等主要原料价格的大幅提高使得饲料生产成本逐渐攀升，商品饲料价格与养殖成本上涨明显。牦牛等反刍动物拥有对粗纤维进行降解消化的复胃系统，能够有效利用单胃动物所不能利用的天然草地、干草及秸秆、糟渣类等农副产物，具有巨大的节粮型畜牧业发展潜力。尤其对于饲草季节性供应极不平衡的青藏高原，靠天养畜的传统放牧模式、草畜矛盾突出、草原超载退化、优质饲草料资源短缺问题是高原畜牧业长期以来面临的一大困境。

因此，低成本饲草料资源开发是优化牦牛产业饲草供给结构的重要方式。青藏高原及其周边半农半牧区拥有如青稞、青稞秸秆、青稞麸皮、芜菁、元根、玉米秸秆、酒糟等丰富的非常规饲料资源，但目前开发利用程度仍然较低。同时，近年来随着青藏高原牧草引种、选育、草种生产、种植技术以及抗逆性基础研究的积累，适用于各地牧区气候、土壤、光照等环境条件且高产高品质的牧草品种，如紫花苜蓿、箭筈豌豆、红豆草等豆科牧草，燕麦、老芒麦等禾本科牧草，高海拔青贮玉米等青贮类饲用作物的品种资源与种植推广面积逐步增加，牦牛产业饲草保障体系快速发展。此外，我国《饲料原料目录》中有13类近700种原料，已开展系统评价的不足100种。建立科学精准的原料营养价值参数与预测模型是饲料精准配制的前提，本地、特色、优质饲草料资源饲用价值挖掘与饲料化利用，需要以营养价值、有效养分、消化率的系统评定为数据基础，且不仅是概略养分，利用更加精细、科学和适用于牦牛的养分评价体系，建立营养价值参数动态预测模型，不断补充完善牦牛饲草料资源营养价值数据库，才能实现以本地非常规饲草料资源为基础的牦牛日粮精准配制，优化牦牛日粮结构，为牦牛养殖提供优质碳水化合物、蛋白质以及维生素、矿物质等养分来源。

2.高原饲草料产品加工调制

在系统评价青藏高原丰富的人工饲草与非常规饲料营养价值的基础上，饲草料资源的高效利用需要深化完善加工、贮藏技术体系。基于饲草料的水分含量、养分、物理化学性质、抗营养因子、饲用安全性、消化率等特性，针对性开展青干草调制、青贮、黄贮、草颗粒、微生物发酵、揉丝、氨化等饲草加工调制与提质增效技术研究，以及相应饲草料加工设施设备的研发，并向更加本地化、轻简化、标准化、现代化方向发展，提高饲草料产品品质，最大限度保留饲草料养分。进一步强化抗营养因子分析与降低、消化降解特性、粗饲料组合效应、日粮结构、草畜高效转化、饲喂技术等领域科学研究，从而准确了解产品营养特性，有效改善副产物、饲草料资源的适口性、消化性与利用效率，在避免副产物资源浪费的同时实现牦牛养殖的优质饲草料四季均衡供应，构建区域性牦牛低成本日粮模式，从而显著提升牦牛产业的经济效益与生态效益。

3. 蛋白饲料减量替代

2022年，我国养殖业饲料消耗总量为45400万吨，粮食饲用消费（含饲料粮及粮食加工副产物）占消费总量的48%。国内饲料粮供需结构性矛盾突出，饲用豆粕几乎全部依靠进口。随着牦牛产业的发展，牦牛季节性补饲、半舍饲、舍饲、短期育肥、低海拔育肥等模式逐步建立和示范推广，由于所处的特殊地理位置，牦牛产业饲料需求特别是蛋白饲料与饲草料跨区域运输也推高了生产成本。因此需要利用高蛋白人工饲草、棉籽粕、菜籽粕等原料进行同类替代、组合增效，通过并在牦牛标准化养殖技术体系中予以构建完善。牛羊的瘤胃微生物可将尿素等非蛋白氮转化成菌体蛋白。根据牛羊综合转化利用效率测算，每公斤尿素相当于4.46千克豆粕，尿素在牛羊日粮中可替代粗蛋白的20%~30%，全国牛羊养殖每利用尿素100万吨，相当于增加446万吨以上豆粕供应量，这也将成为牦牛产业蛋白原料替代、低成本日粮研发的重要战略方向。通过精准营养研究，利用低蛋白日粮技术、非常规饲料资源替代豆粕，开展缓释尿素、包被尿素等非蛋白氮前加工技术，非常规饲料资源饲喂技术、替代比例研究，在牦牛产业中建立和科学应用蛋白替代技术体系，从而减少对蛋白质饲料原料的依赖，充分发挥多种饲料资源的营养价值，实现牦牛养殖的节本增效。

4. 功能性饲料添加剂研发应用

饲料添加剂是以补充饲料中缺陷养分的不足，或能起到某种特定功能而使用的原料。目前的反刍动物饲料添加剂主要包括脂类、矿物质和维生素、饲用微生物、氨基酸、中草药、植物提取物等类别，不同饲料添加剂对反刍动物瘤胃发酵、生产性能、消化性能、营养代谢、肉品质和健康的影响成为饲料禁抗后时代的研究热点。由于牦牛营养与饲料科学研究起步较晚，基础较为薄弱，功能性饲料添加剂在牦牛上的应用仅有零星报道，其应用效果、剂量效应、适宜水平以及适宜于牦牛养殖特点的专用添加剂产品研发尚有待进一步深入，以有利于提高饲料的营养水平和饲料效率，改善饲料养分消化吸收，促进牦牛生长发育，提升牦牛肉产品肉质，保障机体健康。

（三）设施设备领域

1.牧业基础设施设备

牧业基础设施设备方面，近年来得益于国家及地方政策资金支持，暖棚设施修建的普及情况逐步改善，但如巷道圈、牧道/奶源道、标准化圈舍等基础设施建设需求缺口仍较大，估计在40%以上。

2.智能化设施设备

随着农业物联网、大数据、现代信息技术与先进畜牧养殖理念的融合，我国畜牧业设施设备发展呈现出信息化、精细化、智能化的趋势。智能化设施设备在牦牛产业的应用，能够有效减少用工成本，降低劳动强度，并显著提高饲养管理精细水平和科技水平，但目前适用于高原自然气候特点与牦牛群体的智能化设施设备研发有待进一步加强。包括建立基于精液质量检测设备、种公牛健康监测、放牧牦牛发情鉴定、繁殖记录分析系统、妊娠母牛管理等环节的牦牛繁殖管理体系；通过电子耳标（RFID）、智能称重分群系统、TMR智能饲喂管理系统、个体精准饲喂设备、自动投料和推料机器人、饲料余量监测、智能饮水系统、生长曲线分析、出栏时间管理、行为学监测实现牦牛的阶段化差异化精准营养与畜群管理；以生理指标监测、健康监测，包括基于生理指标模型、病理指标模型、生产性能模型和重大传染病模型的疾病预测预警、智能化防疫、远程诊疗、疫苗药物管理、个性化疫苗接种等，支撑起牦牛养殖的智慧化疾病防控以及利用智能化数据采集分析系统构建规模化育种体系，推进牦牛养殖智慧化高质量发展。

3. 养殖环境控制设施设备

在养殖环境控制方面，需要建立精准环控系统，提高牦牛养殖的动物福利，对温度、湿度、风速、光照、二氧化碳、氨气、硫化氢、噪声、粉尘等养殖环境因素进行感知、监测，并进行环境参数的实时传输、分析与预警，通过中控系统自动调节和控制相应的通风系统、照明、加热器和排污等设备。利用氨气传感器、液位传感器等设备对刮粪机或人工清粪的时间和频次及除臭系统进行综合智能管理。通过牧场草地植被高度、盖度、遥感数据等模型预测草地健康程度、生产力情况，同时监测各项气象参数：空气温湿度、光照强度、土壤温湿度、土壤pH、风力、风向、降雨量、降雪量、气压、光合辐射、净辐射等，实现草地放牧利用与牛群管理的科学化。结合全自动智能化人员进出人脸识别、自动门禁、电磁门锁、红外探测感应开关定位、自动洗消等技术，与圈舍智能清洗消毒系统一起保障养殖场所的清消效果和效率。就放牧养殖模式而言，牦牛的粪便通常是就地还草，或作为燃料处理。而对于牦牛集约化、规模化养殖，牛场粪污处理与利用方面的设施设备研发应用普及率还比较低。以能源化、资源化利用为主要方向建立牦牛粪污利用体系，同时关注污染物的潜在环境影响与健康风险，研发粪污收集处理设施设备，并配套有机肥发酵、堆肥条件、调理剂、菌种等技术研究，减少发酵损失和温室气体的排放。

4. 数据平台建设

通过以上智能化设施设备的研发应用，以大数据、物联网、人工智能、区块链等技术为基础，通过智能感知系统、数据信息传输系统、数据分析与智能控制应用系统，将人、牦牛、设备与场景联系在一起，形成牦牛养殖物联网。搭载的数字平台可汇集、处理、分析和展示区域范围内智慧牧场、防疫诊疗、牛羊交易体系、屠宰体系、畜产品加工体系、检疫体系等草原畜牧大数据，建设"养殖、加工、销售一体化"信息化平台，以数字赋能牦牛产业，实现牦牛产业链的流程可追溯。

三、牦牛产品加工领域

牦牛，作为雪域高原一种优质且特有的肉类资源，含有丰富的蛋白质和人类各种必需氨基酸，并具有低热量、低脂肪的特点，是一种天然绿色食品，符合当代消费者的需求。然而，在牦牛产业加工领域存在着几个制约发展的因素：一是牦牛因常年生长在高海拔、低氧的高原，其肌红蛋白较其他肉类含量更高，且宰杀时牦牛年龄较大，上述原因会导致牦牛肉肉色较深；二是由于常年放牧，牦牛的运动量大，从而导致肌纤维较粗，结缔组织较多，在冷藏过程中容易发生僵直现象，这些都导致了牦牛肉的适口性和嫩度较差；三是放牧状态下的牦牛自身携带有大量微生物，且屠宰环境微生物污染水平相对较高，因此在屠宰过程中牦牛胴体会不可避免受到微生物污染，从而导致其腐败变质，缩短牦牛肉的货架期。因此，如何改善牦牛肉的肉色，提高嫩度，以及在牦牛屠宰后对其进行减菌处理，对延长其货架期至关重要，在实际生产中亟须相关技术予以解决。

在牦牛屠宰过程中会产生大量的牦牛副产物，但目前对牦牛副产物的利用较少。据调查，牦牛在屠宰后产生的内脏等副产物除作为原料直接上市或经初级加工成饲料、肥料外，很大一部分都被排放或被丢弃掉，造成了资源的浪费，因此深入研究牦牛副产物的加工技术十分必要。

从消费区域来看，牦牛消费可以分为产区消费和非产区消费。总体来看，近年来的牦牛产品消费仍以牧民消费为主，占比在80%以上。但随着国民对牛肉的消费水平不断升级，牦牛产品的消费趋向逐渐由以传统区域性消费（青、藏、甘等产区消费）占据绝对主导转变为全国性常规化消费。据统计，2021年中国非牦牛产区的牦牛肉消费量约占全国牦牛肉消费总量的50%。对于鲜牦牛肉呈现出进一步扩大的趋势。为满足市场需求，我国牦牛屠宰量逐年扩大，由2016年的302万头增加至2021年的378万头，同时实现了产值高速增长，2021年牦牛产值达到445亿元，同比增长31.3%。因此，从消费市场来看，利用传统烹饪操作技法，结合现代食品分析技术，开发出适合消费者口味，具有特色风味的牦牛副产物半成品、成品,提高牦牛附加值,具有广阔的市场前景。

但目前的牦牛副产品加工市场存在科技成果转化率低、缺乏市场导向、资源利用率低、规模化生产程度低等一系列问题。为解决以上问题,应立足于我国丰富的牦牛资源,明确现有的牦牛副产物加工框架体系,挖掘具有潜力的加工方向,借鉴和结合使用国内外先进的肉类副产品加工工艺和方法,丰富牦牛副产物制品品类。例如,可通过精制、调配、营养强化、感官指标改进等工艺研制牦牛屠宰副产物的即食系列产品,包括熏制、腌制肠肚、心肝、筋类制品和浓缩汤料制品等。

第三节　牦牛产业发展取得的技术成就

一、牦牛遗传育种领域

(一)品种选育领域

1. 大通牦牛培育及配套技术

大通牦牛是由中国农业科学院兰州畜牧与兽药研究所与青海省大通种牛场合作培育成功的具有自主知识产权的牦牛品种,同时也是我国利用野牦牛遗传资源培育成功的世界范围内首个牦牛品种。大通牦牛的培育采用传统杂交选育的方法,包括3个阶段,第1阶段以野牦牛为父本,家牦牛为母本,采用野外人工授精技术培育含1/2野牦牛基因的F1代;第2阶段建立核心育种群,通过横交固定与闭锁繁育的方式产生理想型F2代;第3阶段通过不断地纯繁、选育,适度利用近交获得纯种大通牦牛,为加速育种培养和防止近交过度,有计划地轮换使用野牦牛种公牛,建立品种整体结构提高品种品质。人工授精技术在大通牦牛品种培育过程中发挥了重要作用。

2. 阿什旦牦牛培育及配套技术

阿什旦牦牛是中国农业科学院兰州畜牧与兽药研究所会同青海省大通种牛场经过20余年系统选育而育成的世界首个无角牦牛品种,2019年通过国家畜禽新品种审定，成为第2个牦牛培育品种。阿什旦牦牛的培育主要采用群体继代选育法，以无角牦牛为亲本，通过完善的四级繁育体系而育成，分子标记技术在无角性状选择中发挥了重要作用。阿什旦牦牛在保持高原牦牛优秀抗逆性的基础上，在体高、体斜长、胸围、管围和体重等主要生产性能和综合品质方面全面超越青海高原牦牛、环湖牦牛。在同等饲养条件下，阿什旦牦牛平均繁活率为59.98%，比当地牦牛提高11.72个百分点；死亡率为1.24%，比当地牦牛降低4.32个百分点；18月龄体重平均为92.77千克，比当地同龄牦牛高18.38千克，提高了24.71%，增产增效十分显著。

（二）资源挖掘领域

中华人民共和国成立后，我国的畜禽种质资源挖掘保护、研究与创新利用体系逐步建立健全，并逐步发展成为重要的科学研究领域，实现了从无到有的跨越，当前，我国已成为位居世界前列的种质资源大国，正在向种质资源强国迈进。据《国家畜禽遗传资源目录》（2023版），我国现有牦牛遗传资源24个，其中地方品种22个，培育品种2个，新遗传资源的不断挖掘与保护，对促进我国种业安全，保障民族地区群众的生产、生活和青藏高原的经济发展具有重要的意义。

（三）分子育种领域

自20世纪90年代以来，基于候选基因法和比较基因组学方法，对牦牛生长发育、乳、肉等表型性状相关基因进行了分子克隆、序列结构和表达谱等综合分析。特别是近10年来，随着高通量测序技术和组学技术在牦牛研究中的运用，基于全基因组受选择分析在牦牛基因组中已检测到一些强的选择信号和受选择区域，发掘出一批性状关联的候选基因，如与生长性状相关的候选基因（*GH*、*GHR*、*GHRH*、*IGF*、*LEPR*、*PIT-1*、*OB*、*MC4R*、*MyoD*等）、与肉质性状相关的候选基因（*H-FABP*、*FASN*、*CAST*、*CAPN1*、*HSL*、*Leptin*、*ANK1*、*MSTN*、*MRFs*等）、与乳性状相关的候选基因（*PRL*、*STAT*、*LPL*、*ACSL1*、*κ-CN*、*α-LA*、*CSN*、*FASN*、*IGFBP3*等）、与牦牛毛色相关的候选基因（*KIT*、*MC1R*、*TYR*）、与毛长相关的候选基因（*FGF5*、*BMP6*和*DKK1*）、与牦牛角性状相关的候选基因（*SYNJ1*、*GCFC1*和*C1H21orf62*）等，通过针对重要经济性状间的全基因组关联分析，挖掘出与经济性状连锁的优势等位基因和基因型，为后续继续开展分子选育和基因编辑奠定了基础。

（四）杂交利用领域

牦牛杂交改良可根据当地生产需要、地理、生态和饲草料资源禀赋开展种内或种间杂交，以达到提高个体和整体生产水平的目的。常用的杂交方法有二元杂交和三元杂交，逐渐成为提高商品生产的一项重要手段，但由于雄性杂交后代（F1~F3）不育，优良性状不能遗传。同时，为了不降低杂种牛对高原生活环境的适应性，还采用回交或反杂交。依据我国牦牛产区几十年的生产实践和研究，在二元杂交试验中，若以生产肉或提高役力为主要目标，改良牛的父本选择安格斯、新疆褐牛、短角牛、夏洛来牛、西门塔尔牛和海福特等兼用和肉用良种牛，具有明显杂交效果；若以生产牛奶和酥油为主要目标，则改良牛的父本以荷斯坦牛或娟姗牛与牦牛交配生产杂一代的组合为最佳。在三元杂交利用中，以"三元终端"获得杂二代商品性生产为宜。与二元杂交相似，以肉用为主要目标，则"一、二代"皆肉，即一、二代父系用不同肉牛或兼用型种牛组合为最佳。若以奶肉兼用为主要目标，则"一代奶二代肉"，即生产杂一代父本选用荷斯坦牛，生产犏牛，母牛再与肉或兼用良种公牛交配生产终端杂二代。

野牦牛和家牦牛是同种内的不同亚种，野牦牛是青藏高原海拔4000~6000米的高山寒漠特有珍贵野生牛种，体格硕大（600~1200千克），对严酷生存条件具有极强的适应性。通过多年研究发现，在体重、生长速度、抗逆性能、繁殖性能等方面，野牦牛与家牦牛的杂交后代显示出强大的杂种优势。在特殊的高寒生态生产系统中，对家牦牛的杂交改良来讲，野牦牛是最理想的父本，不但提高了杂交后代的生产性能，而且有效复壮了其抗逆性和生活力。在高寒阴湿、海拔2000~3000米的半农半牧区，改良当地黄牛，生产野血反交犏牛，其后代初生重提高20%，6月龄重提高74%，役力、抗逆性、耐粗饲等方面优于黄牛和正交犏牛，是高寒地区提高当地黄牛生产性能的有效手段之一。

二、牦牛标准化养殖领域

（一）营养与饲养领域

1. 牦牛营养需要研究进展

针对放牧养分摄入，业内学者通过直接观察法、差额法、盐酸不溶灰分法、酸性洗涤木质素等方法测定了牦牛放牧采食量，以化学分析法、4N-AIA法、体外产气法和两阶段法测定指标系统拟合了暖季放牧牦牛采食量系列模型，在此基础上结合天然草地营养价值分析，放牧牦牛的天然草地营养供给与养分补充需要量逐步明确。在营养需要方面，重视能量、蛋白质需要量的研究，利用呼吸测热装置、Chamber技术系统分析了幼龄牦牛绝食代谢产热量和维持代谢能需要，积累了生长期牦牛维持代谢能需要量数据及预测方程，通过心率法和呼吸面具法测定得到空怀母牦牛、妊娠母牦牛、泌乳牦牛的维持代谢能需要参数。对幼龄、生长期、妊娠、泌乳母牦牛阶段的蛋白质需要量，包括可消化粗蛋白质、氮沉积、瘤胃微生物氮产量、净氮需要量等相继进行了研究，使用的方法包括尿嘌呤法、比较营养学法、消化和气体代谢试验等。天然放牧模式下，牦牛的矿物元素缺乏情况近年来逐渐被业内所重视，钙、磷、铜、锰、碘、铁、锌、硒在牦牛日粮中的适宜添加量已形成一定研究基础，可为当前牦牛高效饲养提供参考，并根据地域性季节性矿物元素盈缺规律特征研发了相应的舔砖、预混料产品。但总体而言，距离科学系统的牦牛营养需要标准的建立仍然任重道远。

2. 放牧管理研究

针对牦牛放牧管理，开展了放牧牦牛生产性能、营养代谢的季节性变化规律研究，探索了不同放牧强度、混合放牧模式对牦牛生长，草地生产力、植被群落、微生物菌群、土壤养分等方面的影响，为青藏高原高寒草地生态系统保护、可持续管理和合理放牧率提供了数据基础。以草畜平衡为前提，在放牧模式条件下进一步建立了草地划区轮牧、季节性补饲、精料补饲、冷季舍饲等放牧营养补充技术体系，并随着牦牛营养需要研究的深入逐步向精准补饲方向发展,为牦牛生态高效牧养提供了技术和产品支持。

3. 母犊培育技术

母犊营养与饲养管理逐渐受到重视,对补饲催情、妊娠期补饲、泌乳期补饲、早期断奶等营养调控方式,以及对母牦牛发情、激素分泌、繁殖性能、产后恢复的影响等方面进行了研究,并开始通过维生素E、矿物元素Se、过瘤胃赖氨酸、蛋氨酸等功能性添加剂调控胎儿生长发育和泌乳性能。牦牛卵母细胞的体外成熟、体外受精技术、表达谱及糖、维生素A等营养素对卵母细胞成熟、胚胎发育的影响等领域的基础研究已形成大量参考数据,为牦牛资源的育种、保护、基因改良提供有利条件。以提高犊牦牛成活率和生长性能为目标,开展了哺乳期补饲、早期断奶、代乳粉与开食料补饲、冷季越冬补饲及不同饲喂水平、能量水平、脂肪水平、蛋白水平、益生菌、中草药等功能性添加剂的营养调控与饲喂技术研究,逐步形成牦牛母犊培育技术体系,改善了繁殖母牛、犊牦牛营养供给现状,提升了母犊繁殖与生长性能。

4. 肉质调控与育肥出栏模式

肉产品品质改善的营养调控技术是牦牛产业提质增效的迫切需求。业内学者、从业人员在冷季暖季补饲、舍饲及营养水平,日粮能量、蛋白水平、原料组成、养分结构,纤维素酶、过瘤胃脂肪等功能性添加剂等领域开展了技术研究,探索了牦牛肉品质的营养调控改善,从肌肉剪切力、系水力、肌内脂肪沉积、营养成分、脂肪酸、氨基酸组成、风味物质等方面展现了牦牛肉品质的提升潜力,使得牦牛养殖特别是育肥阶段的饲养管理方式、营养供给、日粮配制得到进一步优化。并基于研究基础,建立了放牧补饲、半舍饲、全舍饲育肥、短期集中育肥、直线育肥、适时出栏等牦牛养殖新技术模式,有效缩短了牦牛出栏周期,提高了肌肉食用品质和营养品质。此外,结合半农半牧区、农区资源与气候条件优势,研发了农牧交错带牦牛季节性舍饲错峰出栏技术、低海拔农区牦牛异地育肥技术,推动牦牛产业从传统放牧生产向农牧耦合多元化模式发展,有利于牦牛生态、优质和高效生产。

（二）饲料科学领域

1. 天然草地营养价值评定

天然草地是放牧牦牛主要的养分来源，天然草地牧草营养价值的系统评价是牦牛高效生态牧养的数据基础。青海、甘肃、四川、新疆、内蒙古等牧区省份利用概略养分法、尼龙袋法、体外产气法、近红外光谱法、遥感等技术持续开展了不同海拔、不同类型草地、不同地区、不同季节、不同物候期天然草地牧草营养成分的分析，评价了区域性草地牧草营养的时空分布特征，但多以散点式研究为主。2019—2024年，科技部专项"第二次青藏高原综合科学考察"项目，通过天然草地实地样方调查和样本采集分析，研究了青藏高原6个核心区域，10条关键样，30个典型县，400个样地，4000个样方的草地物种结构、生产力以及牧草营养成分（数据尚未公布），从青藏高原整体层面评估了天然草地牧草营养的时空分布特征。

2. 人工饲草营养价值评定与草产品加工

随着牧草产业的发展，青藏高原牧草品种与高效种植技术日益丰富成熟，如老芒麦、垂穗披碱草、燕麦、箭筈豌豆、青贮玉米等高原牧草为牦牛产业提供了丰富、优质的饲草资源，相应的概略养分营养价值评定得到完善，为其在牦牛日粮中的科学应用奠定了一定基础，并研发形成了如卧圈种草、免耕种草、高产人工草地建植、退化草地治理修复等多种人工饲草种植技术模式。2019年，郝力壮等出版《青藏高原牦牛饲草料成分与营养价值表》，该书收录了当前青藏高原反刍家畜饲草料营养价值2万多个数据，饲草料种类均是来自青藏高原区域，包括精饲料原料、农作物加工副产品、人工牧草和高寒天然牧草种类，有力推进了牦牛饲料科学领域的发展。针对人工饲草或天然草地刈割牧草，开展了青贮窖贮、裹包青贮、青干草、草粉、草颗粒、草块等加工调制技术的高原本地化应用，特别是针对高原气候特点的青贮发酵菌株研发，通过饲草料产品的加工调制贮藏技术实现了区域性饲草料资源的提质增效，提高其营养特性、在牦牛体内的利用效率和饲喂效果。

（三）设施设备领域

1. 标准化养殖设施设备

牦牛产业科技发展的滞后同样体现在配套设施设备方面。目前,以放牧模式为主的牦牛产业中,暖棚、防疫巷道圈等基本养殖基础设施仍然需要大力推广建设,业内人士也因地制宜相继研发了一系列牦牛暖棚圈舍、巷道圈等专用设施设备。在牦牛标准化养殖设施设备研发领域,主要集中于圈舍设施设备如多功能牦牛养殖舍、牦牛舍饲养殖用栏舍、养殖供水装置、养殖舍引风设备、养殖用室温监控装置、养殖用投料装置、圈舍消毒装置;饲喂设施设备如牦牛补饲袋、补饲草料架、便携式放牧牦牛补饲架、精准补饲装置;饲养管理设施设备如犊牛饲喂装置、犊牛保育装置、牦牛喂药器、牦牛选育体重测量装置、牦牛装卸架;繁殖相关设施设备如牦牛交配用辅助装置、精准定位受精辅助器;环境控制相关设施设备如规模化牦牛养殖环保处理装置、生态牧场牦牛粪污处理装置、牦牛养殖粪污处理回收装置等,奠定了牦牛养殖标准化的硬件基础,但标准化养殖设施设备在牦牛产业的普及受其分布区域经济文化科技水平的限制,示范推广难度仍然较大。

2. 智慧牧场建设

近年来,智慧牧场理念与示范在各牧区州县越来越受到重视,以娘亚牦牛数智化育种场、高原之宝智慧牧场等为代表,智能化设施设备在牦牛产业的应用已取得节省人工成本、实现精细管理、实时群体监测、健康监测等方面的成效。从当前相关知识产权情况来看,数字化牦牛养殖系统、牦牛智慧养殖方法及系统、牦牛养殖用智能饲料装置、养殖认养监控装置、智能化牦牛养殖用监控装置、牛舍智能通风设备、规模化牦牛养殖温度智能监控装置、智能化牦牛养殖用净化设备、智能牦牛繁育设备等涉及管理系统、饲喂、环控、繁育等生产环节的智能化设施设备正日趋丰富,有望在未来得到进一步推广应用。

三、牦牛产品加工领域

（一）牦牛肉产品加工领域

1. 牦牛肉加工嫩化技术

目前常见的嫩化技术可以分为物理、生物、化学三个类别。物理嫩化技术借助机械拉伸作用来破坏肌肉的肌纤维结构，从而使牦牛肉变嫩，比如超声波、超高压、电刺激、滚揉、振动等，主要原理是对溶酶体、肌原纤维、结缔组织结构上的破坏，改变肌节长度等。化学嫩化技术主要包括酸类嫩化和盐类嫩化两大类。用于嫩化的有机酸主要有柠檬酸、乳酸等，有机酸可以通过改变pH值，使溶酶体破坏、肌原纤维蛋白发生变化、结缔组织弱化。常见的用于嫩化的盐有多聚磷酸盐、氯化钠、氯化钙等。此外，生物嫩化方法可借助植物或者果实里面的酶物质，主要是蛋白酶类，如菠萝蛋白酶、木瓜蛋白酶、生姜蛋白酶、无花果蛋白酶和猕猴桃蛋白酶等来降解肌原纤维，进而水解结缔组织的胶原蛋白和弹性蛋白以实现牦牛肉的嫩化。

2. 牦牛肉护色技术

气调包装是通过用高阻隔性的包装材料将肉品密封于一个改变了的气体环境中，以保护良好肉色、抑制微生物快速生长和繁殖，延缓酶促反应，从而延长产品货架期的一种保鲜包装方式。采用60%氧气/40%二氧化碳气调包装贮藏的牦牛肉可以获得较长的贮藏时间，且在贮藏期内，牦牛肉不仅能够保持鲜红的肉色，而且其他所有指标均符合新鲜肉的标准，有效地延长了其货架期。除此之外，还可以向肉中添加抗氧化剂（如维生素E）来抑制肉的氧化，从而防止肉色变暗。

3. 牦牛肉减菌技术

生鲜肉常用减菌措施主要有物理法，如高压清水喷淋、冷等离子体杀菌、超高压和低能电子束辐照技术等，以及有机酸（乳酸、乙酸、柠檬酸、过氧乙酸等）喷淋等化学方法，上述技术均可作为控制牛肉初始微生物污染的有效手段，在牦牛肉生产中应用潜力巨大。热水减菌是企业早期在屠宰加工过程中常使用的减菌措施,其作用方式主要是通过使微生物细菌所需的酶失活以及引起DNA键断裂和RNA降解。乳酸是肉类工业中用于产品减菌的最常见有机酸,它以未解离的形式进入细胞,然后通过释放质子(H^+)来降低细胞质的pH值,从而破坏微生物的物理结构,达到减菌的效果。过氧乙酸具有良好的抗菌作用,通过氧化和破坏微生物的细胞膜、损伤DNA、中断蛋白质的合成,从而导致细胞裂解并最终死亡。氯是家禽和胴体最传统的化学减菌处理方法,二氧化氯对细胞壁有较好的吸附性能和透过性能,能够造成DNA裂解,并且可以控制蛋白质的合成,最终导致微生物的死亡。

4. 牦牛肉产品研发

牦牛肉丸:肉丸作为一种营养价值丰富、食用方便、味道鲜美的传统冷藏食品,一直深受广大消费者的青睐。牦牛因受生长环境和生长周期因素的影响,肉的纹理比较粗,吃起来粗糙感较强,如果单纯地以牦牛肉制成肉丸,则肉丸不易成型,且口感较差。目前,已有研究人员调整了牦牛肉丸的制备方法。产品先在55～60℃下成型,之后在92～96℃下水煮,两段水煮,可显著提高产品的硬度和弹性。采用预冷工艺进行排酸并提升口感,从而提高肉质弹性。同时,研究人员克服了由于牦牛肉吃起来粗糙感较强带来的产品不易被消费者接受的问题,生产方法简单、可靠,易于大规模生产,且制得的产品牦牛肉味浓、口感色泽优异,满足了人们的消费需求。

酱卤牦牛肉:牦牛肉质细嫩,味道鲜美,富含蛋白质、氨基酸以及各种微量元素,具有较高的营养价值,有保健、滋补养生的功效。可对牦牛肉进行酱卤,将其烹饪成酱卤牦牛肉,使其具有更好的风味。目前,已有研究人员调整了酱卤牦牛肉的制备方法。首先将牦牛肉块置于余氯含量为20～30ppm的水中浸泡,然后将牦牛肉块进行刀片嫩化,再将牦牛肉块与腌制液进行混合,在低压、低温环境中进行腌制,最后将腌制好的牦牛肉块模拟高原卤煮环境进行低温卤煮。经此方法制得的酱卤牦牛肉耐嚼却不发柴,具有牦牛肉特有的风味,且产品表面无针孔痕迹。

蔬菜牦牛肉肠:蔬菜含有丰富的维生素,同时还含有矿物质元素及膳食纤维、有机酸等生理碱性物质，而且蔬菜类脂肪含量很低，不含胆固醇，有利于人体健康。如果把肉类与蔬菜按一定比例搭配起来，可以使两种来源的食品形成营养互补，从而解决营养不平衡的问题。目前，已有研究人员研发了一种蔬菜牦牛肉肠的制作方法，该蔬菜牦牛肉肠以牦牛肉、胡萝卜、芹菜和青椒为主要原料，辅以一定量的食用盐、生抽、马铃薯淀粉、味精等，依次经过清洗、切块、漂烫、打浆、绞肉腌制、搅拌调配、灌装、烘干和包装步骤得到。与普通牦牛肉肠相比，蔬菜牦牛肉肠既具有牦牛肉的特有风味，同时由于添加了蔬菜，拥有了蔬菜的香味，风味独特，色泽更加红润鲜艳，而且营养更加均衡和丰富。

（二）牦牛乳产品加工领域

牦牛乳是一种天然浓缩乳，乳汁浓稠、无凝块和沉淀，味微甜，具有特殊的芳香味，口感浓郁、醇厚。它不仅是牧民的重要饮品、食品，更是各类食品、药品的重要加工原料，以牦牛乳为原料分离加工生产酥油、乳酪等各类乳制品，是青藏高原地区主要的畜产品加工方式之一。牦牛乳中含有水、蛋白质、脂肪、碳水化合物、无机盐等多种微量元素，乳脂和乳蛋白含量高于普通牛乳，总固形物高达16%～19%。牦牛乳中乳脂含量高，乳脂率达6%～8%，乳脂肪球较大，呈高度分散。牦牛乳中脂肪熔点约为34.5℃，易加工成奶油。其乳汁中含有大量的不饱和脂肪酸，目前已经明确的脂肪酸种类达32种。牦牛乳中的共轭亚油酸高于普通牛乳，共轭亚油酸具有抗氧化、降低胆固醇、甘油三酯和低密度脂蛋白水平的作用，对防止糖尿病、抗动脉粥样硬化、提高骨骼密度和改善肌肉组织等有重要作用。目前，自牦牛乳中提取的乳蛋白及多肽已被应用于抗氧化产品的开发，并且，牦牛乳还被应用于奶粉、洗衣液、手工皂、面膜等产品领域。

（三）牦牛副产物加工领域

1. 牦牛骨

现代技术分析表明，牦牛骨中含有钙、铜、锌等多种矿物元素和胶原蛋白肽、维生素、多糖、不饱和脂肪酸、矿物质和软骨素等多种营养素，包括人体内不能合成的必需氨基酸，具有补充机体营养成分和提高人体免疫力的作用，尤其是胶原蛋白肽, 目前在保健品等行业应用甚广。但牦牛骨质地坚硬, 不利于营养成分的溶出, 可通过粉碎技术和高速剪切等技术使牦牛骨破碎、制成骨粉, 再通过进一步加工提取营养成分或制成产品。牦牛骨中胶原蛋白占总蛋白质量的35%~40%。过往的牦牛骨胶原蛋白的提取方法只是胶原蛋白的粗提取, 水解率较低。研究人员对提取方法进行了优化, 在大大提高牦牛骨胶原蛋白提取率的同时, 最大程度保留了其功能特性。目前, 研究人员已开发出多种牦牛骨胶原蛋白肽、牦牛骨粉等产品, 并赋予其改善肠道微生物丰度、改善骨关节、缓解疲劳和抗氧化等不同功能特性。

2. 牦牛角

牦牛角是洞角, 由骨心和角质鞘组成, 通常牦牛角是指角质鞘。牦牛角中含有对人体有益处的角质。目前, 已有研究人员用特定的凝胶剂炮制出具有高氨基酸含量和良好凝胶效果的牦牛角胶, 在牦牛角饮片方面, 研究人员开发出更佳的加工方法, 在提高牦牛角饮片中有效成分的含量的同时, 缩短了炮制时间。

3. 牦牛皮

牦牛皮质地较软, 口感好, 但由于具有颈部皱纹较多、部位厚度差较大、乳头层与网状层差别大且两层交界处胶原纤维少、易造成松面现象等缺陷, 在皮革业属于 "低级材料", 更适合用于食品原料。目前已开发出牦牛皮胶原蛋白和多肽提取工艺, 且牦牛皮多肽被应用于补血、促凝止血产品等领域。

4. 牦牛血

牦牛血是高原牦牛的珍贵食材之一, 称为 "活血汤"。高原牦牛血色泽深红、味道鲜美, 同时富含多种矿物质和营养成分, 如红细胞、铁、蛋白质和氨基酸等, 有助于提高免疫力, 增强体质, 且对于贫血、高血压等疾病有一定的食疗作用。牦牛血蛋白的蛋白酶水解提取工艺已得到进一步优化, 且研究表明, 复合酶水解比单一酶更具优势。目前已开发出牦牛血粉饮片等产品, 自牦牛血中提取的蛋白及多肽被应用于抗氧化、改善心肌细胞功能等领域。

第四节　科技进步促进产业发展

一、科技创新团队

（一）省部共建青稞和牦牛种质资源与遗传改良国家重点实验室

团队隶属西藏自治区农牧科学院，主要研究领域包括：牦牛种质资源鉴定评价与创新方向，重点开展牦牛种质资源收集、保存、鉴定与评价，筛选优异种质，挖掘重要性状功能基因，阐明重要性状基因的分子机理，开发分子标记，创制牦牛优异新种质。牦牛遗传改良方向，以提高产量、改善品质为重点，利用创新种质，通过常规杂交育种和分子育种方法，培育牦牛新品种。利用创新种质和功能基因，聚合重要性状功能基因，培育牦牛新品种。围绕培育的牦牛新品种，研制牦牛高效繁殖技术。研究牦牛健康养殖关键技术，构建农牧结合、草畜协调、生态平衡、产业增效的技术支撑体系。

团队现有高级职称48名，博士10名，硕士37名；"万人计划"1名、"百千万人才工程"4名；享受"国务院政府特殊津贴"专家5名、西藏自治区学术技术带头人5名；国家现代农业产业技术体系岗位科学家5名、综合试验站站长5名；国家畜禽遗传资源委员会成员1名。牦牛繁育和青稞全产业链科研创新团队入选全国农业科技杰出人才及其创新团队。主持国家自然科学基金4项，重大国际合作项目1项，承担自治区重大专项8项。发表论文121篇，其中SCI收录论文42篇。获得省部级及以上科技奖励8项，其中以第一完成单位获西藏自治区科学技术奖一等奖2项，二等奖2项，三等奖2项。

（二）中国农业科学院牦牛资源与育种创新团队

团队重点开展牦牛种质资源创新利用、牦牛新品种培育以及牦牛重要功能基因鉴定与利用、牦牛重要经济性状遗传机理研究、牦牛高效扩繁技术、组学技术及绿色养殖等研究；围绕当前生产需要，提升牦牛种质资源发掘、评价与综合利用的能力，完善重要分子标记辅助及基因聚合育种研究，培育牦牛新品种。

现有成员11名，其中，研究员3名，副研究员5名，助理研究员3名；博士11名。2014年以来承担科技部重点研发计划、科技支撑计划、公益性行业专项，农业农村部现代农业产业技术体系，国家自然科学基金委面上项目、青年基金等多项课题。获青海省科技进步奖一等奖1项、甘肃省科学技术进步奖二等奖2项、甘肃省农牧渔业丰收二等奖1项；发表论文200余篇，其中SCI收录论文100篇，出版著作8部；获授权专利92项；制定国家标准1项，农业行业标准8项。培养博士、硕士研究生50余名。

（三）青海省牦牛营养与饲料科学科研创新团队

团队隶属青海大学畜牧兽医科学院，同时也是青海省高原放牧家畜动物营养与饲料科学重点实验室，获2022年度青海省"昆仑英才·高端创新创业人才"培养团队称号。以高原家畜牦牛、藏羊营养和饲养为核心，开展营养需要量研究和饲草料营养价值评价及加工调制技术研究，探索高原畜牧业生产模式。以提升高原家畜免疫和抗病能力为目标，研究高原家畜疾病发病规律和营养免疫调控，形成抗病营养技术和养殖模式。以提升高原家畜产品品质为目标，开展畜产品品质特性和加工技术研究以及高品质高原畜产品品质调控技术体系研究。以提升高原家畜繁殖性能为目标，开展系列营养调控与繁殖技术的基础研究和应用基础研究。获国家及省部级奖励10多项，发表学术论文200余篇，出版著作2部，制定标准10余项，获得专利及软件著作权20余项。

二、重大科研项目

近5年牦牛产业获得国家重大科研项目资助如下：

国家重点研发计划项目"牦牛产业关键技术研究与应用示范"，由中国农业科学院兰州畜牧与兽药研究所牵头，阎萍研究员为项目负责人，四川农业大学、中国农业大学、西南民族大学、中国科学院西北高原生物研究所等9家单位参与，项目设立五个课题，总经费5000万元。该项目以提高牦牛生产性能为目标，筛选适宜"三区三州"地区的优良牦牛品种和杂交组合，研发牦牛全产业链效益提升关键技术，构建区域特色产业发展模式，实现科技助力牦牛产业升级，赋能乡村振兴。

国家重点研发计划"牦牛藏羊选育提高与高效健康养殖集成示范"部省联动项目由西藏自治区农牧科学院牵头，巴桑旺堆研究员为项目负责人，日喀则市百亚成农牧产品加工有限公司、中国农业科学院兰州畜牧与兽药研究所、青海大学、青海夏华清真肉食品有限公司、北京市农林科学院智能装备技术研究中心、四川农业大学、中国农业科学院北京畜牧兽医研究所、中国农业科学院兰州兽医研究所、四川省草原科学研究院9家单位参与。项目设立五个子课题，总经费4000万元。主要围绕青藏高原牦牛藏羊和牧草新品种培育、高效繁育、牧草营养、饲养管理、精准饲养、疫病防控和高附加值产品加工等产业链关键环节技术集成创新与示范，构建区域差异化生产技术体系和可复制推广的高质量发展模式，支撑和引领青藏高原牦牛藏羊种业和产业高产高效与绿色健康可持续发展，推动高原经济高质量发展，助力乡村振兴。

国家重点研发计划"川西高原优势特色养殖技术集成与示范"由四川农业大学牵头，左之才教授为项目负责人，西南民族大学、四川省草原科学研究院、四川省畜牧科学研究院、甘孜藏族自治州畜牧站、西南大学、河南农业大学、吉林工商学院、黑龙江省农业科学院畜牧研究所、壤塘县藏地花香生态农业科技有限公司、红原县雪月天佑农牧科技有限公司等16家单位参与。以一县一课题模式设置8个课题，总经费4800万元。项目以促进和服务壤塘等8个已脱贫地区乡村特色产业发展为主要目标，结合不同地区资源特点和产业发展需求，引进筛选新品种，集成示范绿色高效生产养殖技术体系，建立示范基地，构建高效养殖生产模式，培育一批产学研用融合的创新联合体和服务农业特色产业科技特派员，扶植和壮大8个地区特色产业龙头企业，巩固拓展脱贫攻坚成果，振兴乡村产业。

"国家肉牛牦牛产业技术体系"是现代农业产业技术体系之一，由农业部和财政部于2008年12月启动成立，依托中国农业大学建设，下设首席科学家办公室，曹兵海教授为首席，纵向由1个国家肉牛牦牛产业技术研发中心、6个功能研究室、26个综合试验站构成，横向由36位来自全国的大学和研究院（所）的岗位专家及其团队和26位来自企业和地方研究院（所）的试验站站长及其团队构成，分别从遗传育种与繁殖、营养与饲料、疾病控制、设施与环境控制、加工及产业经济等方面全面研究和解决肉牛牦牛产业中的技术问题，示范带动全国23个省、170个县的肉牛牦牛生产工作。每个岗位专家/试验站5年支持经费在200万元以上。

三、重要科技成果

20世纪80年代以来，通过多年的深入探索和积累，我国牦牛产业的科学研究获得长足发展，通过启动和实施一系列联合研究，科技自主创新能力得到进一步增强，多个省（区）开展了牦牛产业重大关键技术攻关专项，科技创新取得较大进展，科技成果不断涌现，近几年获得国家、省（区）多项科技奖励，极大地推动了我国牦牛产业科技水平的提升，可见表7-1。

表7-1　牦牛产业取得的重要科技成果奖励

时间	成果名称	第一完成单位	第一完成人	奖项等级
2019	西藏牦牛种质资源及其开发利用	西藏自治区农牧科学院畜牧兽医研究所	姬秋梅	西藏自治区科学技术奖一等奖
	青藏高原牦牛种质资源挖掘与创新利用	西南民族大学	钟金城	四川省科技进步奖一等奖
	牦牛主要器官的形态结构和机能、生殖特性及高原适应性特征	甘肃农业大学	余四九	甘肃省自然科学奖二等奖
2020	牦牛重要经济性状功能基因的挖掘与应用	甘肃农业大学	赵兴绪	甘肃省科技进步奖一等奖
	阿什旦牦牛新品种及配套技术集成与示范	中国农业科学院兰州畜牧与兽药研究所	阎萍	青海省科技进步奖一等奖
2021	牦牛适度补饲关键技术集成示范与推广	青海省畜牧兽医科学院	刘书杰	全国农牧渔业丰收奖农业技术推广成果奖一等奖
2022	高寒草地放牧生态系统优化管理技术研究与示范	青海大学	董全民	青海省科学技术进步奖一等奖
	牦牛提质增效营养平衡饲养关键技术集成示范与推广	青海大学	刘书杰	青海省科学技术进步奖二等奖

第八章

牦牛产业发展趋势与对策

随着牦牛养殖技术和产品增值加工技术的推广应用，牦牛养殖方式逐步转变，设施化、规模化养殖比例不断提升，牦牛单产水平不断提高，牦牛肉、奶销售范围和渠道不断拓宽，逐步形成具有良性循环和增值功能的产业链。

第一节　牦牛产业发展趋势

一、养殖环节变动趋势分析

牦牛养殖方式逐步转变。牦牛养殖仍以传统散养为主，但基于经济和生态效益协调发展需求，以及对牦牛养殖基础设施投入加大，牦牛补饲和舍饲的比例逐渐上升，规模化和集约化水平逐步提高。如甘孜州正努力打造国家级牦牛产业集群，加大资金投入，建设饲草基地、牲畜暖棚等设施，推动牦牛养殖向集约化舍饲畜牧业转变。据国家肉牛牦牛产业技术体系的调研，2021年全放牧养殖牦牛比例由2010年的67.6%降低到34%，主要以养殖户为主；放牧补饲养殖牦牛比例达50%以上，舍饲养殖牦牛比例达16%以上，主要以合作社和企业为主。补饲和舍饲提高了牦牛的出栏率和产量。2022年中国牦牛屠宰量达378万头，胴体重平均约128千克/头，胴体产量约为48.4万吨，牦牛肉总产值达445亿元。

保种繁育稳步推进。为解决牦牛养殖中存在的畜种退化、畜群结构不合理、畜群繁殖率低的问题，各地政府加强了牦牛种质资源保护、良种繁育与推广的生产基础设施建设。如色达县建立娟姗牛改良基地2座，引进外地优质种公牛120余头，选择本地优质种公牛300余头，改良本地牦牛20000余头；红原县建立了四川省牦牛原种场、热多高产乳牦牛选育基地和麦洼牦牛选育基地，有选育核心群3个，基础母牦牛600余头。

疾病防控体系逐步完善。大多数牦牛主产区不断完善疾病防控体系建设，依托县、乡、村三级畜牧兽医服务体系和乡镇农业服务中心和畜牧兽医站，积极开展春防秋防疫苗接种、棘球蚴病综合防治、动物疫情监测等工作，尤其注重疫病接种和棘球蚴病防治。疫苗接种主要是春秋两季进行口蹄疫疫苗接种、春节炭疽疫苗接种（2号炭疽芽孢苗）、牛副伤寒灭活疫苗接种、牛多杀性巴氏杆菌病灭活疫苗接种、春秋两季小反刍兽疫活疫苗接种和秋季布病疫苗接种。棘球蚴病综合防治措施主要是对县域内各类牲畜禽类进行药物除虫驱虫，将乡镇和县定点屠宰场监测不合格或病变动物内脏进行集中深埋处理，并做好新生牦牛免疫情况排查和免疫台账记录。

养殖设施化水平不断提高。牦牛圈舍标准化建设以及养殖基础设施设备有了较大改善。青海、西藏、四川、甘肃都建设有牦牛现代产业园区，有力推动了牦牛养殖的设施化、科学化和智能化等。如色达县在脱贫乡镇集体牧场试点配备有暖棚补饲、自动走饲系统，可实现自动喂食；引进饲水磁化系统设备，采用磁化水技术将水分子进行分解，分离出牦牛需要的小分子水和有益生长的矿物质，在冬季对牦牛进行补水。壤塘县建有标准化养殖场3个，可养殖牦牛3000头。

二、加工环节变动趋势分析

在肉制品加工方面，近年来随着经济发展以及政府政策支持，大量肉食品加工企业进驻，过去较为传统且单一的牦牛肉产品如风干牦牛肉、牦牛肉干、牦牛肉松等因消毒、生产、包装、冷链系统以及精细化分割、储运、质量等级评定等屠宰加工工艺的引入而逐步向"冷鲜肉"、"凉鲜肉"、牛排等高质产品转变。此外，一些发酵类产品如发酵牦牛肉、牦牛火腿、牦牛香肠等的加工占比也在逐年增加，提升了牦牛肉产品的层级。

在奶制品加工方面，近年来通过牦牛乳制品加工厂、移动奶收集点、奶源基地等的建立以及高效凝乳酶和发酵剂的使用，不仅促进了牦牛奶产品的加工、研发与利用，而且牦牛传统奶产品开始由酸奶、雪糕、乳清饮料、奶酪向婴幼儿配方奶粉、成人配方奶粉、液体乳、干酪素、酪朊酸钠等精准化、定制化、功能化产品逐步过渡。

在副产物加工方面，目前牦牛肉在加工过程中产生的副产品如血、骨、内脏、皮毛、各种腺体、头、蹄等仍存在较大利用空间。部分区县企业通过对牦牛毛绒进行精细加工，制作了衣服、围巾、手包等产品；通过采用食品加工高新技术、生物分离、发酵工程等技术手段将骨、内脏等作为原料开发牦牛新产品，如牦牛壮骨粉等。

三、市场环节变动趋势分析

牦牛产业是我国高原地区的重要产业，对区域经济发展具有重要的推动作用。近年来，随着消费者健康意识的提升和对传统文化的热爱，牦牛产品市场呈现出上升的销售趋势，并呈现出以下几个特点。

市场前景广阔，销售总量稳步增长。近年来，随着消费者对健康饮食的追求和对传统文化的热爱，牦牛产品市场呈现出持续火爆的发展态势。销售数据屡创新高，不断刷新行业纪录。从传统的实体店销售到线上电商平台，牦牛产品都展现出了强大的市场吸引力。目前，中国牦牛存栏量已达到数百万头的规模，产业链不断完善，涵盖了养殖、加工、销售等多个环节。尤其在当地，牦牛已经成为当地重要的经济来源，为当地居民提供了稳定的收入。随着市场需求的不断增长，牦牛产业规模有望持续扩大。统计数据显示，过去五年间，牦牛产业的年销售量以年均10%的速度稳步增长，显示出强劲的市场潜力。一方面得益于交通网络的发达便利，另一方面也体现出了居民购买力的提升。

销售区域明显扩大，销售渠道逐步扩展。随着消费者对高品质肉类产品的需求不断增加，牦牛肉以其独特的口感、丰富的营养价值和健康的饮食理念受到消费者的青睐。同时，牦牛副产品如奶制品、皮毛等也具有一定的市场潜力，为消费者提供了多样化的选择。市场需求的增长为牦牛产业的发展提供了广阔的空间。从销售区域来看，牦牛销售可以分为产区销售和非产区销售。产区销售市场主要集中在青海、四川、西藏、甘肃等高原地区。其中，青海省凭借其得天独厚的自然条件和丰富的牦牛资源，销售量占比高达40%，成为牦牛产品输出大省。主要销售份额为当地农牧民及地市人口的日常肉、奶，其次是游客购买份额。非产区销售则是在北京、上海、广州、成都等城市的超市货架上，也出现了牦牛产品，这部分产品主要集中为中高端产品，普惠型的产品相对较少。随着互联网技术的发展，越来越多的消费者选择在线购买牦牛产品。牦牛产业销售环节也开始出现了抖音直播销售等。从以前的线下实体店销售到抖音、京东等电商平台的销售，让更多的人了解、接触牦牛产品。

产品种类日益增多，品牌化与标准化成为主流。传统的牦牛产品主要包括大宗的生鲜牦牛肉、冷冻牦牛肉、风干牦牛肉、牛肉干、牦牛奶、酥油、奶渣、酸奶等，其次是小众的牦牛骨胶原蛋白、牦牛角工艺品、牦牛皮制品如皮带、钱包、鞋子等。随着市场的不断扩大和消费者的需要，在产品加工方面，通过引入现代化加工设备和技术，不断地研发新兴产品，例如自热小火锅、牦牛肉预制菜、牦牛奶奶片、牦牛奶奶酪等，适应市场发展需要，提高产品的附加值和市场竞争力。同时，为提高牦牛产品的竞争力，品牌化和标准化成为牦牛产业的发展趋势。通过建立品牌形象和制定严格的养殖、加工标准，确保牦牛产品的质量和安全，提升产品的市场地位。

养殖成本上涨，价格波动增加。近年来，受养殖成本、市场供需等因素的影响，牦牛肉价格呈现出波动上涨的趋势。尤其是近年来，牦牛养殖逐步由纯放牧向"放牧+补饲"的模式转变，牛肉价格受饲料价格影响较大，加之牦牛养殖周期较长，养殖成本明显增加。此外，劳动力成本增加是牛肉价格升高的另外一个重要原因。

第二节　主要问题与原因分析

一、养殖环节存在问题分析

牧草资源不足依然突出。虽然天然草原围栏改良草地建设取得了一定成效，但由于围栏建设面积大，建后的管护存在诸多问题，天然草地退化现象总体依然严峻。人工草地面积小、草产量十分有限。由于配套设施不全、管理跟不上、卧圈面积小、覆盖率低、牧户积极性差等因素，人工种植牧草更少，如壤塘县的人工种植牧草面积仅占天然草场面积的4.8%左右。规模大且优质高产草料打贮草基地较少，优质饲草料加工、收贮技术缺乏，影响青藏高原牧草全年均衡供给。部分农区的作物秸秆资源虽然丰富，但因劳动力成本高、饲草料收贮水平低等原因，导致饲料资源浪费严重，弥补牧区饲草缺乏的能力有限。加上从外地购买饲草料运输成本较高，导致牦牛产业在雪灾等大型自然灾害时防灾减灾能力差，制约牦牛产业的发展。

品种改良进程缓慢。一是牦牛品种多，但退化现象严重。由于长期以来受经济发展、历史文化、自然地理、交通通信等条件的影响和制约，缺乏必要的、先进的育种手段，加之受传统畜牧业生产方式、经营管理粗放等因素影响，牦牛生产性能较过去下降趋势明显。二是畜群结构调整难度大。受传统饲养方式、观念、宗教等因素影响，畜群结构不合理，牲畜总数超标现象十分普遍，适度规模内的牲畜公母失衡，适龄母畜（牛）、后备母畜（牛）在畜群中占的比例较低。三是畜种改良进程缓慢，因牧户饲养牲畜的畜群结构不合理，畜群中改良畜的比例低，整个畜群繁殖率低，生产力水平低。虽已在牦牛本品种选育、牦牛杂交改良等方面进行初步的尝试、探索，但面对牧区众多的存栏牲畜，畜种改良工作进展依然缓慢，亟须引入优质牦牛种公牛对当地牦牛进行提纯和复壮。

牦牛养殖模式落后。当前，牧区牦牛养殖户仍主要依靠天然草地"放牧"方式为主，季节性草料缺乏严重，常常导致牦牛养殖经历"夏壮、秋肥、冬瘦、春死"的恶性循环。半农半牧区养殖户，常以"放牧+补饲"方式为主，采取白天放牧、晚上补饲农产品副产物如青稞、农作物秸秆等，但仍面临冬季草料缺乏、牦牛生长缓慢等问题。对于合作社和企业，采用"舍饲"养殖模式，各自根据饲料原料价格、来源等不同，按照自有的饲料原料进行简单粗放配比后饲喂，缺乏科学配料技术，导致饲草料浪费严重，牦牛养殖效益较低甚至处于亏损状态。

出栏率低，养殖效率低下。当前牦牛出栏率低，仅为15%。优质犊牛繁活率

低,繁殖母牦牛常常三年生两胎,甚至两年才生一胎。部分地区的犊牦牛初生
重仅有10~15千克,存活率仅有30%~40%。出栏率低的主要原因是饲养管理
粗放,造成出栏周期长、出栏率低、周转慢、养殖效益低。在红原、理塘等产业
化发展水平较高并且有区位交通优势的区县出栏率较高(>15%),而在壤塘、
色达、白玉等"惜宰"观念较强的地区出栏率较低,低于10%。出栏率低进一步
导致牦牛养殖效益低。育肥架子牦牛主要集中在3~5岁,其经历多个"夏壮、秋
肥、冬瘦、春乏(死)"轮回,牧草资源浪费严重。优质犊牛繁活率低的原因则主
要是牦牛数量多、季节性草料缺乏以及饲养管理粗放等,导致母牦牛繁殖率下
降、犊牛存活率低。

基层防疫体系基础依旧薄弱,疫病预防不到位。目前,牦牛主产区基层防
疫体系基本完善,但基础薄弱。基层畜牧兽医人员素质不高,中专学历以下文
化程度占80%以上;办公设施缺乏;经费投入不足,防疫员补助低,影响工作积
极性,建议加大基础设施建设和人员队伍支持力度。

二、加工环节存在问题分析

受牦牛养殖分布地域广泛、数量小、传统放牧牦牛屠宰加工季节性强、企
业规模化利用难度大、成本高以及科研与产业基础薄弱等因素制约,牦牛加工
产业发展整体处于初级阶段,无法实现牦牛肉、乳等原料的全年均衡供应,严
重影响了牦牛加工产业的链条形成与有效运转。其中,牦牛肉、乳等原料的均
衡供应不足是制约牦牛产品加工与利用健康发展的重要因素。同时,加工方式
落后,加工产品品质较差,无法进入高端市场;加之,产品开发能力欠缺,加工
产品既不能充分体现地方特色,也不能发挥传统工艺的特色和优势;缺乏科学
的质量标准和监管体系,产品质量不稳定,与国际脱轨,没有采用国际标准,产
品销路受到一定限制。此外,牦牛肉、乳等产品类型少,同质化严重;牦牛副产
品利用率低;牦牛产品的品牌少,品牌效应和品牌号召力低,市场拓展不够。

(一)牦牛产品整体处于初加工阶段

一是牦牛肉加工标准化程度低。当前,以四分体为代表的生鲜牦牛肉占据

了市场主导地位。然而受当地客观条件限制，很多地区牦牛屠宰以专业户或屠宰点为主，行业准入门槛低，设备条件简陋，屠宰操作不规范，宰前检疫、宰中检验形同虚设，致使牦牛肉初始菌落数普遍超标，严重影响了牦牛肉产品的货架期，增加了生鲜牦牛肉跨出当地销售的难度，缩小了牦牛肉产品的销售半径，同时也增大了牦牛肉的生物安全隐患风险。此外，当地规范化、规模化的牦牛屠宰加工企业相对较少，缺乏市场话语主导权，导致牦牛肉缺乏品质控制依据，市场销售的牦牛产品形态混乱，无法实现优质优价，严重阻碍了产业的健康可持续发展。

二是牦牛乳以初级加工为主。目前牦牛乳产业发展还处在初级加工阶段，牦牛乳产品仍以酥油、曲拉、酸奶、奶茶等传统牦牛乳制品为主，市场竞争力较弱。主要存在以下问题：（1）原料乳收储困难，缺乏标准化小型化收储设备——牦牛属于半驯化畜种，集约化养殖程度低，多数属于放养，并且牦牛乳产量低、奶源分散；加之目前牦牛的挤乳普遍采用人工挤奶方式，同时在牧场缺乏运输和储存设施，劳动强度较高，乳品质量无法保证，因此急需开发针对牦牛的小型清洁挤奶设备，以及标准化小型化的牦牛乳收储设备，提高奶源品质。（2）生产水平低下，小型化生产设备匮乏——牦牛酸奶以传统工艺生产为主，菌种不固定，缺乏商业化发酵技术，导致产率较低，产品质量稳定性较差，商品化程度偏低；同时牦牛乳品缺乏小型加工设备，导致乳品加工生物安全性差，产品包装形式单一，产品附加值低。（3）牦牛乳制品合规化运营程度低——按照乳品SC认证标准衡量，牦牛乳产量无法达到对乳品企业产量和场地设施规模投资的要求，导致大量小型乳品加工企业无法获得食品SC认证，产品不能走向市场。（4）牦牛特色乳制品标准体系建设落后——青藏高原有众多的牦牛乳制品，其品质特征明显，但缺乏产品标准，因此如果套用国标或行业标准就无法显现其特殊品质，同时也造成市场产品混乱，鱼龙混杂，优良产品得不到有效保护。

三是牦牛绒粗加工品质差。当前牦牛绒加工以粗加工为主，大多聚集在牦牛绒产地企业，纺织品多为品质差的基础牦牛绒品。同时，牦牛绒的颜色多为黑色、褐色和灰色，白色的绒毛产量较低，因此氧化脱色是牦牛绒加工过程中的重要环节之一，然而强烈的氧化作用也会导致角朊蛋白的破坏，引起纤维损伤牦牛绒，严重影响品质。

（二）牦牛产品精深加工能力弱

一是牦牛肉加工理念缺失。当前牦牛加工行业普遍存在照搬肉牛产品加工模式，对牦牛肉品质特色挖掘不足，牦牛产品市场定位不清，市场消费需求对应性不足等问题。具体表现在以下几个方面：（1）牦牛肉品质特征不清，加工对应性弱——当前青藏高原对牦牛的宣传基本停留在"牦牛是吃虫草喝山泉长大的"阶段，牦牛肉品质特色表述比较笼统，牦牛肉产品文化内涵的溢价潜力挖掘不够，同时对目标市场的潜在消费需求针对性差，无法有效引导企业开展对应性的产品研发。（2）目标市场定位不清，与消费需求对应性差——当前牦牛屠宰以屠宰户和小型屠宰点为主，生鲜肉存在较大的安全隐患，因此其产品主要为冷冻肉和肉干类产品；同时牦牛肉产品肉质老韧，产品形态和风味口感一般，难以适应区域外消费者消费习惯，与牦牛的资源稀缺性、文化独特性匹配度差，难以实现牦牛产品的品牌打造和经济效益显著提升。（3）产业链条短——我国牦牛产业各个生产环节更多地秉承传统农业生产思维，致使牦牛育种、生产、屠宰加工、流通销售各环节的发展目标呈现分散性和相对封闭性较强的特点，就加工而言，大多数牦牛屠宰加工企业只是从事活牛收购、屠宰分割、加工等经营活动，产业链条短，经济效益低；同时牦牛屠宰加工行业未发挥以市场消费需求为导向，上延指导牦牛"繁""养"，下连产品对应开发，企业品牌构建更是无从谈起。

二是牦牛乳现代化精深加工技术缺乏。牦牛乳因其纯净、天然、无污染以及特殊的营养价值，具有开发高品质乳制品的潜力和发展空间，但牦牛乳开发仍然较少，多采用传统方式生产曲拉、酥油、酸奶、奶酪等，商业化程度较低，多以自产自销或就近销售为主，极大限制了牦牛乳产业化的发展。加之，牦牛奶产业加工体系尚不健全，牦牛乳资源优势、产品优势未能真正转变成经济优势。因此，充分利用牦牛乳营养价值优势，开发生产高附加值产品，延长牦牛乳产业链，增加牦牛乳的商业价值，是牦牛乳产业化发展需要解决的重要问题。

三是牦牛副产品（血、骨）浪费严重。牦牛血液富含多种蛋白质、微量元素等生物活性物质，是制取氯化血红素产品的优质资源，但由于牦牛血液有较重的血腥味、消化性和适口性差、色泽感官不佳且原料血液极难保存等特点，造成牦牛血利用率低，大量血液遭到丢弃，造成资源浪费。与此同时，牦牛骨粉作为补钙产品，其不仅可以增加骨密度，还可以提高钙的表观吸收率。然而目前牦牛骨的加工和利用受研究局限，仍停留在较浅层次的骨粉、骨胶等产品上，且多为样品的量效关系研究，未能从机理和分子层面对牦牛骨胶原及多肽的功效进行解释和阐述，致使牦牛骨资源开发不够，造成潜在资源浪费。

三、市场环节存在问题分析

尽管牦牛肉具有独特的口感和营养价值，但在国内外市场竞争中仍面临一定的压力。

产量供应不足，养殖模式亟待转变。首先，传统的牦牛养殖模式对自然资源的依赖较高，而青藏高原等地区的自然环境脆弱，养殖数量及规模受到限制，对牦牛产业的发展构成了一定的挑战。其次，传统的牦牛养殖模式饲养周期较长，出栏率低，且呈现冬季集中出栏、其他季节零星出栏的现象，造成市场供应总量不足，季节性不均衡。以上共同因素作用，造成牦牛产业源头供应不足。

市场管理不规范。首先，由于缺少快速有效的检测标准，造成市场上的牦牛产品质量参差不齐，安全隐患被忽视。部分商家为了追求利润，忽视了产品的品质和安全，导致市场上出现了一些质量不过关的牦牛产品，给消费者的身体健康带来了潜在威胁，也影响了牦牛产品在消费者心中的形象。其次，市场竞争秩序混乱，部分商家采取不正当手段争夺市场份额，扰乱了市场秩序，损害了行业的健康发展。此外，牦牛产品价格波动较大，不仅给消费者带来了购买压力，也给商家带来了经营风险。这些问题都影响了牦牛产品在国内国际市场上的推广。

产业链各环节联系不紧密，商业运作模式仍处于探索阶段。由于牧户组织化程度低、合作社建设不完善,以及企业与合作社、牧户利益连接不紧密,不能有效形成"企业+合作社+基地+牧户"产业带动模式。牧户与屠宰加工企业、市场的联系不紧密,养殖、加工、销售等环节之间的衔接也不够紧密,信息传递不畅。在阿坝州、甘孜州各仅有1处牦牛交易市场,仅在养殖数量大、出栏率高的牧业县(如红原县、若尔盖县)有较现代化的屠宰加工企业,甚至在养殖数量较大的阿坝县也没有屠宰企业。产品运输的交通问题(牧场偏僻,交通不便,活畜等畜产品到交易市场运输困难)也是联系不紧密的重要原因之一。在大部分区县,牧户出栏牦牛主要通过中间商"牛贩子"收购,这种交易方式对牧户利益不利,影响养殖效益和经营的积极性。

市场竞争力不强。第一,销售渠道单一。目前,牦牛产品受产地、保质期、风味、产品类型等因素的影响导致其主要依赖传统的线下销售,如批发市场、零售店等,尚未形成线上线下同步多领域销售模式,限制了牦牛产品的销售范围和销售量。第二,品牌建设不足。虽然牦牛产品在营养价值和绿色有机方面具有优势,但在市场上,其品牌效应并不明显。这导致消费者在购买时,往往无法区分不同品牌的产品,影响了牦牛产品的销售额。第三,产品创新不足。当前,牦牛产品的种类、形式相对单一,很多消费者在购买时,缺乏新颖的产品选择。第四,宣传不到位。很多产地之外的消费者对于牦牛产品的优点不甚了解,而销售人员又缺少相应的专业知识,沟通有限,导致产品推广效果不理想。抖音等多媒体平台上关于牦牛产品的宣传片也比较少,影响了牦牛产品的销售业绩。

物流配送体系不完善。牦牛产品多为生鲜产品,其物流配送需要严格控制温度和湿度,否则容易导致产品变质。然而,当前我国的物流配送体系尚不完善,这给牦牛产品的销售带来了挑战。

乳品开发影响优质犊牛产量。牦牛日产奶量低(0.8~2.0千克/天),泌乳期短(150天),年均产奶(147~487千克/年)主要是为了哺育犊牛。牦牛乳商品化开发造成人畜争奶,导致犊牦牛吃不饱奶,生长发育不良。

第三节　主要对策建议

一、养殖环节对策建议

大力发展草产业，拓展饲草料资源。一是引进筛选优良饲草品种，研发并集成草种高效繁育及提纯技术；二是建立饲草高产栽培技术示范基地；三是研发饲草料科学加工、农副产物提质增效等关键技术，解决优质饲草常年供应不平衡的问题。

提纯复壮，促进牦牛品种资源开发利用。通过"内培外引"模式，加快牦牛本品种选育和优良公牦牛血统的引入，深入挖掘本地牦牛品种资源，促进开发利用，有计划地开展牦牛品种改良，提高资源利用效率。研发高效选育扩繁与杂交利用技术，构建川西高原牦牛高效选育扩繁与杂交利用技术体系，解决牦牛种源退化问题，积极构建与现代草原畜牧业生产相适应的"育繁推"一体化良种供应体系。

加快产业化推进进程，推进养殖科学化。一是要转变"惜杀、惜售牦牛"观念，树立"生态优先、草牧并进"观念。牦牛产业生态发展的关键核心是"草—畜"平衡问题，"牦牛下山，肉奶进城"是实现减畜增效的重要途径。针对老龄、弱残、繁殖障碍母牛以及适龄育肥牛（1.5~2.5岁）等不宜继续放牧的牦牛，适时由企业或专业合作社通过舍饲集中育肥出栏。二是扶持养殖新模式，赋能养殖科学化，缩短饲养周期、提高出栏率。牦牛"放牧""放牧+补饲""舍饲"等养殖模式多元化并存，特别是牦牛标准化饲养（育肥、泌乳）等"舍饲"养殖模式的兴起，既是牧区新事物，也面临规模、产量、交通等成本的挑战，需要政府资金与项目的支持。以上养殖模式将长期并存，合理规划布局（占比），针对每种养殖模式中的制约发展问题，如区域性营养元素缺乏、合理补饲、科学轮牧等，开展先进技术推广与科技示范，赋能产业发展。将牦牛靠天养畜的生产方式转变为基于阶段营养生理特点的季节性舍饲错峰出栏模式,缩短出栏周期,提高养殖效率。

完善基层防疫体系建设,强化基层防疫能力。一是采取"引进来,走出去"等多元化手段,对农户、养殖户及基层兽医技术人员进行有针对性的技术培训,以提升牦牛疫病防控能力和兽药应用技术水平。二是完善基层兽医防疫体系,建立科学合理的检验检疫制度。特别是强化企业、公司及合作社在收购牦牛时的检疫制度,提高收购和饲养人员的疫病防控知识水平。三是建立完备的病牛隔离观察治疗场所和死畜无害化处理设施。全面落实国家强制免疫政策,确保牦牛防疫工作的免疫密度和质量,从而增强对重大动物疫病的防控能力,有效降低疫病对牦牛养殖的风险。

二、加工环节对策建议

针对当前牦牛肉、奶及副产品加工方面存在的问题,我们应从技术创新、政策扶持等多维度促进牦牛产品加工产业健康、高效、有序发展。

在技术创新方面:一是要坚持产学研相结合,促进牦牛产品加工产业发展——依托国家肉牛牦牛产业技术体系和国家科技计划,组织相关科研院所和大专院校的科研力量,开展联合集中攻关,加强和拓宽牦牛产品深加工技术、研发多元化牦牛产品,进而提升牦牛企业品牌效应。二是要构建牦牛加工标准化生产体系,实现产品全程可追溯——对牦牛产品(种质资源、活牛、牛肉及其生产技术、质量、产量等)进行标准化规范,制定针对不同地域和不同品种的标准、不同阶段饲养管理规范、具有民族特色的牛肉产品烹饪方式、屠宰分割分级标准,以及精深加工牛肉产品的生产规范及产品标准,实现生产流程与工艺的统一标准化。配套建立农产品保障质量安全管理体制、相应政策法规系统及科技服务支持体系,加快推进信息系统、产品质量追溯系统、云端中心、二维码识别系统建设,让消费者通过门户网站、手机App等渠道查询信息,实现从出生到屠宰、加工、销售的全程可追溯。

在政策扶持方面:一是要提供长期的政策和资金支持。与牦牛肉品质提升相关的牦牛品种遗传改良和品种培育是一项长期而艰巨的任务,需要长期稳定的资金和政策支持。相关部门在制定惠农惠牧政策的同时，应充分考虑牦牛种业的长期性和持续性，在资金和政策上予以扶持。二是建立健全牦牛产品加工业链——应加快集中屠宰、冷链流通、精深加工，打造品牌一体化、一条龙的牦牛产业发展模式，做到牦牛产品上延至牦牛"繁""养"，下连至产品开发。三是开发多元化精深加工产品，提高副产物综合利用率——应加快推动调理肉制品、休闲肉制品等多元化的产品研发上市；同时支持企业建设骨血、毛皮、头蹄等副产物的精深加工生产线，推动牦牛产品综合高效利用，提升牦牛产业附加值，促进牦牛产业高质量发展。

三、销售环节对策建议

加大科研攻关力度。新技术的不断涌现为牦牛产业提供了更多的发展机会。例如，通过应用物联网、大数据等技术手段，可以实现对牦牛养殖环境的智能监控和调控，提高养殖效率、降低成本、优化产品质量。同时，新技术的应用还可以推动牦牛产业向智能化、数字化方向发展。

建立牦牛销售网络。通过与大型肉类加工企业、餐饮企业等建立合作关系，拓宽牦牛肉的销售渠道。同时，可以利用电子商务平台如淘宝、京东等，将牦牛肉销售至全国各地。

提高牦牛肉产品附加值。在牦牛肉制品的研发上，可以加大投入，研发出更多具有特色和创意的牦牛肉制品，提高产品的附加值。进一步强化品牌建设，通过建立牦牛产品品牌，提高消费者对牦牛肉的认可度和忠诚度。同时，可以利用品牌效应，提高牦牛产品的售价。

提高牦牛产品市场透明度：通过完善牦牛产品，尤其是肉、奶的市场信息发布制度，提高市场透明度，防止牦牛产品市场出现价格波动较大的情况。加强牦牛产品市场监管，对于市场的违法行为，要加大打击力度，保障市场的公平、公正、有序。

加强牦牛产品物流配送管理。通过优化物流配送流程，提高牦牛产品的配送效率，降低物流成本，提高牦牛产品的竞争力。

附　录

近五年牦牛产业发展大事记

一、相关政策

1. 2018 年 4 月 2 日，青海省加快推进牦牛产业发展动员部署大会召开

2018年4月2日，青海省加快推进牦牛产业发展动员部署大会在西宁召开。省农牧厅将牦牛产业作为突破口，力争用3年时间取得实质突破，重点建设三大基地、完善三大体系，制定一套标准和一套机制，全面补齐牦牛产业发展短板，抓好薄弱环节。经农业农村部批复，青海省出台加快推进牦牛产业发展的实施意见，明确提出八项重点任务，实施"3311工程"：解决牦牛养殖"增料"问题，加强建设牦牛饲草料基地；破解牦牛"增温"难题，建设一批牦牛标准化养殖基地；推进牦牛各类加工标准落地，加强牦牛仓储加工基地建设；提高全省牦牛良种化，健全牦牛良种繁育体系；解决牦牛产业技术不匹配的问题，进一步健全牦牛科技服务体系；全面提升牦牛的知名度，健全牦牛品牌及营销体系。

2. 2019 年 10 月 12 日，农业农村部答复关于支持青海省加快牦牛藏羊特色优势产业发展与资源保护的提案

2019年3月3日至13日在政协十三届全国委员会第二次会议上，张周平委员提出了关于支持青海省加快牦牛藏羊特色优势产业发展与资源保护的提案（第2487号提案）。2019年10月12日，经商工业和信息化部、商务部，农业农村部做出如下答复：一是关于加大青海牦牛藏羊遗传资源保护和品种改良；二是关于支持青海在适宜地区实施百万犏牛工程；三是关于推进青海饲草产业化发展；四是关于促进青海有机畜产品生产能力及加工产业园建设。

3. 2020 年 8 月 27 日,《甘肃省甘南藏族自治州牦牛藏羊保护与发展条例》实施

2020年1月20日由甘南藏族自治州第十六届人民代表大会第四次会议通过, 2020年7月31日甘肃省第十三届人民代表大会常务委员会第十八次会议批准, 2020年8月27日甘南藏族自治州第十六届人民代表大会常务委员会第三十次会议公布施行《甘肃省甘南藏族自治州牦牛藏羊保护与发展条例》。

4. 2023 年 9 月, 青海省玉树州出台十项惠农惠牧政策

2023年9月青海省玉树州出台了十项惠农惠牧政策, 包括高原牦牛供种补贴、牦牛公牛出栏补贴等, 旨在集中力量破解农业产业链条短等问题, 加速打造绿色有机农畜产品输出地主供区。

二、领导关怀

1. 2020 年 6 月 13 日, 中国乡村发展志愿服务促进会在西藏自治区深度贫困地区脱贫攻坚现场推进会暨深化对口援藏扶贫工作会上的讲话

2020年6月13日, 国务院原扶贫办党组书记、主任, 中国乡村发展志愿服务促进会会长刘永富在西藏自治区深度贫困地区脱贫攻坚现场推进会暨深化对口援藏扶贫工作会上提出, 脱贫攻坚以来, 西藏大力推进河谷经济建设, 发展青稞、牦牛产业, 区域经济和特色产业稳步发展, 促进扶贫方式的转变。西藏充分利用"两江四河"流域的优势资源, 大力发展特色种养、文化旅游、民族手工业等产业项目, 贫困群众的自我发展动力得到不断提升。西藏以特色产业为依托, 让贫困群众通过参与产业发展和转移就业, 切实享受到区域经济和产业发展带来的红利, 是这次脱贫攻坚的一大特点。

2. 2021 年 6 月 20 日, 全国人大常委会副委员长武维华来青海省牦牛繁育中心调研

2021年6月20日, 全国人大常委会副委员长武维华来青海省牦牛繁育推广服务中心, 就牦牛产业发展和《畜牧法》《动物防疫法》执行情况等进行调研

检查。省人大常委会党组书记、副主任张光荣，副主任鸟成云，省政府副省长刘超及相关单位负责同志陪同调研。

武维华副委员长说，《畜牧法》《动物防疫法》是规范畜牧业生产经营行为，保障畜禽产品质量安全，促进畜牧业持续健康发展的基础性法律，省牦牛繁育推广服务中心一定要贯彻好、落实好、执行好。中心培育的大通牦牛和阿什旦牦牛的体质、产肉性能明显优于高原牦牛，要充分发挥好中心在养殖技术方面的优势和两个良种优势，围绕打造绿色有机农畜产品输出地，加大推广和服务力度，促进牦牛产业发展。要发挥科技创新支撑引领作用，积极探索新的发展模式，着力提高牦牛生产性能和供种能力。要从提高现有草场质量和产量的角度，提高饲草料利用率，加大适合各年龄段牦牛饲料配方的研究，解决好牦牛培育和饲养的问题。要积极向国家部委和省、市领导汇报牦牛繁育推广工作情况，积极争取各方支持。要积极与高校和科研院所开展多方位的合作交流，加强人才队伍建设，促进中心加大自主研发和技术创新力度，不断提高牦牛品质，为牦牛产业发展作出新的更大贡献。

3. 2021 年 6 月 6 日，青海省副省长陪同西藏自治区政府代表团考察调研青海省牦牛繁育中心良种培育工作

2021年6月6日，才让太副省长和省农业农村厅王玉虎厅长、马清德副厅长陪同西藏自治区政府副主席坚参一行考察调研青海省牦牛繁育推广服务中心良种培育工作。

考察组指出，习近平总书记提出的"打造绿色有机农畜产品输出地"重要指示，为青海省畜牧产业发展指明了前进方向，青海省牦牛繁育推广服务中心作为"国家级畜禽遗传资源保种场""国家级肉牛核心育种场"，在野牦牛驯化养殖、良种繁育等技术方面处于全国领先水平。西藏作为牦牛养殖的主要地区，很多牧民群众将牦牛养殖作为主要经济来源。要充分利用牦牛这座"桥梁"，加强与西藏的合作交流，将青海牦牛优良种畜向西藏推广，并积极发挥各自优势，整合优势资源，扩大优良种畜的养殖，推进两省区牦牛产业向纵深发展，共同向舍饲化、集约化转变，一同谱写牦牛发展史上的新篇章。

4. 2022 年 7 月 1 日至 4 日，胡春华副总理在西藏督导巩固拓展脱贫攻坚成果同乡村振兴有效衔接工作

2022年7月1日至4日中共中央政治局委员、国务院副总理胡春华在西藏自治区实地督导巩固拓展脱贫攻坚成果同乡村振兴有效衔接工作。他指出，脱贫地区要继续把巩固拓展脱贫攻坚成果摆在首要位置抓好落实，让脱贫基础更加稳固、成效更可持续。要依托高原特色优势资源，做优做强现代农牧业，加快发展农产品加工、流通和乡村旅游，实现一二三产业融合发展，培育壮大县域富民产业，促进脱贫群众持续增收。要抓紧开展全面推进乡村振兴重点工作，扎实稳妥推进农村基础设施建设，提升公共服务水平，持续改善农牧民生产生活条件。要接续推动民族地区发展，促进各民族共同团结奋斗、共同繁荣发展。

5. 2023 年 8 月 4 日至 5 日，中国乡村发展志愿服务促进会在拉萨开展青稞牦牛产业调研

2023年8月4日至5日，十四届全国政协委员，国务院原扶贫办党组书记、主任，中国乡村发展志愿服务促进会会长刘永富率队一行在拉萨市开展青稞牦牛产业调研。西藏自治区政府副主席次仁平措，自治区党委农办（乡振办）主任、农业农村厅、乡村振兴局党组书记庄红翔，自治区农业农村厅党组副书记、厅长张海波，自治区乡村振兴局党组副书记、局长江华，拉萨市副市长潘文卿等同志参加调研。四川省草原科学研究院副院长、二级研究员罗晓林，中国农科院农产品加工研究所副研究员王丽丽，中国乡村发展志愿服务促进会副秘书长欧宏新、宣传联络部主任李洪杰，中国社会帮扶网副总经理张楠参加调研。

三、重要成果

1. 2021 年 1 月 8 日，玉树牦牛遗传资源通过国家畜禽遗传资源委员会审定并列入名录

由青海省农牧厅申请，青海省畜牧总站负责申报的"玉树牦牛"畜禽遗传资源，已经国家畜禽遗传资源委员会审定、鉴定通过，并于2021年1月8日由中华人民共和国农业农村部第381号公告,至此"玉树牦牛"正式成为国家畜禽遗传资源,并列入名录。

2. 2021年10月27日,帕米尔牦牛遗传资源被列为全国十大新发现畜禽遗传资源之一

农业农村部新闻办公室召开新闻发布会,向全社会公布了2021年全国新畜禽遗传资源,其中,帕米尔牦牛遗传资源被列为全国十大新发现畜禽遗传资源之一。

2021年10月,国家畜禽遗传资源委员会办公室组织专家赴塔什库尔干县开展帕米尔牦牛遗传资源现场鉴定审核工作,并同意将帕米尔牦牛申报材料报国家畜禽遗传资源委员会初审。通过多次对接国家畜禽遗传资源委员会和修改完善帕米尔牦牛遗传资源申报材料,10月27日,农业农村部公示了畜禽新品种配套系审定和畜禽遗传资源鉴定结果:辽丹黑猪等18个畜禽新品种配套系和豫西黑猪18个畜禽遗传资源业经国家畜禽遗传资源委会审定、鉴定通过,其中,新疆的帕米尔牦牛列入鉴定通过的畜禽遗传资源名单。

3. 2022年9月11日,中科院西北高原生物研究所发现牦牛适应青藏高原环境的分子遗传新机制

2022年9月11日,来自中国科学院西北高原生物研究所等机构的研究团队通过解析牦牛基因组,发现一种牦牛特有的肺内皮细胞类群,可能对牦牛适应缺氧环境起到了关键作用。相关成果已发表在国际权威期刊*Nature Communications*上。

4. 2022年11月,中科院西北高原生物研究所破译牦牛高海拔生存遗传密码

2022年11月,西北高原所的高原动物繁育与基因组学研究团队以他们独特的视角、科学的设计、严谨的实验,揭示了牦牛适应青藏高原环境的分子遗传新机制,相关论文成果发表在国际权威期刊*Nature Communications*上。

5. 2022年12月30日,亚丁牦牛遗传资源经国家畜禽遗传资源委员会鉴定通过成为国家畜禽遗传资源品种

为了充分挖掘亚丁牦牛资源,按照国家对藏区畜禽遗传资源调查方案的要

求，2016年以来，由甘孜州畜牧站、四川省草原科学研究院、稻城县农牧农村和科技局组成技术团队对亚丁牦牛资源进行了挖掘、调查。对调查、测定的原始资料进行了整理分析研究，编制完成了亚丁牦牛地方标准，编制形成了符合《畜禽新品种配套系审定和畜禽遗传资源鉴定技术规范》的亚丁牦牛遗传资源报告，通过申报、网评、现场鉴定、线上答辩、大平台审定鉴定、公示等一系列程序后，2022年12月30日，《中华人民共和国农业农村部公告（第635号）》宣布亚丁牦牛成为国家畜禽遗传资源品种。

6. 2023 年 5 月，甘肃肃南牦牛遗传资源被列入《国家畜禽遗传资源品种目录》

2023年5月，甘肃肃南牦牛遗传资源经国家畜禽遗传资源委员会审定鉴定通过，正式列入第三次《国家畜禽遗传资源品种目录》。

7. 2023 年 6 月 10 日，乡村振兴特色优势产业发展系列蓝皮书发布

2023年6月10日，由国家乡村振兴局、国家林业和草原局指导，中国乡村发展志愿服务促进会主办的首届中国乡村特色优势产业发展峰会在北京全国农业展览馆隆重开幕，中国乡村发展志愿服务促进会对外发布《乡村振兴特色优势产业发展（2022）》系列蓝皮书。丛书包括青藏高原青稞、牦牛，南疆核桃、红枣，油茶，核桃，油橄榄，杂交构树，葡萄酒产业9个分册，170多万字。

8. 2023 年 9 月，我国学者发现牦牛基因组结构变异的进化起源

2023年9月国际权威期刊*Nature Communications*以"Evolutionary origin of genomic structural variations in domestic yaks"为题在线发表了兰州大学生态学院刘建全教授与中国农科院兰州畜牧与兽药研究所阎萍研究员等团队合作完成的研究结果。通过构建牛属图谱基因组，并结合群体数据，获得了牛属物种的高质量结构变异数据集；详细分析了野牦牛、家牦牛和黄牛的高海拔适应、驯化和杂交渐渗，重点研究了家牦牛基因组结构来源的多样性，揭示了家养牦牛基因组结构进化来源的复杂性及其导致的表型变异。

9. 2023 年 12 月，四川大学发文揭示青藏高原史前牦牛驯化与黄牛利用

2023年12月，四川大学考古科学中心联合西北农林科技大学、美国圣路易斯华盛顿大学、西藏自治区文物保护研究所等机构共同完成的一项关于青藏高原史前牦牛驯化与黄牛利用的重要研究，以"青藏高原早期家养牦牛、普通黄牛及其杂交种的证据"为题，在线发表于著名的综合性科学期刊Science Advances。本研究实质推进了对于牦牛驯化过程、高原牧业的起源以及牧业知识在高原与周邻区域的流动等学术问题的理解。

10. 2024年3月，国家标准《牦牛生产性能测定技术规范》正式发布

2024年3月，据中国农业科学院官网消息，由中国农业科学院兰州畜牧与兽药研究所制定的国家标准《牦牛生产性能测定技术规范》（标准号GB/T 43842-2024）正式发布。该标准将于2024年10月1日起实施。

四、重要活动

1. 2018年8月28日，第六届国际牦牛大会暨第一届青海牦牛产业大会在西宁召开

2018年8月28日，第六届国际牦牛大会暨第一届青海牦牛产业大会在西宁召开。省委副书记、代省长刘宁发来贺词，省委常委、常务副省长王予波致辞。省政府副秘书长马锐，省农牧厅厅长王玉虎，副厅长马清德，农业农村部畜牧兽医局、全国畜牧总站、农民日报社相关负责人出席会议。

刘宁说，国际牦牛大会在"世界牦牛之都"的大美青海召开，必将为世界牦牛界专家学者交往交流系紧纽带，为引领世界牦牛产业可持续发展增添动力；也必将为青海融入国家"一带一路"建设、深化改革开放搭建平台，为推进青海"一优两高"战略、实现高原特色农牧业高质量发展架起桥梁。

王予波在致辞中说，借第六届国际牦牛人会东风，召开第一届青海牦牛产业大会，充分表明了青海省委、省政府加快建设现代牦牛产业体系的强烈愿望和决心。希望农业农村部、全国畜牧总站、中国畜牧业协会等单位更加重视青海牦牛产业发展，为青海提供更多帮助和支持；希望专家学者、与会代表深化学术交流，为牦牛产业发展建言献策。

2. 2019 年 8 月 7 日，2019 年中国（甘南）牦牛乳产业发展论坛召开

2019年8月7日，由中国乳制品工业协会、甘肃日报社、甘肃省工业和信息化厅、甘肃省农业农村厅、甘肃省市场监督管理局、西北民族大学、甘南州政府联合主办的"2019年中国（甘南）牦牛乳产业发展论坛"在合作市如期召开。在这草原最美丽的季节里，来自国内外乳品行业的知名专家学者、"三区三州"相关部门负责人和牦牛乳行业的领军人物，齐聚大美羚城，共商牦牛乳产业发展大计，共谋牦牛乳产业发展未来。

3. 2019 年 12 月 17 日，牦牛青稞产业发展峰会召开

2019年12月17日，由中国扶贫志愿服务促进会、青海省扶贫开发局、青海省农业农村厅主办，青海牦牛产业联盟、青海青稞产业联盟承办的"全国消费扶贫产销对接会走进青海暨2019中国（青海）牦牛青稞产业发展峰会"在青海省西宁市顺利举行。

4. 2022 年 7 月 20 日，首届中国（玉树）牦牛产业大会开幕，玉树荣获"中国牦牛之都"称号

2022年7月20日，由中国肉类协会、玉树藏族自治州委州政府、北京青海玉树指挥部、青海省畜牧兽医科学院联合举办的首届中国（玉树）牦牛产业大会在玉树市隆重开幕。

5. 2023 年 8 月 24 日，川浙现代畜牧业高质量发展暨阿坝州牦牛产业发展大会召开

2023年8月24日，川浙现代畜牧业高质量发展暨阿坝州牦牛产业发展大会在红原县召开。省人大常委会副主任、阿坝州委书记刘坪出席会议并致辞。中国工程院院士、中国农业大学营养与健康研究院院长、国际乳品联合会中国国家委员会执行主席任发政，浙江省人民政府副秘书长、浙江省驻川工作组组长王峻，省农业农村厅总畜牧师李春华，省乡村振兴局副局长钟志荣，中国农业科学院北京畜牧兽医研究所研究员孙宝忠，兰州大学生态学院教授龙瑞军，内蒙古伊利实业集团股份有限公司副总裁苏玉峰出席会议；州委副书记、州长罗振华主持第一阶段会议，州委副书记杜海洋出席会议。

刘坪说，阿坝是全国五大牧区之一川西北牧区的重要组成部分，畜牧业资源十分丰富，区域内特有的麦洼牦牛、金川牦牛是国家级遗传资源保护品种，是国家地理标志，极具开发价值。近年来，在党中央、省委的坚强领导下，阿坝紧扣"一州两区三家园"战略新目标，以构建"6+N"高原特色农牧业产业新体系为统揽，紧紧围绕科学养殖、精深加工、品牌塑造、融合发展等方向，聚力育龙头、强园区、优环境、拓市场、促融合，大力发展以牦牛为主导的高原畜牧产业集群，加快建设高原绿色畜牧产品基地和产业示范带。

6. 2023 年 10 月 27 日，2023 年肉牛牦牛智慧养殖关键技术装备现场演示会暨数字化肉牛（牦牛）县域产业模式创新发展研讨会在武汉召开

2023年10月27日，由华中农业大学及中国农业机械流通协会主办，华中农业大学动科动医学院等单位承办的中国肉牛牦牛智慧养殖关键技术装备现场演示会暨数字化肉牛（牦牛）县域产业模式创新发展研讨会在武汉召开。

五、社会影响

1. 2018 年 12 月 6 日，青海省"国家牦牛肉加工技术研发专业中心"获批为全国首次公布的国家牦牛肉加工研发专业中心

2018年12月6日，由青海省畜牧兽医科学院(青海大学畜牧兽医科学院)与青海可可西里食品有限公司联合申报的"国家牦牛肉加工技术研发专业中心"获批。这是目前全国首次公布的国家级牦牛肉加工研发专业中心。

2. 2021 年 12 月 9 日，天祝被确定为"白牦牛国家保护区"

2021年12月9日，天祝县收到农业农村部授予的"天祝白牦牛国家保护区"牌匾，标志着天祝白牦牛主产区荣列第　批国家级畜禽遗传资源保护区名录。

3. 2022 年 11 月 11 日，四川理塘县牦牛现代农业园区入选全球减贫案例

2022年11月11日，在北京召开的2022年全球减贫伙伴研讨会上，高原牦牛从头到尾全产业开发链创建牦牛现代农业产业园区——四川省理塘县案例入选第三届全球减贫案例。

4. 2022 年 12 月 22 日至 25 日，"玉树野血牦牛"列入全国"一县一特色"中国品牌目录

第十九届中国国际农产品交易会于2022年12月22日至25日在四川省成都市中国西部国际博览城举办。青海省玉树藏族自治州曲麻莱县"玉树野血牦牛"列入全国"一县一特色"中国品牌目录。

5. 2023 年 6 月 15 日，四川省首个牦牛科技小院在小金县挂牌

2023年6月15日，由教育部、农业农村部、中国科协联合授予的"小金牦牛科技小院"在阿坝藏族羌族自治州小金县新桥乡挂牌。该小院是目前四川省唯一一所、全国第三所在牦牛领域设立的农业科技小院。

6. 2023 年 8 月，国家级"甘肃夏河牦牛科技小院"挂牌成立

2023年8月，由甘肃农业大学主办的"甘肃夏河牦牛科技小院"挂牌仪式在甘南州夏河县举行，旨在为甘南州的畜牧业可持续发展进一步培养优秀技术人才提供大量的技术支持。

参考文献

[1] 钟金城等：《牦牛种质资源挖掘与创新利用》，《中国畜禽种业》2022年第18期，第22—29页。

[2] 中国畜牧兽医年鉴编辑委员会：《中国畜牧兽医年鉴》，中国农业出版社2014年版。

[3] 中国畜牧兽医年鉴编辑委员会：《中国畜牧兽医年鉴》，中国农业出版社2015年版。

[4] 中国畜牧兽医年鉴编辑委员会：《中国畜牧兽医年鉴》，中国农业出版社2016年版。

[5] 中国畜牧兽医年鉴编辑委员会：《中国畜牧兽医年鉴》，中国农业出版社2017年版。

[6] 中国畜牧兽医年鉴编辑委员会：《中国畜牧兽医年鉴》，中国农业出版社2018年版。

[7] 中国畜牧兽医年鉴编辑委员会：《中国畜牧兽医年鉴》，中国农业出版社2019年版。

[8] 中国畜牧兽医年鉴编辑委员会：《中国畜牧兽医年鉴》，中国农业出版社2020年版。

[9] 中国畜牧兽医年鉴编辑委员会：《中国畜牧兽医年鉴》，中国农业出版社2021年版。

[10] 中国畜牧兽医年鉴编辑委员会：《中国畜牧兽医年鉴》，中国农业出版社2022年版。

[11] 国家肉牛牦牛产业技术体系：《2016年度肉牛牦牛产业技术发展报告》，《中国畜牧业》2017年第6期，第22—25页。

[12] 国家肉牛牦牛产业技术体系：《2017年度肉牛牦牛产业技术发展报告》，《中国畜牧业》2018年第8期，第18—21页。

[13] 曹兵海等：《2018年肉牛牦牛产业技术发展报告》，《中国畜牧杂志》2019年第3期，第133—137页。

[14] 曹兵海等：《2019年度肉牛牦牛产业技术发展报告》，《中国畜牧杂志》2020年第3期，第173—178页。

[15] 曹兵海等：《2020年度肉牛牦牛产业技术发展报告》，《中国畜牧杂志》2021年第3期，第240—245页。

[16] 曹兵海等：《2021年度肉牛牦牛产业技术发展报告》，《中国畜牧杂志》2022年第3期，第245—250页。

[17] 曹兵海等：《2022年度肉牛牦牛产业技术发展报告》，《中国畜牧杂志》2023年第3期，第330—335页。

[18] 张慧玲，高启贤：《肉牛养殖经济效益及其主要影响因素分析》，《畜牧兽医杂志》2011年第5期。

[19] 岳宏：《中国肉牛产业可持续发展研究》，吉林农业大学2011年学位论文。

[20] 高定，陈同斌，刘斌等：《我国畜禽养殖业粪便污染风险与控制策略》，《地理研究》2006年第2期。

[21] 张弛：《蛟河市肉牛产业发展问题研究》，吉林农业大学2017年学位论文。

[22] 王贝贝：《中国肉牛生产的特点、现状及贸易需求分析》，《黑龙江畜牧兽医》2017年第6期。

[23] 曹婷，李汉丰，刘诚等：《我国肉牛养殖现状及存在的问题和解决对策》，《家畜生态学报》2018年第11期。

[24] 程思瑶：《山东省肉羊产业成本收益分析》，山东农业大学2016年学位论文。

[25] 王士权：《中国肉羊产业市场绩效研究》，中国农业大学2017年学位论文。

[26] 刘建贝，刘佳慧，李珍：《河北省肉羊养殖成本与收益分析》，《浙江农业科学》2019年第8期。

[27] 杨雨芳，赵慧峰：《2007—2018年河北省散养肉牛养殖成本与收益分析》，《黑龙江畜牧兽医》2021年第4期。

[28] 张彬：《粗饲料的特点与加工制作方法》，《养殖技术顾问》2014年第8期。

[29] 张耀兰，王光宇，孔令聪等：《安徽省小麦生产成本收益分析》，《中国农业资源与区划》2014年第4期。

[30] 唐莉，王明利，石自忠：《竞争优势视角下中国肉羊全要素生产率的国际比较》，《农业经济问题》2019年第10期。

[31] 时畅：《安达市奶牛养殖小区经营模式选择及效益提升策略研究》，吉林大学2017年学位论文。

[32] 田露，王艳华，张越杰：《农户肉牛养殖经济效益及影响因素分析——基于吉林省126个肉牛养殖户的调查》，《中国畜牧杂志》2011年第24期。

[33] 唐先发：《肉牛粗饲料的特点、种类及饲喂方法》，《养殖技术顾问》2014年第9期。

[34] 谢高地，张钇锂，鲁春霞等：《中国自然草地生态系统服务价值》，《自然资源学报》2001年第1期。

[35] 邓国文：《肉牛生态养殖效益分析》，《南方农业》2018年第9期。

[36] 陈颖，杨辉：《黑龙江省奶牛养殖的生态经济效益分析》，《黑龙江畜牧兽医》2014年第14期。

[37] 赵琳：《仪城村科学发展肉牛产业助力精准脱贫》，《中国畜牧业》2019年第11期。

[38] 万道田：《提高肉牛养殖经济效益综合技术措施》，《中国畜禽种业》2017年第7期。

[39] 周新华，杨菊清：《肉牛产业发展现状及发展趋势》，《草食家畜》2017年第6期。

[40] 刘锴：《肉牛养殖技术的发展现状及前景》，《中国畜牧兽医摘》2016年第2期。

[41] 魏爱彬：《唐山市丰南区肉牛养殖模式及效益分析》，《北方牧业》2010年第

16期。

[42] 高泽峰：《肉牛养殖模式的影响因素及现状分析》，《当代畜牧》2017年第5期。

[43] 马杰：《肉牛养殖成本的影响因素与降低措施》，《现代畜牧科技》2018年第2期。

[44] 苏昕，刘昊龙：《农村劳动力转移背景下农业合作经营对农业生产效率的影响》，《中国农村经济》2017年第5期。

[45] 韩硕：《规模肉牛养殖现状及发展对策探究》，《中国畜牧业》2023年第13期。

[46] 唐荣：《我国肉牛产业经济发展形势及对策建议》，《中国畜牧兽医文摘》2018年第6期。

[47] 乌云塔娜，吕龙，刘维等：《肉牛养殖关键技术要点》，《北方牧业》2023年第23期。

[48] 曹兵海，曹建民，李俊雅，郭爱珍等：《2023年度肉牛牦牛产业与技术发展报告》，《中国畜牧杂志》2024年第3期，第335—338页。

[49] 曹兵海，李俊雅，王之盛等：《2022年度肉牛牦牛产业技术发展报告》，《中国畜牧杂志》2023年第3期，第330—335页。

[50] 曹兵海，张越杰，李俊雅等：《2021年肉牛牦牛产业技术发展报告》，《中国畜牧杂志》2022年第3期，第245—250页。

[51] 曹兵海，张越杰，李俊雅等：《2020年度肉牛牦牛产业技术发展报告》，《中国畜牧杂志》2021年第3期，第240—245页。

[52] 曹兵海，张越杰，李俊雅等：《2019年度肉牛牦牛产业技术发展报告》，《中国畜牧业》2020年第10期，第16—21页。

[53] 黄庆生：《我国粮食安全战略下饲料粮保供策略思考》，《中国饲料》2023年第22期。

[54] 刁其玉，张春桃：《反刍动物营养与日粮中的蛋白替代技术策略》，《饲料工业》2024年第2期。

[55] 车大璐, 赵寿培, 赵娟娟等:《2019年肉牛饲料添加剂国外研究进展》,《中国牛业科学》2021年第1期。

[56] 潘浩:《牦牛妊娠期和泌乳期蛋白质营养需要及消化代谢》, 青海大学2020年学位论文。

[57] 郝力壮, 刘书杰, 胡令浩等:《牦牛营养需要量与饲草料营养价值评价研究进展》,《动物营养学报》2020年第10期。

[58] 李永宏:《放牧强度对内蒙古典型草原群落结构和家畜生产性能的影响》,《草地学报》2023年第3期。

[59] 王之盛, 阎萍, 保善科等:《牦牛产区:改变传统生产方式推进牦牛产业发展》,《中国畜牧业》2013年第14期。

[60] 郑同超, 昝林森, 格桑罗布:《论青藏高原绿色牦牛产业化发展》,《家畜生态学报》2005年第3期。

[61] 杨璐:《牦牛肉颜色与剪切力控制技术研究》, 南京农业大学2020年学位论文。

[62] 韩玲:《冷却牦牛分割肉酶嫩化技术研究》,《农业工程学报》2003年第2期。

[63] 张睿:《不同宰后处理方式对牦牛肉品品质的影响》, 山东农业大学2015年学位论文。

[64] 黄振彬, 朱雪俊:《不同气调包装方式对牦牛肉保鲜效果的影响》,《中国调味品》2023年第8期。

[65] 吴海玥, 金鑫燕:《蔬菜牦牛肉肠加工工艺研究》,《青海畜牧兽医杂志》2019年第6期。

[66] 杨啸吟, 罗欣, 梁荣蓉:《气调包装冷却肉品质和货架期的研究进展》,《食品与发酵工业》2013年第7期。

[67] 杨斌, 陈峰, 魏彦杰等:《牦牛肉加工与发展现状》,《肉类研究》2010年第6期。

[68] 韩旭, 杨刚, 刘涛等:《一种牦牛肉酱及其制备工艺》四川省:

CN110313606A, 2019-10-11。

[69] 张子璇, 赵姗姗, 胡翔宇等:《我国牦牛产业标准体系现状及发展对策》,
《食品工业》2022年第3期。

[70] 骆正杰, 马进寿, 保广才等:《青海省牦牛种业发展现状、存在问题及应对
策略》,《中国畜牧杂志》2021年第1期。

[71] 麻明, 孙海玲:《青海牦牛藏羊优特产业集群总产值达267亿元》,《中国畜
牧兽医报》2022年4月3日第1版。

[72] 旦珍加布, 索南加, 嘉杨拉毛等:《牦牛价值探析——市场经济主导下青海
牧区牦牛产业商品化态势研究报告》,《畜牧产业》2023年第2期。

[73] 罗益阔:《青海牦牛的养殖业发展调查》,《农家参谋》2022年第23期。

[74] 王芳芳:《以牦牛藏羊为主的青海特色畜产品竞争力研究》, 青海大学2022年
学位论文。

[75]《青海省第三次全国国土调查主要数据公报》, 2022年。

[76] 李广祯, 马志杰, 陈生梅, 雷初朝等:《野牦牛及青海地方牦牛品种全线粒体
基因组母系遗传多样性、分化及系统发育分析》,《畜牧兽医学报》2022年
第5期。

[77] Li G Z, Luo J, Wang F W, Xu D H, et al. Whole-genome resequencing
reveals genetic diversity, differentiation, and selection signatures of
yak breeds/populations in Qinghai, China[J]. Frontiers in Genetics,
2023,13:1034094.

后 记

在中国乡村发展志愿服务促进会组织编写的乡村振兴特色优势产业培育工程丛书之《中国牦牛产业发展蓝皮书（2022）》顺利出版的基础上，2023年10月，中国乡村发展志愿服务促进会再次安排四川省草原科学研究院副院长、国家畜禽遗传资源委员会牛专业委员会委员、国家肉牛牦牛产业技术体系红原综合试验站站长罗晓林研究员牵头编写了《中国牦牛产业发展蓝皮书（2023）》。

本书是乡村振兴特色优势产业培育工程丛书之一，由四川省草原科学研究院联合吉林农业大学、青海大学、中国农业科学院北京畜牧兽医研究所、四川农业大学、中国农业科学院兰州畜牧与兽药研究所、西藏自治区农牧科学院、山东农业大学、西南民族大学、青海夏华清真肉食品有限公司、西藏当雄高原蓝农业发展有限公司、红原牦牛乳业有限责任公司、甘孜藏族自治州康定蓝逸高原食品有限公司等全国牦牛主产区的相关专家、企业家共同编写。编写组成员通力合作，经过方案设计、提纲确定、数据调研、实地考察、个别访谈、数据分析等环节，召开了多次线上线下专题研讨会、汇报会、调度会和专家修改评审会，又经中国乡村发展志愿服务促进会统一组织的专家初审会和专家评审会评审后，最终形成了《中国牦牛产业发展蓝皮书（2023）》。本书由四川省草原科学研究院副院长罗晓林研究员总体设计撰写方案、全程指导撰写工作并审定报告，四川省草原科学研究院赵洪文副研究员收集整理和统稿。数据调查统计得到了青海、西藏、四川、云南、甘肃等省（区、市）各级领导、专家和企业家的大力支持。

本书各章撰写人员如下：

绪　论　罗晓林（四川省草原科学研究院副院长、研究员）

赵洪文（四川省草原科学研究院副研究员）

第一章　马志杰（青海大学研究员）

　　　　谢　鹏（中国农业科学院北京畜牧兽医研究所副研究员）

第二章　曹建民（吉林农业大学教授）

　　　　王　军（吉林农业大学教授）

第三章　官久强（四川省草原科学研究院副研究员）

　　　　马志杰（青海大学研究员）

　　　　朱彦宾（西藏自治区农牧科学院畜牧兽医研究所研究员）

　　　　梁春年（中国农业科学院兰州畜牧与兽药研究所研究员）

第四章　赵洪文（四川省草原科学研究院副研究员）

　　　　张新军（青海夏华清真肉食品有限公司畜牧师）

第五章　谢　鹏（中国农业科学院北京畜牧兽医研究所副研究员）

　　　　张一敏（山东农业大学教授）

第六章　曹建民（吉林农业大学教授）

　　　　王　军（吉林农业大学教授）

第七章　张翔飞（四川省草原科学研究院副研究员）

　　　　柴志欣（西南民族大学副研究员）

　　　　张一敏（山东农业大学教授）

　　　　包鹏甲（中国农业科学院兰州畜牧与兽药研究所副研究员）

第八章　邹华围（四川农业大学讲师）

　　　　鲍宇红（西藏自治区农牧科学院草业科学研究所副研究员）

　　　　谢　跃（四川农业大学教授）

　　　　胡　瑞（四川农业大学讲师）

附　录　尚凯园（四川省草原科学研究院硕士）

　　　　罗晓林（四川省草原科学研究院副院长、研究员）

　　　　赵洪文（四川省草原科学研究院副研究员）

在此，向蓝皮书统筹规划、章节写作和参与评审的专家们表示感谢！本书由编委会顾问闵庆文主任审核。正是由于大家的辛勤努力和付出，保证了该书能够顺利出版。此外，中国出版集团研究出版社也对本书给予了高度重视和热情支持，其工作人员在时间紧、任务重、要求高的情况下，为本书的出版付出了大量的精力和心血，在此一并表示衷心的谢意！感谢所有被本书引用和参考的文献作者，是你们的研究成果为本书提供了参考和借鉴。由于编写时间短，本书仍存在一些不足和有待改进与完善的地方，真诚欢迎专家学者和广大读者批评指正。

本书编写组

2024年5月